KB120001

파주DMZ에서 허준사상의 뿌리를 찾다

의성 허준의 동의보감

허현강(許鉉康) 지음

▲ 대광보국숭록대부 양평군 의성 구암 허준 선생 묘. 경기도지정문화재 제128호.
위 산소는 어머니의 묘이고, 앞의 좌측 묘가 허준 선생이고
우측이 부인 안동김씨 묘이다. 아드님 허겸의 묘는 아래쪽에 있었다.
(파주시 진동면 하포리 산129)

파주DMZ에서 허준사상의 뿌리를 찾다

의성 허준의 동의보감

초판 1쇄 발행 2024년 6월 20일

지 은 이 영산(零産) 허현강(許鉉康)
감 수 최상률
발 행 인 권선복
편 집 한영미
디 자 인 서보미
전 자 책 서보미
발 행 처 도서출판 행복에너지
출판등록 제315-2011-000035호
주 소 (07679) 서울특별시 강서구 화곡로 232
전 화 0505-613-6133
팩 스 0303-0799-1560
홈페이지 www.happybook.or.kr
이 메 일 ksbdata@daum.net

값 30,000원

ISBN 979-11- 93607-32-9 03150

(사)임진강문화연구회

E-mail. h210202@naver.com

파 주 D M Z 에 서　허 준 사 상 의　뿌 리 를　찾 다

허현강(許鉉康) 지음

의성 허준의 동의보감

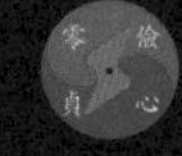

(사)임진강문화연구회

도서출판 행복에너지

머리말

대한민국의 3대 성인(聖人)은 한글 창제의 성군(聖君) 세종대왕, 구국의 성웅(聖雄) 이순신 장군, 그리고 『동의보감』이라는 세계적인 의학서를 지어서 유네스코 문화유산으로 등록하게 된 의성(醫聖) 허준 선생, 모든 국민이 존중하며 그 존재만으로도 국민적 영웅이신 분들이다.

1613년 『동의보감』 발표 이후로부터 현대에 이르기까지 온 국민이 『동의보감』에 찬사를 보내왔고, 의서로서는 세계 최초로 2009년 유네스코 세계 기록 유산으로 지정되었다. 그리고 『동의보감』 속에 담긴 허준의 이타적인 홍익인간 정신과 그 속에 담긴 애민정신은 세계인의 가슴속에 깊은 감동을 던져주었다. 이러한 위대한 인물에 대하여 우리는 너무도 모르고 지냈다.

허준 선생은 어떻게 우리의 뇌리에서 사라졌었나? 그 이유는 남북분단에 있다.

1. 허준 선생의 본가는 현재의 북한 땅이 되었고, 〈허준본가〉 출신의 후손인 저자*

---

* 허준 선생 일가와 같은 문중

2. 묘소는 휴전선 남쪽에 있었지만 민간인 통제선 내에 있어 민간 출입이 불가했고,
3. 허준 선생의 직계 후손이 한 분도 남한 땅에 내려오지 못해 봉제사를 받들 후손이 없었고,
4. 허준 선생 본가의 일부 후손들이 월남하였지만 1947년 이후 남북 통행이 끊기면서 허준 선생의 묘소 위치만 알았지 전혀 관리가 되지 못했다.

이로 인하여 허준 선생에 대한 봉제사 등이 완전히 단절되었다. 그러다 보니 허준 선생의 출생지가 '경남 산청'이다, '전남 담양'이다, '서울 강서구'다 하는 터무니 없는 억측이 난무하였고, 허준 선생이 『동의보감』을 저술하게 된 학문적 뿌리는 어디이고, 누구로부터 수학을 하였고, 누구에게 이어졌는지 그 연원이 단절되어 아무것도 전해지지 않는 것이 현실이다.

이에 안타까움을 느낀 필자는 허준 본가 출신의 후손으로서 허준의 뿌리를 밝힐 마지막 기회라고 생각되기에 대한민국의 발전을 위해, 후손들을 위해, 민족의 주체성을 위해 이 책을 집필하게 되었다.

그렇다면 허준은 어떻게 이런 위대한 저술을 남길 수 있었을까?

이 책에서는 『동의보감』의 저술에 담긴 배경과 그 인물들 그리고 허준 가문에 관한 이야기와 더불어 서울 북쪽에 위치해 '북학'이라 불리던 일군의 위대한 학자들의 도가적인 사상에 대해서도 기술을 하고자 한다.

그동안의 허준에 대한 국민적 관심과 인기는 대한민국 최고라고 할 수 있다. '허준'은 드라마와 영화 등으로 수차 취급되었는데, 그중 1999년

MBC 드라마 〈허준〉은 톱 드라마로서 절찬리에 방영되었다. 이는 국민적 관심이 얼마나 뜨거운지, 허준에 대한 고마움이 얼마나 큰지를 잘 보여주고 있다.

필자는 의학을 전공하지도 않았고, 의학전문가도 아니므로 이 도서에서는 『동의보감』의 의학적 부분에 대해서는 논하지 아니할 것이고, 다만 허준 선생의 사상과 철학, 학술적 배경만을 논하고자 한다.

현재 대한민국은 제2의 부흥기를 맞고 있다. 상고시대 문명 때에 대한민국은 세계를 경영했었다. 황하, 인더스, 메소포타미아, 이집트 등 세계 문명의 뿌리는 한민족의 우수한 사상이 세상에 퍼졌기 때문이다. 필자 역시 도가적인 사상을 이어받았고 선대 진인으로부터 도가학을 수학한 바 있어 허준 선생의 정신을 높이 사기에 이 책을 쓰게 되었다.

단군조 시대에는 이타정신(利他精神)인 홍익인간정신(弘益人間精神)이 얼마나 좋았던지 주변 국가들과 싸우지 않고도, 하룻밤 만에 땅이 백 리씩 늘어났기 때문에 과거로부터 이어져 오는 말 중에는 "인화보급백리가왕(仁化普及百里可往)"이라는 말이 전해지고 있다.

허준 선생의 『동의보감』 내용 속에는 백성들의 고달픈 질병의 고통을 해소시키고자 하는 이타정신이 담겨 있고 민초들이 손쉽게 질병을 치료할 수 있도록 의서를 저술하였다는 점이 훌륭하다. 그리고 이 의서의 저술은 단순한 임상실험에 의한 저술이 아니고 '형이상학적 과학(形而上學的 科學)'이며 이타적 이론이 담겨 있고 과학적 이론으로 저술되었다는 것도 인식하여야 한다.

그리고 임진강 문화권에는 허준 선생만 있었던 것이 아니다. 황희 정승, 화담 서경덕, 율곡 이이, 미수 허목, 풍석 서유구 등 뛰어난 인물들을 배출한 대한민국의 대표적 문화 창출 지역이다. 그리고 디지털 시대를 맞이하여 임진강 문화권의 새로운 발전을 위해 우리의 역할이 요구되고 있다.

이와 더불어 민족 분단으로 인해 잘못 전해지고 잊혀져 잘못 알려진 허준 선생에 대한 정보를 고전과 구전, 종중 사료를 바탕으로 바로잡아 역사를 바로 세우고 허준의 정신과 사상, 그리고 지리적 역사적 학문적 배경을 설파함으로써 대한민국의 애민정신(愛民精神)과 이타정신(利他精神)을 전 세계 인류의 지표로 삼고자 이 책을 쓴다.

2024년 6월

영산 허현강

추천사

윤성찬 | 대한한의사협회 회장

안녕하십니까. 대한한의사협회 회장 윤성찬입니다.

모두가 아시다시피 동의보감은 한국 한의학의 역사에 있어 가장 중요한 서적으로 여겨집니다. 실제로 동의보감은 세종 때에 의방유취 및 향약집성방과 같은 의서를 통해 종합되었던 우리나라의 의학적 성취를 계승하였으며, 동의보감 이후로 간행되었던 광제비급, 제중신편, 방약합편, 동의수세보원, 의감중마 등 다양한 의학 서적의 근간이 됨으로써 한국 한의학의 역사에 있어 중추적인 의미를 지니고 있습니다.

그간 한의학계에서는 동의보감과 관련한 다수의 연구가 이루어져 왔으나, 허준 선생님의 의학적 성취 이면에 존재하는 허준 선생님의 가문 및 출생 배경, 그리고 학술적 바탕에 대해서는 밝혀지지 않은 부분들이 존재했습니다.

영산 허현강 선생께서는 허준 본가 출신의 후손으로, 이 책을 통해 허준 선생님과 관련해 잘못 알려졌던 부분들을 바로잡고자 하였습니다. 허준 선생님의 출생지와 관련한 여러 이야기, 허구의 인물이지만 소설과 드라마에서 허준의 스승으로 소개되었던 유의태와 관련된 내용뿐 아니라 허준 선생님의 가문에 대한 설명은, 그의 학술적 바탕이 어떻게 형성되었는지를 다시금 살펴보게 합니다. 동의보감은 중국의 여타 의서들과는 다르게 도가적 사상을 내포하고 있으며, 정기신(精氣神) 삼재(三才) 개념으로 학술적 토대를 마련하고 있습니다. 이 같은 당시로서 혁신적인 작업은 그를 둘러싼 여러 학자들과의 밀접한 관계가 있었기 때문에 가능했을 것입니다.

아시다시피 지난 2009년, 동의보감이 유네스코 세계기록유산으로 등재되었습니다. 유네스코에서 동의보감을 세계기록유산으로 등재한 이유를 살펴보면 동아시아에서 2,000년 이상 축적해 온 의학이론을 집대성하여 의학지식과 임상경험을 하나로 통합했다는 것과, 17세기에 벌써 공공의료와 예방의학의 이상을 선포한 국가의 혁신적인 지식에 따라 편찬되어 전국에 보급된 기념비적인 책이라는 내용이 등장합니다.

허준 선생님께서 동의보감 편찬을 통해 세상에 내보이셨던 뜻은 지금도 여전히 유효합니다. 허준 선생님의 뜻을 보다 분명히 이해하는 데 있어 영산 허현강 선생께서 이 책을 통해 밝혀주신 허준 선생님의 정신과 사상, 그리고 학문적 배경 등이 많은 참고가 될 것이라고 생각합니다.

다시금 책의 발간을 축하드립니다. 앞으로도 동의보감을 통해 확인할 수 있는 허준 선생님의 학술사상과 이념을 계승할 수 있도록 현대의 한의사들도 계속해서 노력해 나갈 것을 약속드립니다. 감사합니다.

박주선 | 대한석유협회 회장
전 국회부의장, 제20대 대통령취임준비위원회 위원장

『의성 허준의 동의보감』 출간을 진심으로 축하드립니다.

저자 허현강 선생의 남다른 관점에서 철저한 검증을 통한 『의성 허준의 동의보감』 출간을 진심으로 축하드립니다. 조선시대 의학자 허준 선생이 선조의 명으로 저술한 의서인 동의보감이 2009년 7월 31일이 그 가치를 세계적으로 인정받아 유네스코 제9차 세계기록유산 국제자문위원회에 의해 대한민국의 7번째 세계기록유산으로 등재되는 쾌거를 이루었습니다.

우리나라의 동의보감은 유네스코가 역사적 진정성, 독창성, 기록정보의 중요성, 관련 인물의 업적 및 문화적 영향력 등을 기준으로 그 가치를 인정한 세계 최초의 의서라는 점에 매우 깊은 뜻이 있다고 봅니다.

각 병에 대한 처방을 쉽게 풀이하였으며 당시 다양한 관점의 의학 저서를 하나의 관점에서 매우 체계적으로 통합 정리한 것으로 우리나라 한의학의 대표적인 국보급 저서일 뿐만 아니라 세계적으로 높이 평가받고 있는 역작이라 할 것입니다.

세종대왕의 훈민정음과 허준 선생의 동의보감의 공통점은 애민사상이라고 생각합니다. 글을 읽지 못하는 백성의 고통을 덜어주기 위해 세종대왕은 훈민정음을 창제했듯, 누구나 쉽게 처방을 얻어 질병의 고통에서 벗어나게 하기 위해서 허준 선생은 동의보감을 집필한 것입니다.

저자 허현강 선생께서 어렵고 힘든 과정을 거쳐 역사적 진실을 찾아 책으로 완성하여 세상에 내놓게 된 것은 더없는 기쁨이고 이 책이 한국을 넘어 세계적으로 오랜 시간 꾸준히 사랑받는 스테디셀러가 되기를 기원합니다.

김경일 | 파주시장

「파주DMZ에서 허준사상의 뿌리를 찾다 - 의성 허준의 동의보감」 도서 출간을 진심으로 축하드립니다.

전문성과 오랜 노력의 기반으로 허준 선생의 사상을 집필해 주신 허현강 양천허씨 대종회 부회장님의 노고와 정성에 깊이 감사드립니다.

명의 허준 선생께서는 세계기록유산으로 등재된 '동의보감'을 비롯하여 역사에 길이 남을 의학서를 다수 저술한 저명한 의학자이십니다. 중국에서는 허준 선생을 '천하의 보(寶)를 만든 사람'이라 칭송할 정도로 허준 선생의 생애와 업적은 우리나라를 넘어 동양의학사 전반에 큰 영향을 미치고 있습니다.

파주 장단면은 허준 선생과 부인, 생모가 잠들어 계신 곳입니다.

허준 선생의 업적을 기리며 생애를 기억하고 계승해 나갈 수 있음은 파주의 자랑이자 동시에 책임과 역할이기도 합니다.

「의성 허준의 동의보감」이 허준 선생의 삶을 기억하고 후대로 계승하는 뜻깊은 기록이 되길 기원합니다.

아울러, 허현강 부회장님의 이번 저서가 더 많은 독자 여러분께 허준 선생의 사상을 새기는 기회가 되길 바랍니다.

감사합니다.

윤후덕 | 파주시갑 국회의원

'국보 동의보감', 의서로서는 세계 최초로 유네스코 세계문화 유산에 유일하게 등재된 자랑스러운 우리의 의서입니다.

그간 동의보감 저술배경이 동족상잔으로 인해 잊혀졌었는데, 허준 선생 본가 출신이신 허현강 선생께서 우리 파주(장단) 지역이 허준과 동의보감의 뿌리임을 알려주는 『파주DMZ에서 허준사상의 뿌리를 찾다-의성 허준의 동의보감』이라는 책을 집필하셨습니다.

허 선생은 위험을 무릅쓰고 전쟁으로 인해 사라진 소중한 허준선생의 정신과 사상을 찾아 헤매인 지 수십 년 만에 그 기초를 밝히셨으므로 파주시는 이를 바탕으로 세계적인 문화관광자원으로 활용할 수 있도록 해주심에 지역 주민들의 마음을 모아 감사드립니다.

본향에서조차 잊혀진 아픈 역사를 뛰어넘어 허준선생의 뿌리를 밝혀 우리 파주발전의 자양분으로 삼고, 허준 선생에 관해 잘못 알려진 역사를 바로잡아 국가와 민족의 위대한 가치를 바로 세우는 계기가 되기를 바랍니다.

이 책을 저술한 허현강 선생의 노력에 감사드리며 다시 한번 출판을 축하드립니다.

박 정 | 파주시을 국회의원

안녕하십니까, 파주시을 국회의원 박정입니다.
「의성 허준의 동의보감」 출간을 진심으로 축하드립니다.

조선 제일의 의학자 허준 선생의 업적을 다시 생각하게 하고, 이제까지 잘못 알려진 선생의 정보를 바로잡아주신 이 책의 저자 허현강 선생님께 감사의 말씀을 드립니다.

양천허씨 대종회 부회장을 맡고 있고, 허준 본가 출신의 후손인 저자는 이 책에서 '허준 선생의 본향은 파주'라고 분명히 하고 있으며 임진강 건너 민간인 통제구역에 있어 접근이 쉽지 않은 허준 선생의 묘소 일대를 '임진강 문화권'이라 부르고 발전시키자는 제안을 하고 있습니다. 저도 저자의 취지에 동감하며, 이를 발전시킬 방안을 찾아보려 합니다.

1999년, 드라마 「허준」이 최고의 시청률을 기록하며 허준 선생이라는 인물의 재조명에 성공했다면, 이 책은 허준 선생에 관한 진실을 널리 알리는 데 큰 공헌을 하리라 믿습니다. 우리나라 대표 의학자 허준 선생과 우리나라 최초의 의학서 동의보감의 진가를 상기시키기 위해 출간한 책 「의성 허준의 동의보감」이 드라마 「허준」처럼 국민께 사랑받기를 진심으로 기원하겠습니다.

허 찬 | 양천허씨 대종회 명예회장

『파주DMZ에서 허준사상의 뿌리를 찾다 - 의성 허준의 동의보감』 출판을 축하합니다.

저자 허현강 선생은 양천허씨 대종회 부회장으로, 허준 선생 일가와 같은 문중으로서 조상 대대로 세거해 온 장단본가 출신입니다.

6·25 이전에 월남한 종인으로 장단에서 출생하지는 않았으나, 피난 나오신 종중 어르신들로부터 고향에 대한 많은 이야기를 듣고 문중의 역사를 정립하고 문중의 실체를 밝히는 데 평생을 바쳐온 사람입니다. 한 가지 예로 1991년 9월 허현강 선생은 경기도 연천군 장남면 판부리(늘둔이) DMZ 내 위치한 양천허씨 15세조이신 매헌공 허기(許愭) 님의 헐덕능 묘소를 집안 어르신들과 군 장병들의 협조로 DMZ 내에서 찾아 1947년 마지막 제향을 모신 이후 47년 만에 봉심하여 금초와 추향제를 모시는 등 종중 발전에 기여한 공로가 지대합니다.

또한 허준 선생의 잘못 알려진 역사를 바로잡고자 본인과도 여러 차례 협의하였기에 일반적으로 알려지지 않은 문중 역사를 정립하여 허현강 선생은 이를 기술하였습니다.

양천허씨 문중은 가전충효(家傳忠孝), 세수청백(世守淸白)을 가훈(家訓)으로 하고 제세이화(濟世理化), 광제창생(廣濟蒼生)을 기본 모토로 하고 있는 바 허현강 선생의 이번 출간이 허준 선생에 관해 잘못 알려진 역사를 바로잡고, 가문의 가치를 바로 세우는 계기가 되기를 기대합니다.

허평환 | 양천허씨대종회 회장

먼저 어렵고 힘든 시기에 『파주DMZ에서 허준사상의 뿌리를 찾다 – 의성 허준의 동의보감』이라는 책을 집필하여 문중의 자긍심을 높이고 국기를 바로 세우고자 하는 허현강 선생의 노력에 찬사를 보내며 그간의 노력에 감사드립니다.

허현강 선생은 누구보다 우리 양천허문을 사랑하고 선조님들의 정신과 사상을 공부하고 살아온 발자취를 연구하고 알리는 일에 남달랐으며 특히 매헌공 할아버지 묘소와 허준할아버지 묘소를 찾고 정비하는 일에 수고를 많이 하신 분입니다

이러한 보람있고 힘든 시간을 보내며 이번에 귀한 책을 출판하는 일에 찬사를 보냅니다.

의서로서 세계 최초로 유네스코 세계문화유산에 유일하게 등재된 '국보 동의보감', 자랑스러운 우리의 의서, 이 의서를 우리 선조님께서 지으신 그 높은 뜻과 덕망과 애민정신의 숭고하신 업적에 감탄과 감사를 드리며 우리시대에도 그 뜻을 바로 세워 국운상승과 국리민복의 정신을 이어가는 계기가 되기를 기원합니다. 그간 국보 동의보감의 저술배경이 사라졌던 것을 허준 선생 본가 출신이신 허현강 선생께서 파주(장단) 지역이 허준과 동의보감의 뿌리임을 알려주는 중요한 연결자 역할을 하며 이 책을 집필하셨습니다.

각고의 노력 끝에 이 책을 저술한 허현강 선생께 감사드리며 다시 한번 출판을 축하드립니다.

윤병국 교수 | 경희사이버대학교 관광레저항공경영학부

저자 영산 허현강 회장이 저술한
『파주DMZ에서 뿌리를 찾다 - 의성 허준의 동의보감』
출판을 축하합니다.

그간 영산의 의성 허준의 업적을 총정리한 것임과 동시에 허준 사상의 뿌리의 근원은 파주를 중심으로 한 임진강 주변지역에 그 연원이 있다는 연구를 총정리한 역작이다.

영산과 본 교수의 인연은 파주시가 의욕적으로 추진한 '허준 한방 의료산업 관광자원화 클러스터 구축 학술연구 용역'을 진행하면서 양천허씨 종친회와 교류의 핵심 역할을 해주었고, 그간 영산이 의성 허준의 사상에 대해 집대성한 자료를 흔쾌히 제공하는 큰 역할을 하였다. 특히 2021년 6월 29일 국회에서 개최한 "파주와 허준! 한방의료관광 심포지엄"에서 '허준 본향 파주! 동의보감 역사 바로 세우기!'라는 발제로 참석자들의 공감을 이끌었고, 파주와 허준의 필연적 관계성을 논리적으로 역설하였다.

이 책은 그간 영산이 양천허씨 문정공파 37세손으로 허준과의 혈연관계 의무감보다는 동양의 의술을 집대성하여 조선 이후 민초들의 공공의료와 예방의학의 이상을 실현한 동의보감의 저술배경과 허준 사상을 총정리한 대작이다.

동의보감은 동양의 2,000년 동안 축적된 의학이론을 일관된 체계로 편찬한 것이다. 이러한 대역사를 창조한 의성 허준에 대해 그간 잘못 알려진 것과 허준의 출생지와 허준 묘역에 대해 정확한 정보를 고전과 구전, 종중 사료를 바탕으로 바로잡았다.

경기도 파주시 진동면 하포리 산129번지 일원에 허준 선생의 후손들이 집성촌을 이루며 살았고 그 뒷산에 해당하는 곳이 허준 선생이 영면한 곳이라는 것을 발굴과 고증으로 밝혀내었다.

특히 임진강 문화권에서 허준의 의학적 자양분을 형성하게 된 배경을 발굴하였고 유학을 배격하고 도가사상을 그 중심이론으로 의서를 편찬했던 허준의 사상, 그리고 지리적 · 역사적 · 학문적 배경 등을 총정리하였다.

또한 허준 선생뿐만 아니라 황희 정승, 화담 서경덕, 율곡 이이, 미수 허목, 풍석 서유구 등 뛰어난 인물들이 어떻게 임진강 문화권에서 태동하게 되었는지와 그들의 정신적 연관성을 심도있게 기록하였다.

이 책은 2021년 4월 불의의 사고로 요절할 뻔한 필자가 "하늘과 허준 선생님의 도움으로 죽지 않고 살게 되었으며 앞으로도 허준 선생의 마음과 같이 만인의 고통을 줄이고 모두가 행복한 세상을 만들기 위해 노력하겠다는 다짐을 하며 그 은혜에 보답하기 위해 이 책을 쓴다"는 감사와 사명감을 기록한 고해서이기도 하다.

최상률 | 행정학박사, 노무법인 최상인업 대표노무사
전, 고용노동부 태백지청장

동의보감이 출간된 1613년 이래 현재까지 한국인이라면 누구나 동의보감에 대한 자부심이 충만하다. 물론 의서의 내용을 정확히 숙지하고 있는 한국인은 그다지 많지 않지만 말이다.

경사스럽게도 동의보감은 의서로서는 세계 최초로 2009년 〈유네스코 세계 기록 유산〉으로 지정되었다. 한국인으로서 자긍심이 배가되는 계기가 된 것이다.

동의보감은 의서로서 탁월함을 넘어 그 속에 담긴 그의 이타적인 홍익인간 정신과 애민정신은 그 유래를 찾아보기 힘든 진한 감동을 우리에게 선사한다.

우리에게 잊혀진 허준의 존재!

더구나 허준의 동의보감의 배경이 되는 학문적 뿌리는 어디로부터이고, 누구로부터 수학을 하였으며, 또 누구에게로 이어졌는지, 그 연원에 대해서는 아무도 자신 있게 밝히고 있지 못하고 있는 것이 현실이다.

이에 안타까움을 느낀 허현강 필자가 자신이 허준 본가 출신의 후손으로서 허준의 뿌리를 밝힐 마지막 기회라는 책임감으로 그리고 그동안의 잘못된 정보를 바로잡을 목적으로 이 책을 집필하게 되었다는 것에 찬사를 보낸다.

필자는 의학을 전공한 의학전문가가 아니기에 동의보감에 대한 의학적 평가는 논할 수 없지만, 대신 허준이 품었던 사상과 철학, 학술적 배경을 이 책에 담았다.

동의보감에 담긴 중요한 철학적 모토는 질병으로 고통 받는 백성들을 사랑하는 애민정신과 이타정신이다.

우리의 산야에서 손쉽게, 그리고 값싸게 구할 수 있는 약초를 선별하고 그를 바탕으로 한 처방을 골라서 동의보감이 편찬되었다는 사실을 알게 한다.

허준의 위대한 점이 바로 여기에 있다.

누구나 쉽게 접근할 수 있는 약재에 눈을 돌렸다는 사실이다.

또한, 필자가 무엇보다 강조한 삼팔문화인 임진강문화권은 매우 의미가 있다고 본다.

역사적으로 알려진 바에 의하면 임진강 유역은 과거부터 풍부한 수자원을 바탕으로 각종 수산물과 또 비옥한 토지에서 산출된 각종 농산물(특히 인삼과 콩), 여기에 배산임수의 풍광에 기대서 수많은 학자들이 탄생했음을 알 수 있다.

디지털시대를 맞이하여, 임진강문화권의 새로운 발전을 위해, 수많은 인재들이 이곳으로 모여들기를 희망한다.

언제일지 모르나 남북통일은 필연적이다.

통일이 되면 한반도의 허리, 임진강 유역이 뜨게 될 것을 확신해 본다. 그 중심에 문화권을 조성하는 것이 필자의 마지막 희망이다.

임진강의 중간에 위치한 허준 묘소.

그 유역을 국제적인 규모로 성역화 하여 세계평화 창조의 땅, 문화의 거리가 하루속히 조성되어지길 간절히 바란다.

의성 허준 선생 연보

출생: 1539년, 경기도 장단군(현 파주시) 대강면 우근리 출생 추정(고려 초기부터 양천허씨 집성촌) (현 북한 주소: 개성시 장풍군 국화리).

국적: 조선, 대한민국

종교: 유교(성리학, 천문역법 도학)

본관: 양천(陽川, 과거 경기도 김포. 지금의 서울 강서구와 양천구)

자: 청원(淸源)

호: 구암(龜巖)

선대: 증조부 허지, 조부 허곤, 부친 허론·모친 일직손씨 사이 서자로 출생

학문: 가문의 학문화 화담 서경덕 제자, 수암 박지화에게 도가적 사상 수학

사상: 1568년 허준이 유희춘에게 노자도덕경(老子道德經)을 선물함

출사: 1569년 24세 때 미암 유희춘이 홍담에 의뢰, 의관 천거로 궁의 입사

하사: 1587년 선조의 치료 공노로 허준은 녹피 1영 하사받다

호종: 1592년 임진왜란 당시 의주까지 피신하는 선조를 호종한 공로

가자: 1596년 광해군의 병을 고친 공로로 허준 가자되다

하달: 허준 책임지고 새로운 의서를 만들라며 내장방서 500권을 내주다

찬집: 1596년 선조가 허준에게 완비된 우리 의서를 찬집하라고 지시

어의: 1600년 어의 양예수 사망으로 허준이 어의가 되었다

정1품: 1606년 선조의 병 치료 공로로 양평군 정1품 대광보국숭록대부大匡輔國崇祿大夫로 승급

편찬: 1606~8년 『의학입문』·『고금의감』·『득효방』·『만병회춘』·『소아직결』·『언해두창집요』 등 편찬 완료

완성: 1610년(광해군 2) 동양 최대 의서라는 『동의보감(東醫寶鑑)』의 찬집 완성

출판: 1613년 『동의보감』 목활자본(간행본) 25권 25책 출판

사망: 1615년(광해군 7) 친가와 아들이 있는 파주(장단)에서 별세. 묘소 조성

등재: 2009년 유네스코 세계기록문화유산으로 등재되었다

▲ 경기도 장단군 대강면 우근리 허준선생 생가 앞 뜰에 있는 거대 은행나무는 천기와 지기를 담은 국가지정 천연기념물31호로 나무둘레는 17.5아름이며 좌측에 있는 사람과 비교해보면 그 크기를 알 수 있다.

▲ 개성의 송도삼절은 임진강문화권 사상의 뿌리라 할 수 있다. 화담선생의 도가적인 사상으로 인해 토정비결의 이지함, 5문장가로 유명한 허엽, 허균, 허난설헌, 태산이 높다하되의 양사헌, 허준을 키워낸 수암 박지화, 형이상학적 과학자 미수 허목, 동의보감을 함께 저술한 정염과 정작, 도술의 달인 전우치 등 숫한 보물들을 탄생시켰다.

의성 허준 선생의 후손들이 살았던 하포리 마을(상상도)

▲ 이 그림은 6·25 이전의 흡사한 마을을 참조하였다.

경기도 파주시 진동면 하포리 산129번지 일원에는 허준 선생의 후손들이 집성촌을 이루며 살았었다. 6·25동란으로 인해 현재는 황폐화되어 아무것도 없는 모습으로 변했으나, 허준 선생의 묘소 아래에는 6·25전쟁 이전까지 후손들이 집성촌을 이루며 살았었다.

※ 필자는 어르신들께 들은 이야기를 기준으로 했다.

목차

04 허준의 철학과 사상의 뿌리를 찾아 DMZ로 가다

05 '허준의 본향은 파주' 국회 특강

06 삼팔문화권(三八文化圈), 세계문화의 중심

07 의성 허준에 열광하는 민중! 그 이유는?

08 의성 허준 정신, 디지털로 부활하다

summary

1. 허준의 가문과 출생 배경

2. 허준의 출신성분과 뿌리에 대한 무지를 바로잡다

3. 허준의 맥이 끊어졌던 이유

4. 드라마에 허구도 있다

5. 세계기록유산 등재

6. 허준 탄생에 대한 기록

00

의성 허준 탄생에서 미래를 말하다

1. 허준의 가문과 출생 배경

1) 양천허문의 뿌리인 가락국 김수로왕과 허황후

▲ 김수로왕의 태후 허황옥

의성 허준은 양천허씨 판도좌랑공파 20세조이시다. 양천허씨의 연원은 가야국 건국과 궤를 같이한다.

양천허씨는 가락국의 건국시조 김수로왕과 보주태후 허황옥의 후손이다. 가락국기에 의하면, 서기 48년, 수로왕이 즉위한 지 7년 되던 해 7월, 구간(九干:아홉 촌장)들이 모여 배필(配匹:배우자)을 간택토록 요청하자 수로왕은 "짐이 이 땅에 천명(天命:하늘의 명)을 받고 내려왔으니 짐에게 배필이 되어 왕후가 되는 것도 천명이 있을 것이다. 그러니 경(卿)들은 염려하지 말라" 하고 구간 중의 한 추장인 유천간(留天干)에게 명하여 망산도(望山島:김해 앞바다에 있는 섬)에 가서 기다려 보라 하였다.

얼마 되지 않아 홀연히 큰 배 한 척이 남쪽으로부터 비단 돛을 달고 오는데 남녀 수십 인의 신하들이 한 여자를 호위하고 석탑까지 오는 것이었다. 수로왕이 장비를 갖추고 의식(儀式)으로 맞으니 그 여인이 말하기를,

"첩은 아유타국(阿踰陀國)의 공주로 성은 허(許)씨이고 이름은 황옥(黃玉)이며 나이는 십육 세입니다. 금년 오월에 부왕(父王)과 모후(母后)가 제게 말씀

하시기를 '우리가 어제 꿈속에서 황천(皇天)의 상제(上帝)를 뵈었는데 상제가 말씀하시기를 '가락국의 원군(元君) 수로(首露)는 하늘이 태어나게 한 자로서, 임금이 되어 나라를 다스림에 신령스럽고 이치에 밝다. 다만 새로 나라를 세우고 임금이 되었으나 아직까지 배필을 정하지 못하였다. 경(卿) 등은 모름지기 공주를 보내어 수로의 배필이 되게 하라' 하고 하늘로 올라가셨는데, 그 말이 지금까지 귀에 생생하니 네가 가거라' 하시고, 이어 석탑을 배에 실어주시며 '아마도 풍파를 진압할 수 있을 것이다'라고 하셨습니다. 첩이 이로써 바다에 떠 먼 곳까지 찾아 이르게 되었습니다."라고 하였다. 이렇게 해서 왕후가 되어 수로왕과의 사이에 아들 열을 낳았다.

하루는 왕후가 수로왕께 말하기를 "첩이 하늘의 명을 받고 아비의 교훈을 받들어 먼 바닷길을 건너와 대왕을 모시었으니, 첩은 동쪽 땅의 객(客)이온데 첩이 죽은 뒤 제 성(姓)이 전해지지 못하는 것이 서글플 따름입니다." 하니 수로왕이 어여삐 여겨 두 아들로 하여금 어머니의 성인 허씨(許氏)를 따르게 하였다.

허태후가 서기 189년에 돌아가시니, 김수로왕의 큰아들 거등(居登)이 즉위하여 왕통을 이었으며 김해김씨로 하였고, 2아들은 허씨로 하고 나머지 일곱 왕자는 불가(佛家)에 귀의하여 하동칠불(河東七佛)로 성불(成佛)했다고 전해진다. 일곱 왕자가 성불한 사찰은 칠불사(七佛寺)라 불리며 경상남도 하동군, 지리산 반야봉 남쪽에 위치하고 있다.

2) 양천허씨의 기원

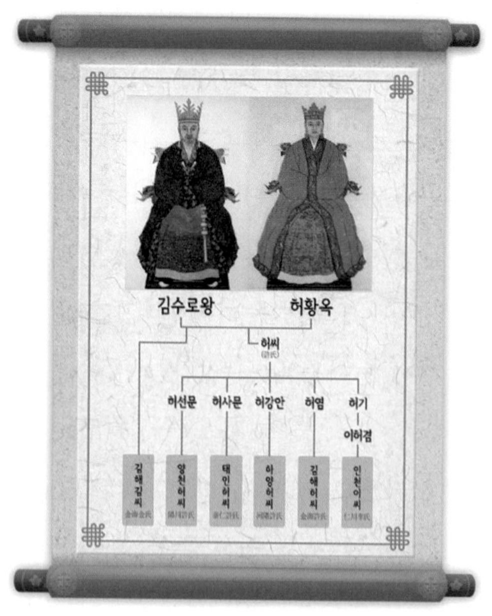

▲ 김수로왕과 양천허씨 파계도

양천허씨의 본관 '양천'은 현재의 서울시 강서구, 양천구, 영등포구 일부, 김포 일부로서 고려 초기에는 공암이라 하였고 고려 후반기에는 양천이라고 하였다. 허씨의 본관은 세거지(世居地)에 따라 현존하는 본관은 양천(陽川)·태인(泰仁)·하양(河陽)·김해(金海) 4본이 관향으로 되어 있다.

양천허씨는 조선조에서 20대 명족(名族)으로 손꼽혔으며 비록 많지 않은 인구이나 많은 인물을 배출하여 명문으로서의 지위를 얻었다.

3) 양천허씨 시조: 허선문(許宣文)

양천허씨의 시조는 허선문(許宣文)이다. 공(公)은 공암현(孔巖縣)에서 대부호(大富豪)로서 살았다. 후삼국이 대립하던 시기, 고려의 태조 왕건이 견훤군을 정벌하기 위해 남쪽으로 향하던 중 군량미가 떨어지고 병마(兵馬 : 병사와 말)가 매우 피로하여 사기가 많이 떨어져 있었는데 공이 식량을 내어주니 병사들은 사기가 충천하여 마침내 후백제와의 전쟁에서 승리하여 후삼국을 통일하게 되었다.

왕건은 공의 충의에 감동하여 공을 의부(義父 : 수양아버지)로 모시는 한편, 공암촌주로 봉하여 공암현을 식향(食鄕)으로 하사(賜)하니 공은 이로 말미암아 관적(본적)을 공암허씨(孔巖許氏)로 했다. 고려 말에 지명 '공암'이 '양천'으로 변경됨에 '공암허씨'들은 '양천허씨(陽川許氏)'로 불리게 되었다.

양천(陽川)의 지명 변천을 보면 현재의 한강 유역 인근으로서 신라시대에는 '제차파의'로 불렸다. 이 지역은 한강의 범람으로 땅이 비옥하여 농사가 잘되던 지역이었다. 이곳은 고구려, 신라, 백제, 고려가 번갈아 가며 다스렸는데, 고구려 전성기 때는 장수왕이 다스렸으며 삼국통일 후인 경덕왕 16년(757년)에는 전국을 9주 5경으로 나눌 때 이전의 양동(陽東) 양서(陽書)가 공암현(孔巖縣)이 되었다.

고려 현종 9년에 수주(樹州)에 예속되었고 충선왕 2년에 양천으로 명명되었다. 이후 많은 지명의 변화를 거치며 조선의 고종 32년에 양천현은 양천군으로 개칭되면서 5개 면을 두었다. 일제 치하인 1914년 3월 행정구역 재편 시 양천, 통진을 합해 김포군이라 하고 9개 면을 두었다. 양천현(양천군)은 현재의 서울특별시 강서구, 양천구, 경기도 김포 일부에 걸쳐 있었다. 양천허씨 시조인 허선문의 묘를 포함, 9세조까지의 묘는 현재 실전(묘지가 어느 곳인지 현재 알지 못함)되었다. 이러한 연유로 양천허씨 대종회는 경기도 김포시 고촌면 풍곡리 산87-3번지에 시조 설단지를 조성하고 매해 양력 4월 둘째 주 일요일에 전국에서 모인 양천허씨가 시제를 성대히 모신다.

조선조(朝鮮朝)에 와서는 재령군수(載寧郡守) 손(蓀)의 아들로 우의정(右議政)에 오른 종(琮)과 좌의정(左議政)을 지낸 침(琛) 형제가 뛰어났다. 허종과 허침은 형제 정승으로 유명하다. 한편 선조 때 좌의정에 오른 욱(頊)은 종(琮)의 현손(玄孫)으로 광해군 때 능창군(綾昌君) 추대사건에 관련, 원주에 유배된 후 배소(配所)에서 임종하였으나 인조반정 후 청백리(淸白吏)에 녹선되었다.

조선조에서 허씨가문을 빛낸 인물로는 초당(草堂) 허엽(許曄)과 미수(眉叟) 허목(許穆)을 빼놓을 수 없다. 엽(曄)은 당대에 이름난 석학 서경덕(徐敬德)의 문하에서 글을 배워 여러 관직을 역임한 후, 선조(宣祖) 때 동서분당(東西分黨)의 소용돌이 속에서 김효원과 함께 동인(東人)의 영수(領袖)가 되었다. 그의 슬하에 성(筬)·봉(篈)·균(筠)·난설헌(蘭雪軒) 4남매가 있었는데 모두 시문(詩文)에 뛰어나 이들 모두를 공(公)과 함께 '허씨 5문장가'라 부른다.

숙종 때 우의정에 오른 목(穆)은 한강 정구(鄭逑)에게 학문을 배웠으며 퇴계 이황 → 한강 정구 → 미수 허목 → 성호 이익으로 이어지는 학맥을 이루고 있는데, 영남의 학문을 근기지방으로 들여와 근기학파를 형성했다. 당대의 석유(碩儒)인 송시열(宋時烈)과 쌍벽을 이루던 학자로 남인의 영수였으며 학문(學問)이 높았고, 문장(文章)·그림·서예(書藝)에 뛰어났다.

특히 전서(篆書)에 능하여 동방(東方)의 제일인자(第一人者)로 일컬어졌다. 공(公)은 과거를 보지 않았음에도 벼슬이 우의정에 이르렀으며, 숙종대왕으로부터 집을 하사받았다. (조선시대 500년 동안 임금으로부터 집을 하사받은 대신은 황희 정승, 이원익 정승, 그리고 미수공 이렇게 세 분이다.)

2. 허준의 출신성분과 뿌리에 대한 무지를 바로잡다

대한민국에서 허준에 대한 드라마는 총 5작품이 방영되어 많은 국민들에게 감동을 주었다. 특히 1999년 말에 시작하여 2000년 중순에 종영된 MBC 드라마 〈허준〉은 드라마 사상 최고의 신드롬을 일으켰다.

얼마나 재미있고 기다려지는 드라마인지 직장인의 퇴근이 앞당겨졌고 그 시간에는 교통량이 줄 정도였다. 심지어 택시 기사들이 영업을 중단하고 집으로 달려올 정도였고, 이는 시청률 64%를 기록한 '역대 사극 1위'라는 타이틀이 단적으로 증명해 주고 있다.

▲ 대광보국숭록대부 양평군 의성 구암 허준 선생 묘. 경기도지정문화재 제128호.
위 산소는 어머니의 묘이고, 앞의 좌측 묘가 허준 선생이고
우측이 부인 안동김씨 묘이다. 아드님 허겸의 묘는 아래쪽에 있었다.
(파주시 진동면 하포리 산129)

※ 허준선생 생모는 영광김씨고 일직손씨는 큰어머니인데 어느 분 묘인지는 확실치 않음

작가 이은성의 선택은 물론 극적인 재미를 주기 위한 것이겠지만 산청이라는 지역을 잘못 선택했다는 아쉬움이 있다. 파주·장단이 고향이건만 이곳은 한 번도 언급된 적이 없어 모든 사람이 허준의 고향이 산청이고 산소도 산청에 있으며, 더구나 허준은 약초나 캐며 고생을 한 사람으로 묘사했다.

그러나 이것은 정사가 아니고 한 작가의 상업성 창작물에 불과하다.

의성 허준의 본향 주소는 현재는 북한 땅으로 편입된 경기도 장단군 대강면 우근리(현 파주시)다. 이곳은 고려 왕궁이 있던 개성시 인근 장단군으로서(서울이 경기도에 둘러싸여 있듯) 양천허씨는 고려 초기부터 개성 왕궁에서 관직생활을 영위해 왔으므로 개성과 장단군 일원에 많은 묘역이 산재(散在)해 있다. 더구나 장단군 우근리에는 허준 선생의 부모님과 조부는 물론 선대 어르신들의 묘역이 모두 있다. 그리고 허준 선생은 서자(庶子)인 연유로 본가의 묘역에 산소를 쓰지 못하고 조금 떨어져서 묘를 썼는데, 임진왜란 당시 의서(醫書)를 지고 피난을 갔던 길목이자 자신에게 의학을 전수해 주고 가르침을 주신 고종 당숙인 사재 김정국(의성김씨. 허준의 당고모 할머니의 아들, 모재 김안국의 동생) 선생의 묘소 건너편에 묘를 써서 서로의 묘소를 바라보고 있다.

허준 선생이 의학의 길로 들어서게 된 동기는 가문의 학문과 전통을 이어온 데에 기인하고 있다는 것을 간과해서는 안 된다. 이 장에서는 이 연원을 밝히고자 한다.

1) 의학 전통은 '허종과 허침, 형제 정승과 사재 김정국'으로부터 이어져

양천허씨의 고위직을 역임한 허종과 허침은 1434년(세종 16)에서 1494년

(성종 25)까지 좌의정과 우의정을 역임하신 분들로서 이분들은 초재(草材 : 약초로 지은 약재)뿐만 아니라 금석지재(金石之材 : 쇠와 돌을 이용하여 선약(仙藥)으로 이용)를 법제(法製)하여 독성을 제거하고 명약으로 만드신 분들이다. 이분들은 허준 선생의 할아버지 허곤(許琨)과는 4촌 형제뻘이시다.

이분들은 의학에도 조예가 깊어 내의원제조(內醫院提調)를 겸임하였다. 중종 때의 명의인 김순몽(金順蒙)·하종해(河宗海) 등을 가르쳤고, 천문·역법에도 조예가 깊었다. 또한 윤호(尹壕) 등과 『신찬구급간이방(新撰救急簡易方)』을 편찬하였고, 편서에는 『의방유취(醫方類聚)』를 요약한 『의문정요(醫門精要)』가 있다. 또한 허준 선생의 고당숙이신 김정국 선생의 영향 등으로 의학의 길로 들어서게 되었다. 김정국 선생은 『촌가구급방(村家救急方)』 등을 저술한 한의학자로도 유명하다.

2) 미수 허목, '우암 송시열의 소갈병* 약방문' 처방

허준 선생의 손자뻘 되시는 미수 허목 선생이 우암 송시열에게 처방한 약방문에 대하여 설명하고자 한다.

서인과 남인 간의 당쟁이 심할 때인 어느 날 우암이 중병에 걸렸다. 이런저런 치료를 했으나 차도가 없고 그야말로 백약이 무효인 상태가 되었다. 그래서 우암이 아들을 불러 병세를 상세히 적어 주면서 "지금 곧 미수 대감께 가서 이것을 보여 드리고 약방문을 얻어 오너라!"고 일렀다.

우암의 아들은 크게 놀라며 "왜 하필이면 미수 대감께 약방문을 청하십

---

* 소갈병이란 현대에서는 당뇨병이라고 한다.

니까? 만일 약방문에 독약이라도 써넣으면 어쩌시려고 그러십니까?"라고 반대했다. 하지만 우암은 아들을 꾸짖으며 미수 선생께 다녀올 것을 명하니 아들은 갈 수밖에 없었다. 미수 선생은 부탁을 받고는 묵묵히 증세를 읽어 보고 약방문을 써 주었다.

아들이 돌아와 약방문을 보니 대부분 '비상(砒霜)'(극약인 부자탕)을 비롯한 극약들로 이루어져 있는 것이 아닌가. 그래서 아들은 "이 처방은 아버님을 독살시키려는 의도가 분명합니다. 절대로 이 약방문으로 약을 드셔서는 안 됩니다"라고 하였다. 그러나 우암이 이르기를 "미수는 의술을 공부한 사람이므로 병중의 정적을 독살할 졸장부가 아니다"라고 아들을 꾸짖고, 빨리 그 약방문대로 약을 달여 오라고 하였다. 그리고 우암은 달여 온 약을 조금도 의심 없이 마셨고 얼마 지나지 않아 회복되었다. 그런데 얼마간 시간이 지나고 병이 재발했다. 왜냐하면 아들이 아무리 생각해 봐도 도저히 그대로 약을 지을 수가 없어서 비상을 절반만 넣었기 때문이었다는 것이다.

이후 우암은 다시 미수에게 약 처방을 요구하며 아들을 보냈다. 결과를 들은 미수는 아들에게 "네가 약을 다 달이지 않았지?" 하며 호통을 쳤다. 그러자 아들은 안절부절못하며 아버지를 죽이려는 것으로 알고 비상의 절반을 줄였다고 실토했다. 그러자 미수는 "이 사람아, 극약은 일생에 한 번밖에 쓸 수 없네. 그런데 자네가 일을 그르쳤으니 이제는 방법이 없네!" 하며 탄식했다. 그래서 아들은 돌아갔고 우암은 얼마 후 사망했다고 한다.

이처럼 질병에 따라 극약을 써야만 나을 수 있는 경우가 드물게 있었다. 우암 선생은 당시 매일 아이의 오줌을 받아 마시는 건강법을 사용하고 있었는데 그로 인해 몸속에 응어리가 쌓여 있어 그 응어리를 제거하기 위해서 비상을 비롯한 극약을 써야만 했던 것이다. 즉 체질과 병세에 따라 극약이 선약이 된다는 것을 미수 선생이 보여준 것이다.

3) 천기와 지기를 담은 국가지정 천연기념물 31호 은행나무

▲ 대강면 우근리에 소재. 이 은행나무는 국가지정 천연기념물 31호다.
수령 2천여 년으로 추정, 어른이 두 팔 벌려 17.5 아름. 나무가 덮은 면적은
3천 평에 달한다. 이 사진의 촬영 시기는 왜정시대인 1930년대이며
소학교 학생들이 소풍 와서 찍은 사진임.

이 은행나무는 파주·장단군 대강면 우근리에 있고 수령은 2천여 년 이상으로 추정된다. 이곳은 의성 허준 선생의 출생지이며 선조님들의 묘가 모두 이곳에 있다.

양천허씨들은 이 은행나무를 '天氣(천기)와 地氣(지기), 기상을 담은 은행나무'라고 부른다. 왜! 그럴까?

일반적인 나무가 크게 자라면 나뭇가지가 몇 아름이 되니 무거워져서 태풍이 불면 나무 자체의 무게에 의해 가지가 찢어져서 나무가 죽는다고 한다. 그런데 이 은행나무는 2천여 년을 살면서 가지가 찢어지지도 않고

어른 팔 길이(약 17.5 아름)으로 성장했으니 이 어찌 기적이라 하지 않을까? 참고로 양평 용문산의 은행나무는 수령이 1천 년이고 굵기는 7.5 아름이라고 한다.

집안 어르신들의 말씀에 따르면 이 은행나무가 무성해져서 가지가 찢어져 죽을 무렵이면 하늘에서 천둥 번개가 쳐서 가지를 적당한 크기로 잘라 주었기 때문에 살 수가 있었고, 장단군 대강면 우근리는 "태풍과 홍수가 없고 가뭄이 없어서 이렇게 큰 나무로 자랄 수 있다"라고 하셨다. 그래서 천기와 지기를 담았다고 했다.

필자가 인터넷을 통해 검색해본 결과 세계적으로 이렇게 큰 은행나무를 찾을 수 없었다. 두 번째로 큰 은행나무는 북한의 개마고원에 있다.

이 은행나무는 경기도 장단군 대강면 우근리 양천허씨 집성촌(충정공, 문정공파 거주)에 소재하고 있는데 지금은 북한 땅이고 제1땅굴 OP에서 보면 산에 가려서 보이지 않아 지금도 존재하는지는 확인할 수가 없다.

이 은행나무는 가운데 속이 비어있어 7명이 둘러앉아 투전 등의 노름을 할 수 있었다고 전해지며, 6·25 때는 인민군 1개 연대가 은행나무 밑에 숨어 폭격을 피했다고 하는데, 이 은행나무가 덮고 있는 땅이 약 3천평 정도가 된다고 한다.

양천허씨 장단종친회에서는 이 은행나무가 '마을의 수호신' 같은 역할을 하였다고 하며, 양천허씨 중에 큰 인물들이 많이 나온 것도 이 은행나무와 무관치 않다고 하며, 나무가 이렇게 오래 살 수 있는 것은 하늘의 돌봄이 없이는 불가능하다고 이야기하곤 한다.

4) 은행나무 뒤쪽 허준 선생 선대 묘소

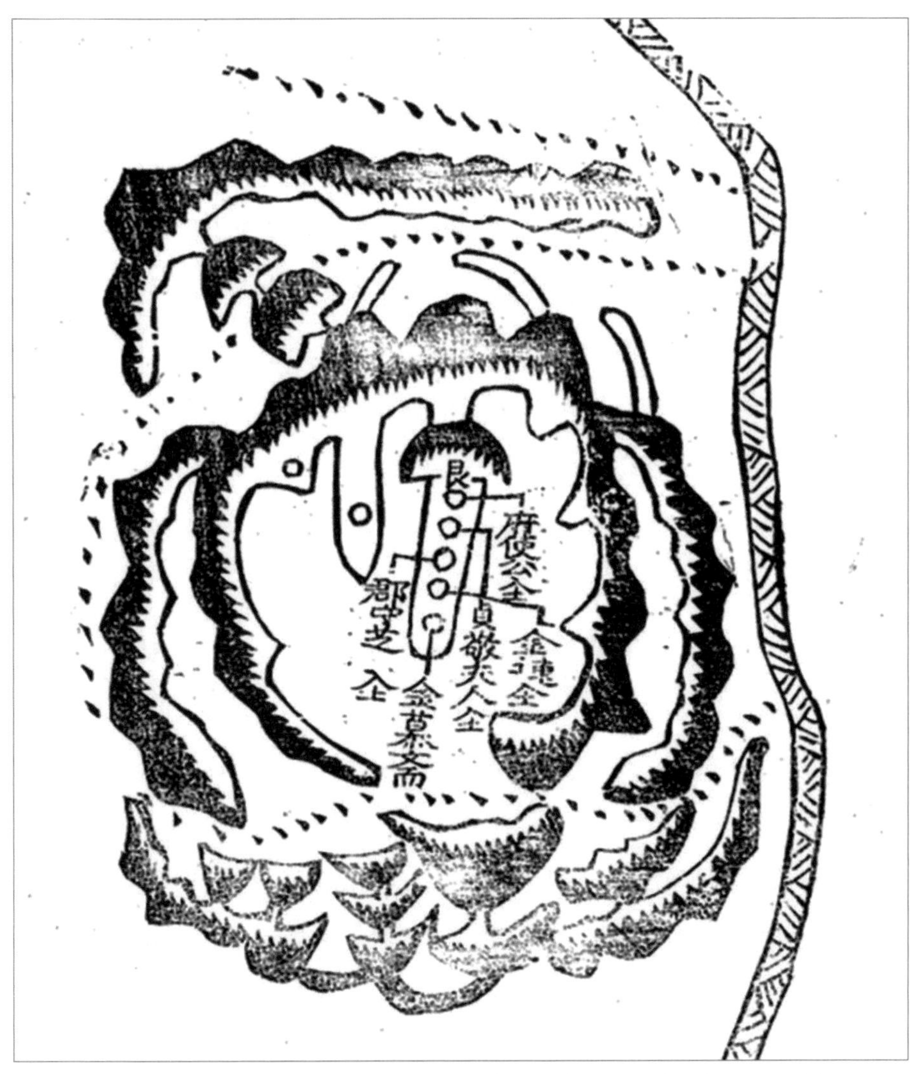

▲ 허준 선생의 부모님과 고대조까지의 선대 어르신들 묘가 이곳에 모셔져 있다.
김안국 선생과 그 부모님 묘도 이곳에 있다. ※ 양천허씨 족보자료 참조

이 묘역에는 허준 선생의 증조부 영월공(寧越公) 지(芝), 큰할아버지 사직공(司直公) 연(珚), 할아버지 수사공(水使公) 곤(琨), 큰아버지 정자(正字) 반(磐), 아버지 용천부사공(龍川府使公) 론(碖), 그리고 당고모부 의성 김공 김연과 당고

모 내외, 그리고 큰아들 모재 김안국의 묘도 이곳에 모셔져 있다. 특히 모재 김안국 선생은 양천허씨 족보 저작에도 참여하셨다.

양천허씨의 족보가 처음 만들어져 간행된 해는 기축년(己丑年)으로 기축보(己丑譜)라 한다. 조선 제11대 임금 중종 24년(1529)이다. 기축보(己丑譜)는 양천허문의 외손인 모재(慕齋) 김안국(金安國) 선생이 여러 대의 내외손, 세차, 벼슬, 관청기록물, 가승보 등을 기초로 시작하였으나 잠시 죄로 인해 고향에서 근신하는 처지에 이르게 되자 당시 이조참판이었던 양천허씨 충정공파 20세 허흡(洽)과 공(公)의 동생인 대사간 허항(沆)에게 계속 작업해 줄 것을 부탁했다. 모재 선생의 자료와 이 두 형제의 노력이 힘을 합쳐 마침내 기축보가 탄생했으며, 모재 선행은 기축보 서문을 썼다(모재 선생의 어머니와 이 두 형제의 할아버지와는 사촌지간이다).

다음은 양천허씨 문중 족보기록 글을 게시한다.

모재(慕齋) 김안국(金安國) 선생 찬해(撰解) 양천허씨(陽川許氏) 족보 서(序)

성주소사장방국지지(成周小史掌邦國之志 : 책 이름)에 의하면 세대의 계통(系統)을 정하고 조상의 사당 차례를 분변(分辨)하는 것이 보첩(譜牒)이 생긴바 연유이며 종법(宗法)의 세운바 연유인 것이다. 사람이 조상(祖上)을 존중히 여기고 종친을 존경할 줄 알아야 보본추원지성(報本追遠之誠 : 생겨나서 자라난 근본을 잊지 않고 지나간 옛일을 생각하며 정성스럽게 그 은혜를 갚음)을 돈독(敦篤)히 하고 윤족친목지정(倫族親睦之情)을 두터이 하여 위에서는 다스리기가 쉬우며 아래에서는 교화되기가 쉬운 것으로서 대개 이것이 또한 법(法)을 밝히며 제도(制度)를 정비(整備)하는 까닭인 것이다. 주(周)의 수보제도(修譜制度)가 이미 해이침체(懈弛沉滯)되어 보첩(譜牒)이 불명하고 종법이 달라서 이행(履行)되지 아니하여 인가 종족(人家宗族)이 흩어지고 이미 그 원본(源本)을 알지 못하여 그 파속(派屬)도 알지 못하여 길이 범연하게 지내며 서로 친애(親愛)의 도(道)가 없어 집에는 후륜(厚倫)함이 없고 나라에는 세신(世臣)이 없으니 효제(孝悌)를 어찌 흥(興)하게 할 수 있으며 충의(忠義)를 어찌 세울 수 있으리오. 비록 중국(中國)에서는 아직 주제(周制)의 여대(餘代)로서 관장(管掌)하는 관직자(官職者)에 의(依)하여 수보첩(修譜牒)의 시정(施政)이 유(有)하며 민간(民間)도 역시자수(亦是自修)하는 풍습(風習)이 되어 있어 명계지족(明系知族)하지 못하는 자(者)가 거의 없는데 아국(我國)은 동방예의지국이라고 별칭하는 나라로서 위에서 입정(立政)하는 것이나 아래의 위속자(爲俗者)나 모두가 중화지풍(中華之風)이 유(有)한데 유독보첩(唯獨譜牒)에 있어서는 뜻을 이루지 못하고 간혹 수보(間或修譜)하는 자(者) 있으나 너무 소략(踈略)하며 혹중폐(或中廢)하여 계속(繼續)하지 못하는 고(故)로 비록 명문세족이라고 할지라도 원본(源本)의 내려온 바를 알지 못하는 자(者) 많거늘 하물며 그 종족(宗族)을 거두고 윤의(倫誼)를 두터이 하는 도(道)를 바랄 수 있으랴. 우리나라의 강토는 중국과 같이 광대하지 못하며 사족과 문호를 가진 자(者)도 중국(中國)과 같이 수다(數多)하지 못하거늘 중국이 사해(四海)의 광대(廣大)함과 인민(人民)의 다수(多數)로도 능히 하고 있는데 하물며 아국(我國)에서 이것을 할 수 없다고 말할 수 있겠는가. 진실로 국가(國家)의 법적제도(法的制度)가 유(有)하면 어렵지 않으며 치화(治化)에도 유익(有益)할 것이다. 안국(安國)은 사사로운 생각에 국가관제(國家官制)로 만고(萬苦) 충익부(忠翊府)에 원종공신(原從功臣)을 위하여 세계보첩(世系譜牒)을 수(修)하는 직책(職責)을 설치(設置) 아마 혹시 사대부의 보첩사도 겸장(兼掌)하게 하면 별도로 신관(新官)을 설치하지 아니하여도 족히 넉넉히 가행할 수 있을 것이다. 정자(程子)께서 이른바 인심(人心)을 관섭(管攝)하여 종족을 거두고 풍속을 두터이 하여 사람으로 하여금 근본을 잊어버리지 아니하는 것이 모름지기 보계(譜系)를 밝히고 세족(世族)을 거두는 자(者)라고 하는 것이 정(正)히 이 일을 가르친 것이니 어찌 치도(治道)에 관계가 있지 아니하겠는가. 지금 할 수 없으나 그러나 소위(所謂) 명족(名族)이며 예의지가(禮儀之家)로서 조상을 존중히 여기며 존경하는 의(義)를 생각하며 종족을 거두고 인륜(人倫)을 두터이 하는 데 유의(有意)한 자(者) 과연(果然) 능히 각자가 가보(家譜) 수(修)하게 되면 풍속이 스스로 아름답고 국가가 또한 세신(世臣)의 충의(忠義)의 힘에 힘을 입을 수 있을 것이다. 근세에 안동권씨 족보가 권문경공제(權文景公踶 : 권제를 말함)에서 시작되어 마침내 달성서상공거정(達城徐相公居正 : 서거정을 말함)의 손에서 완성되었다.

지금(至今) 사족(士族)으로 원파(源派)를 고지(考知)하고 추원보족지사(追遠保族之思)를 일으키니 그것이 풍화(風化)를 돕고 돕는 것이 적지 아니한지라 가석(可惜)하도다. 위에서 권하여도 아래에서 응하지 아니하면 효과(効果)가 있다는 말은 듣지 못하였으나 안동권씨(安東權氏)의 뒤를 이어 수보(修譜)하는 자(者) 우리 외가(外家)인 양천허씨(陽川許氏)인데 시조(始祖) 휘(諱) 선문(宣文)이 고려조(高麗祖)를 도와 삼한을 통일하여 공암촌에 사읍(賜邑)한 후로 여러 대로 귀현덕업(貴顯德業)과 공명(功名)이 세상에 빛나게 되어 지금까지 끊임없이 동국(東國)의 갑족(甲族)이 되었다. 안국(安國)이 일찍 선세(先世)의 닦은바 가보(家譜)와 누대(屢代) 내외세(內外世) 차관위(次官位) 적관(籍貫)을 얻어 성편(成編)하고자 하였으나 죄파(罪罷 : 죄를 받고 풀려남)로 인하여 전리(田里) 생활중(生活中) 역불급(力不及 : 힘이 미치지 못함)이었다가 이제 이조참판 허흡군(許洽君)이 참판(參判)의 제(弟) 사간원(司諫院) 대사간(大司諫) 항군(沆君)과 더불어 내외세 차관위(次官位) 명휘적관(名諱籍貫)을 가지고 국사집록(國史集錄)을 조사참고(調査參考)하여 생졸급분(生卒及墳) 묘등(墓等)을 증첨 기록(增添記錄)하고 장차(將次) 제족(諸族)에 전포(傳布)하여 대대로 지키게 하였으니 가위(可謂) 효목지도(孝睦之道)를 돈독하게 한 것이라고 말할 것이다. 안국(安國)의 뜻이 군(君)을 만나서 드디어 이루어지니 어찌

다행한 일이 아니겠는가. 만약(萬若) 이제 내외 제족이 군후(君後)의 자손 된 자(者)가 모두 군(君)의 용심(用心)과 같이 보계(譜系)를 참고하여 선대의 경사와 낮은 일을 누적한 것을 알아 스스로 유익한 바가 되며 대대로 충효의 업을 지키게 하고 보본(報本)의 성을 다하여 돈목(敦睦)의 의(義)를 힘쓰면 허씨(許氏)의 문중복조(門中福祚)의 융성함이 장차 더욱 무궁하여 동국갑족(東國甲族)의 긍지(矜持)를 가지게 될 것이요 만약 그 족보가 완수된다면 또 양군(兩君)의 그 공을 필함에 대하여 감사(感謝)와 속망(屬望)을 마지않는 바이다.

– 양천허씨 족보 서문에서

5) 허준 선생의 출생과 종중의 뿌리

허준 선생이 출생한 경기도 장단군 대강면 우근리에 살아온 양천허씨 종중은 고려 초기부터 거주했을 것으로 추정된다. 그 이유는 고려 태조 왕건이 후백제 견훤을 공격할 때 당시 공암현(孔巖縣 : 현 김포시, 서울 양천구, 강서구, 영등포 일부)에서 터를 잡고 살아왔는데 당시 후삼국통일을 이루려던 태조 왕건께서 대구 팔공산 대참패 이후 국력이 쇠약해졌을 때 양천허씨 시조 이신 허선문께서 군량미와 군마를 지원했다고 하며, 이후 양천허씨 시조 허선문의 후손들은 고려조정에서 고려 말까지 고위직의 출사를 하였으므로 고려 초기부터 개성과 장단에 거주했을 것으로 추정된다.

고려시대 초기부터 왕도인 개성과 장단에는 양천허씨들이 거주했다는 기록이 족보와 실록 등에 기재되어 있다.

허준 선생 직계 계보도

세수	시대	성명	관직명	시호(諡號	봉군(封君)	키워드
1	고려	허선문 (許宣文)	공암촌주 (孔巖村主)	장경 (壯景)		양천허씨 시조
2	고려	허현 (許玄)	소부소감 (少府少監)			
3	고려	허원 (許元)	예빈성경 (禮賓省卿)			
4	고려	허정 (許正)	예부시랑 (禮部侍郎)			
5	고려	허재 (許載)	수강(壽康)			
6	고려	허순 (許純)	공부상서 (工部尙書)			
7	고려	허이섭 (許利涉)	전구서령 (典廏署令)			
8	고려	허경 (許京)	좌복야 (左僕射)			
9	고려	허수 (許邃)	예부상서 (禮部尙書			
10	고려	허공 (許珙)	첨의중찬 (僉議中贊)	문경 (文敬)		묘소는 판문점 부근에 있다.
11	고려	허관 (許冠)	판도좌랑공 (版圖佐郎公)	찬성사 증(贈)		남북분단으로 포천시 신북면에 설단조성
12	고려	허백 (許伯)	문하평장사 (文下平章事)	고려금자 광록대부	양천군 (陽川君)	
13	고려	허경 (許絅)	지신사 (知申事)	밀직사 지신사		
14	고려	허금 (許錦)	전리판서 (典理判書)	문정 (文正)	야당공 (埜堂公)	
15	고려	허기 (許愭)	통정대부 (通政大夫)	매헌공 (梅軒公)	지의금부사	연천 장남면 판부리 DMZ에 묘소 있음

16	조선	허비 (許扉)	양양도호부사		양양공	장단 우근리 소재
17	조선	허지 (許芝)	영월군수		증(贈) 사의(吏議)	증조부 장단 우근리 소재
18	조선	허곤 (許琨)	경상우도수사		의성허준(許浚:陽平君)의 조부 장단 우근리 소재	
19	조선	허론 (許碖)	용천부사		의성허준(許浚:陽平君)의 부친 장단 우근리 소재	
20	조선	허준 (許浚)	대광보국숭록대부 (大匡輔國崇祿大夫)	호성공신	양평군 (陽平君)	의성 파주/장단 하포리 소재
21	조선	허겸 (許謙)	파주목사 (坡州牧使)		파릉군 (巴陵君)	허준 선생 아들 선생 묘 하단에 위치

이 계보도에서 보듯이 허준 선생의 계보를 보면 양천허씨는 개성과 장단에서 세거하며 명문가로서의 전통을 이어왔다.

허준 선생이 비록 서자였지만 가문의 전통에 따라 성리학적인 학술과 도가적(道家的)이고 이타적(利他的)인 학문을 이어왔다. 한편의 예를 들자면 미암 유희춘의 미암일기(眉巖日記)에 "허준이 오늘 노자도덕경(老子道德經)을 가지고 왔다"라고 기록한 바를 보더라도 허준의 애민정신은 민중을 사랑하고 행동하는 마음은 도가적인 정신에서 나왔을 것이리라.

허준 선생 족보

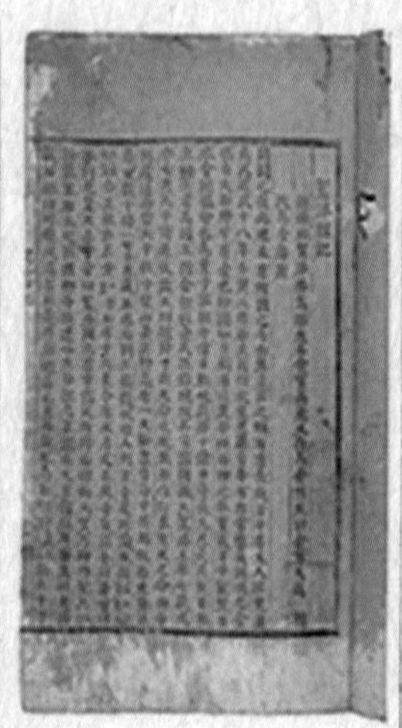

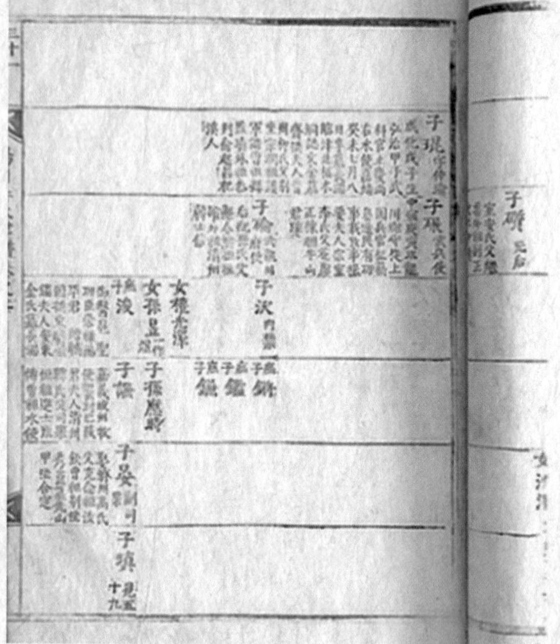

3. 허준의 맥이 끊어졌던 이유

허준 선생은 양천허씨 시조 허선문(許宣文)의 20세손으로, 할아버지는 경상우수사를 지낸 허곤(許琨)이며 아버지는 용천부사를 지낸 허론(許碖)이다. 어머니는 허론의 소실 영광김씨다.

이곳은 고려국 건국 이후 양천허씨가 거주해 온 곳이고 허준 선생의 선조 역시 이곳에 연고를 가지고 있고 선조님들의 묘소도 모두 이곳에 있다.
허준 선생이 선조의 호송공신이자 『동의보감』 저술 등 그간의 공로로 인해 허준 선생께서 1615년 10월 9일 향년 76세로 사망한 이후 생전에 보류되었던 정1품 양평부원군(陽平府院君) 보국숭록대부(輔國崇祿大夫)에도 추증되었는데, 생전에는 극구 반대했던 대간들도 허준 선생 사후(死後)에는 생전에 『동의보감』 편찬에 공을 세운 것을 인정하여 이때는 반대하지 않았다.

그러나 한국의 3대 성인 중 1인이라 불리는 의성 허준 선생의 존재가 왜? 잊혀져야 했을까? 이 장에서 그 이유를 밝히고자 한다.

다음 장의 도면에서 보듯 허준 선생의 출생지와 허준 선생의 묘소와의 약 15~20kn 정도의 거리적 차이가 있다. 1947년까지는 장단 본가에서 허준 선생 묘소까지 다니며 시제를 모시러 다녔었다(종중 어르신들 증언).

해방이 되고 분단이 되었어도 남북 간의 통행은 가능했었다. 그래서 시제는 이어졌었다. 그러나 1947년 시향을 끝으로 38 분계선이 남과 북으로 확실하게 끊어짐으로써 남북 간의 소통이 완전히 단절되면서 허준 선

▲ 파주·장단 일원의 양천허씨 세거도

생의 시향도 완전히 중단되었다.

허준 본가와 허준 묘소의 중간이 바로 38도선이다. 이 중간인 38도선에는 허준 선생의 5대조이신 지의금부사 매헌공 허기(許愭)의 묘소가 있다.

허준 선생 묘 부근인 장단군 진동면 하포리에는 허준 선생의 후손들이 집성촌을 이루어 12대손까지 대를 이어 살아왔다.

허준 선생의 묘역 인근에는 허준 선생의 후손들의 묘소도 31대까지 있다.

허준 선생이 20세조이니까 후손 31세까지의 묘가 허준 선생의 묘역 주변에 모두 모셔져 있다.

허준 선생의 후손들이 대를 이어 하포리에서 살았었다. 그러나 조선조 말에 허준 선생의 후손들이 사화(史禍)에 연루되어 그 후손들이 모두 황해도로 이주해 가지 않으면 안 됐었다.

그리고 남북분단 이후 아쉽게도 허준 선생의 직계 손은 남한 땅에 단 한 분도 없다. 그리고 허준 선생의 묘소도 민통선 안에 위치하고 지뢰지대로 지정되어 있으며 아무도 찾지 않으니 잊혀질 수밖에 없었다.

그래서 한민족의 삼대 성인 중 한 분인 의성 허준 선생의 존재가 남한 땅에서는 완전히 자취가 감춰지게 되었다.

그리고 허준 선생의 묘역이 있는 토지인 파주시 진동면 하포리 산129번지는 12,000평으로 원래 양천허씨 종중 토지였는데, 아무도 관리하지 않으니 지금은 이 토지가 국방부소유로 되어 있다. 그 인근에도 양천허씨 종중 토지가 다수 있었으나 전쟁 이후 토지를 3차례에 걸친 정부의 부동산특별조치법에 따라 보증인 3명의 도장만 받으면 토지 소유주가 뒤바뀌게 되는 것이었다. 38도선 분단으로 접근조차 할 수 없는 허준 선생 후손들은 눈 뜨고 코 베인 꼴이 되었다.

이뿐 아니라 장단지역의 양천허씨 토지는 총 270만 평인 것으로 전해지고 있다. 그러나 대부분의 토지는 현재 북한 땅이 되었고, 남쪽에 있는 일부 토지도 남북분단과 민통선에 막혀 현재는 국방부 또는 산림청 등 국가 소유로 전환되어 있다.

4. 드라마에 허구도 있다

'허준 드라마' 감동 속의 허구

※ 소설은 소설로 인식하고 역사의 진실은 다시 밝혀야

1999년 MBC방송에서 절찬리에 방영된 드라마 〈허준〉을 보면서 "한 사람의 작가가 심각하게 역사성을 훼손하고 있다"라고 마음속으로 비난을 한 일이 있었다.

이은성이란 작가는 소설 『동의보감』을 저술하였는데, 이 작가는 역사성보다는 『동의보감』이라는 중요성에 목표를 두고 가상의 시나리오를 쓴 것으로 보인다.

그러므로 필자는 작가 이은성을 비난할 생각은 전혀 없다. 이분은 나름대로 허준을 빛내는 데 일조를 한 큰 공로가 있기 때문이다.

그럼에도 '사실에 입각한 드라마를 만들었다면 더 빛나지 않았을까?' 하는 아쉬움도 떨칠 수가 없다.

드라마 이외에도 여러 가지 측면의 잘못된 설정을 바로잡아 역사적 사실에 입각한 진실을 밝히고자 한다.

1) 의성 허준 선생의 출생과 사후

한 가지 아쉬운 점은 허준 선생은 서자(庶子)이기 때문에 종중의 기록이 별로 없다는 것이다.

당시의 족보기록을 보면 적자(嫡子)에게는 생년월일시와 업적 기록 등을 상세히 기록하였는데 허준 선생은 서자인 관계로 상세 기록이 없다. 따라서 서자이기 때문에 대강면 우근리에 있는 부모님 묘역에 묘도 쓰지 못하고 당숙뻘 되시는 김정국 선생님 묘역 건너편에 모셔졌다는 것이다.

그러나 이곳도 의미는 있다. 임진왜란 당시 궁중에서 필요한 의서를 모아 등에 지고 일행들과 함께 임금의 뒤를 따라 의주로 피난을 가는데 임진강 파평면 임진리에 위치한 임진나루를 건너 바로 일월성(日月城) 앞을 지나 이 묘소 앞길로 지나갔다는 것이다.

그리고 선조 왕께서 임진나루를 건널 때 비가 쏟아지고 밤이 깜깜해 왕이 배를 타고 이동하기가 불편할 무렵, 율곡 선생이 후손들에게 일러 아무 날 아무 시에 왕이 피난을 가니 기름먹인 화석정에 불을 질러 왕의 도강을 도우라고 미리 지시하셔서 후손들이 이 말에 따라 화석정에 불을 질러 임금께서 강을 편히 건너도록 했다고 전해진다.

2) 허준 선생이 약초꾼이었다고?

기록에 의하면 의성 허준 선생과 미암 유희춘은 절친한 관계였다. 더구나 미암 선생은 허준 선생의 고 당숙이신 김안국 김정국 선생과는 사제(師弟) 관계로서 깊은 관계에 있었고, 허준 선생은 미암 유희춘에게 노자도덕경(老子道德經)을 선물까지 하는 관계였다.

그리고 선조 대의 관료이자 학자인 미암 유희춘의『미암일기』에 의하면 1569년에 유희춘 자신이 이조판서 홍담에게 허준을 내의원에 천거해 달라고 부탁했다는 기록이 있고, 1573년에 정3품 내의원정에 올랐다는 것으로 보아 1569년에 내의원에 들어간 것으로 기록되어 있다.

그런데 드라마에서는 약초꾼으로 묘사하였다. 물론 드라마의 재미와 흥미를 위해 그럴 수는 있으나, 좀 더 사실적으로 묘사하여 도학(道學)의 가치와 선비적 가치, 의학의 도리(道理)를 보여주고 깨쳐지는 것이 더 유익하고 좋았지 않았을까?

3) 『동의보감』 저술지가 서울 양천·강서구다?

서울시에서는 허준공원과 허준박물관을 세워주시고 의성 허준의 가치를 선양해 주셔서 너무도 고맙게 생각한다. 그러나 자의든 타의든 역사 왜곡을 해서는 안 된다고 생각한다.

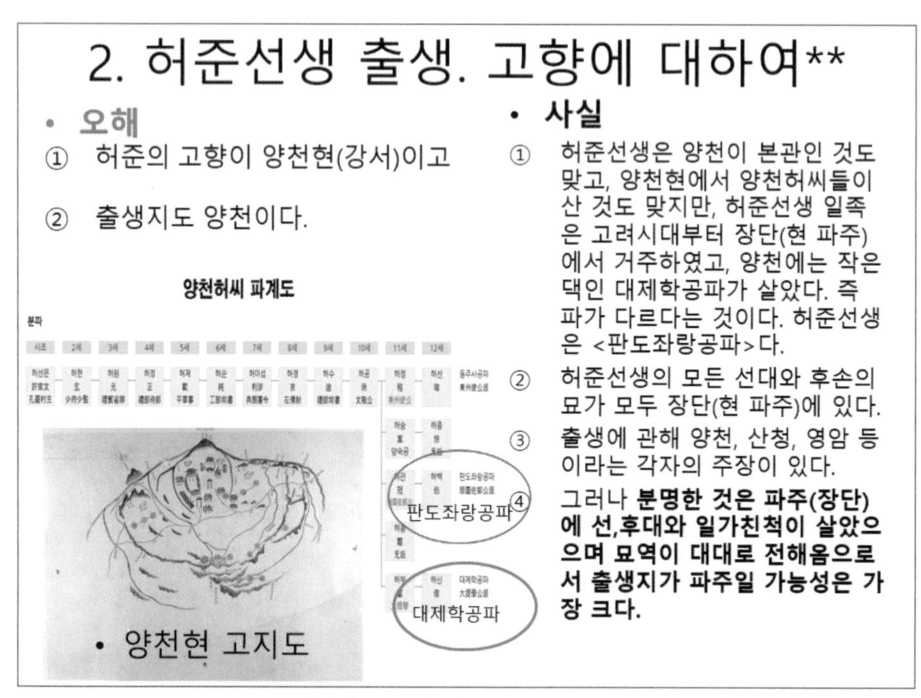

▲ 필자의 2021년 6월 29일 국회 강의자료

물론 양천허씨의 관향이 양천(과거에는 공암. 현 강서구·양천구·김포 일부 포함)이고, 허준 선생의 본관이 양천인 것도 맞다. 그리고 양천현에서 양천허씨들이 산 것도 맞지만, 허준 선생 일족은 판도좌랑공파로서 고려시대부터 장단(현 파주)에서 거주하였고, 양천현에는 작은댁인 대제학공파가 살았다. 또한 대제학공의 묘소도 현재 파주시 봉일천에 있다. 즉 파가 다르다는 것이다.

그리고 허준 선생의 모든 선대와 후손의 묘가 모두 장단(현 파주)에 있다. 그런데도 허준 선생의 출생지가 강서구라고 주장하는 것에 이론을 제기하는 것이다.

4) 허준 선생의 스승은 유의태?

산청에서 유의태에게 醫術 사사(師事)? 거짓!

1. 허준선생은 산청에 가신 일이 없음
2. 유의태는 작가 이은성이 소설을 위해 쓴 가상인물
3. 비슷한 이름의 유이태는 100여년 이후 어의를 한 사람으로서 이은성이 소설 구성을 위해 가칭 씀
4. 허준선생의 집안 어른들께서 모두 의술에 조애가 깊어 그 영향이 컸고.
5. 당고모 자재인 김안국, 정국 형제에 의해 사사받음

1. 허준선생은 서자이긴 하나 선대로부터 이어온 한학과 도학을 익힌 상당한 학자였다.
2. 따라서 드라마 허준에서와 같이 약초꾼에서부터 시작된 것이 아니고 주역의 이치에 따른 도학자로서 천문지리의 이치에 따라 동의보감을 저술할 수 있었다.

❖ 산청군에서는 동의보감촌 건설당시 허준선생 묘를 산청으로 옮기자는 제안도 있었으나 대종회 허찬 회장께서 거절하셨음.

▲ 필자의 2021년 6월 29일 국회 강의자료

허준 선생이 산청에 가셨다는 기록은 어디에도 없다.

『허준(집념)』의 작가 이은성은 소설의 완성도와 흥행을 높이기 위해 유의태라는 가상의 스승을 등장시켰다.

그러나 조선 선조 시대에서 유의태라는 한의사가 있었다는 기록은 없다. 다만 허준 선생 사후 100여 년 이후 비슷한 이름의 산청 사람 유이태라는 한의사가 어의를 한 사람이 있었기 때문에 작가 이윤성이 소설의 완성도를 위해 가상 인물을 쓴 것으로 보인다.

의성 허준 선생의 스승은 유의태가 아니고, 허준 선생에게 한의학적 영향을 미친 분들은 다음과 같다.

① 허준 선생은 서자이긴 하나 선대로부터 이어온 한학과 도학을 익힌 상당한 학자였다. 허준 선생의 집안 어른들께서 모두 의술에 조예가 깊어 그 영향이 컸기 때문에 종중의 의술 문화가 첫째 영향을 미쳤다.

② 허준 선생 당고모의 자재이며 고당숙 되시는 김안국, 김정국 형제는 대학자이자 의서를 지으신 의학자이기도 하다. 이분들의 영향으로 고도의 학술적 가르침을 사사받았을 것으로 사료된다.

③ 화담 서경덕 선생의 직계 제자인 수암 박지화 선생의 영향도 크게 미쳤다.
박지화 선생 관련, 허준의 『동의보감』이 정기신(精氣身)이라는 도가적 논리를 바탕으로 저술된 점이 일맥상통한다.

선조가 "중국 약재 대신 우리 향약 재료로 할 수 있는 처방을 만들라"

라고 지시한 것에 의해 만들어졌는데 이런 정신 또한『동의보감』의 민간 처방과 조약 등에 스며들어 있다.

『동의보감』의 중심사상은 황정경과 참동계 등 도가사상이고, 그 핵심은 정기신론의 관점이다.

선조는 1596년『동의보감』찬집을 명하는데 그 책임자를 당시 어의였던 허준으로 정했다. 그 외에 학자이자 유의(儒醫)였던 고옥 정작(1533~1603), 태의(太醫) 양예수 등 6명이 공동작업에 참여했다. 허준은 선조의 명을 군말 없이 그대로 따랐다.

유의태와 유이태와의 관계, 역사적 사실

유이태(劉以泰 혹은 劉爾泰)는 이름자인 한자에서 약간의 차이가 있는데 이는 동일한 인물임에도 불구하고 여러 가지 자료에서 혼동을 일으켜 다르게 표현함에 따른 것이다. 거창유씨 집안에서도 동일인으로 보고 있음을 확인하였다. 유이태는 산청 사람으로 조선 숙종 때 실존 인물이자 의학에 밝은 사람이었고 숙종의 어의까지 지낸 인물이다. 따라서 허준과는 전혀 관련 없는 실존 인물이다.

김두종이 쓴『한국의학사』의 조선후기 주요의서 및 의인전에 보면 유이태(劉爾泰) 항목이 나온다. 여기에도 정조 2년(1778) 병오(丙午)에 원학산인(猿鶴山人) 유이태(劉爾泰) 자서(自序)가 있는『마진편(痲疹篇)』책을 저술하였다. 유이태는 당시의 명의로서 자가마진경험방(自家痲疹經驗方)에 의하여 저술한 것이다. "본서는 오랫동안 사본으로 전하였으나 1930년에 진주에서 박주헌(朴周憲)에 의하여 간행되었다"라고 기술되어 있는 이런 자료를 보더라도 확실한 실존 인물인 것이다.

그러나 노정우가 1965년 9월 1일 발간한 『대한한의학회보』에 한 편의 논문을 기고했는데 거기에 처음으로 유의태라는 인물이 거론되었다. 이 논문에서 다음과 같이 말하고 있다.

"허준의 할아버지가 경상도우수사를 오래 역임하였고 허준의 할머니는 진주 출신의 류씨인 점으로 미루어 그의 어렸을 때의 성장은 역시 경상도 산청이라고 생각된다. (중략) 당시 산청 지방에 유의태라는 신의가 있었는데, 이 유의태가 바로 '허준의 의학적인 재질과 지식을 키워준 스승이었다'는 것이 여러 각도로 미루어 보아 부합되는 점이 있어 수긍이 간다."

이렇게 논문을 통해 주장하는 사람은 노정우가 처음이었다. 이 논문을 근거로 이은성이 사제 관계로 설정하였던 것이다. 유의태(柳義泰)는 가상 인물로 소설, 드라마, 등에 그대로 차용되면서 등장한 인물임에 틀림없다. 그럼에도 불구하고 일부 기관 등에서는 이를 오판하는 등 자의적 해석에 의해 현재 잘못 기록되어 있거나 와전되고 있는 것이 사실이다.

경상도 지역에서는 유이태가 워낙 신비한 의료기술을 가지고 그 지역 사람을 치료했기에 신화적 인물로 묘사되고 전설처럼 구전되었던 것이 사실이다. 이런 와중에 '류'나 '유'의 발음 그리고 '의' 발음이나 '이' 발음을 토착 지역에서 특성상 잘 구분하여 발음하지 못하는 속성에서 드러난 오류임이 분명하다.

5)『동의보감』을 단독 저술한 허준과 도학자 스승 박지화의 만남

허준의 젊은 시절 유일한 기록은 미암 유희춘의 일기에 잠깐 등장한 방문 기록이다. 허준의 사상과 인식의 구조를 밝히는 데, 그 핵심 열쇠가 바로 『동의보감』이다.

『동의보감』은 기존 한의학 서적과는 전혀 다른 몇 가지 특징을 가지고 있다.

첫째 정기신론에 의한 한의학 이론의 재구성이고, 둘째는 민족의학의 재발견이다. 이 같은 의학적 특색은 지역에 그 기반을 둔, 임진강을 배경으로 활동한 일군의 유불선(儒佛仙) 통합학자들이 바로 그들이다.

이런 조건들을 모두 만족하면서 허준과 개인적 인연이 있는 사람은 단연코 수암 박지화(1513~1592)밖에 없다.

그가 허준의 스승이라는게 필자의 주장이다.

▲ 허준의 스승 수암 박지화(우측)

박지화는 화담 서경덕의 문인으로 유불선에 모두 조예가 깊었고 특히 기수학에 뛰어나 명종 때 으뜸가는 학자로 인정받는다. 임진왜란 때 산에 들어가 시 한 수를 남기고 죽은 후 수선(水仙), 선인(仙人), 도사가 됐다는 설까지 있는 인물이다.

허준을 포함해『동의보감』의 초기 편찬위원은 유의 정작, 태의 양예수, 김응탁, 이명원, 정예남 6인으로, 이중『동의보감』의 정기신론을 주도한 사람은 정작이었다. 정작은 유학자로선 유일하게 참여하는데 그가 바로 박지화의 제자다.

정작은 온양 정씨이며 조선 중기의 대학자 미수 허목(1595~1682: 기호 남인의 선구)이 지은 정작의 행적에는 "고옥(정작)은 일찍 수암 박지화를 따라 금강산에 들어가 여러 해 수련하였다"라고 밝히고 있는데, 이는 정작이 형인 정염과 박지화로부터 도가 수업을 받았음을 뜻한다. 그의 형 정염은 의서인『정북창방』과『북창비결』,『용호비결』,『단학지남』과 같은 민족 색깔이 짙은 양생론(養生論) 저서를 남겼다.

허준의 사상적 토대는 바로 서경덕 학파다.

『동의보감』은 특이하게도 유학적 음양오행론을 언급하지 않았다. 한의학의 발전기제와 이론구조에는 음양오행의 계통론 도식이 자리 잡고 있으며, 한의학은 또 그것을 인체의 생리와 진료의 설명 도구로 선택했다. 음양오행과 오운육기 등은 유학과 철저하게 밀착됐다. 당대 최고의 명의인 남·북의는 모두 유학과 밀접하고 음양오행의 논리를 축으로 의학이론을 설명했다. 유학과 음양오행의 관념을 기반으로 한 북의와 남의의 한의학을 해체하고 정기신의 새로운 관점을 도입한 세력이 바로 동의(東醫)였다.

정기신론(精氣神論)은 중국 한의학 서적에서는 보기 힘든 논리구조로 이들은 정기신(精氣神)을 증상과 처방으로 직접 연결했다. 이는 그에 앞서 충분한 실천적 경험이 있었다는 방증이다.

허준은 "우리나라는 동쪽에 치우쳐 있고 의학과 약의 도가 끊이지 않았다"라고 말한 바 있다. 정기신론은 바로 우리 한의학의 뿌리이면서 면면히 흘러온 전통 의학인 것이다. 그런데 이 같은 논리를 주도한 인물은 유의인 정작이었으며 그의 스승 역시 박지화였다.

이는 16세기 중·후반 경기 이북 임진강 지역의 사상적 분위기와 무관하지 않다. 조선의 통치 기반은 성리학이 중심이었지만 당시 경기 이북 지역에선 도가, 불교, 양명학 등이 서경덕을 조종으로 널리 퍼졌다. 서경덕의 제자 중 서얼이었던 박지화는 도가 양생법에 매우 해박했으며 유의 정작의 스승이었고, 그의 형인 정염과 절친한 사이였다. 즉 정작의 뿌리는 박지화이며 그는 『동의보감』의 이론을 형성하는 데 큰 영향을 끼친 셈이다.

『동의보감』 초기편찬위원회가 정유재란으로 무산되고 난 후 허준은 단독으로 저술 작업을 계속한다. 전체적인 기획만 하고 구체적인 논리와 질병의 고리가 없는 상황에서 도가적인 논리를 유지한 것은 허준 자신이 도가적 소양이 있었음을 방증한다. 『미암일기』에는 "1568년 30대 초반의 허준이 노자, 조화론 등의 책을 그에게 선물했다"라고 적혀 있다. 이 같은 점은 그의 정신적 토양을 가늠할 수 있는 좀 더 구체적인 증거라 할 수 있다. 의학 실력과 도가 양생사상을 연마한 사람은 정염이나 박지화, 서화담뿐이었다.

박지화(1513~1592)만이 허준에게 사상적 의학적 가르침을 줄 여건이 되는 인물인 셈이다.

또한 박지화 선생이 지도한 인물은 허준과 정염만이 아니고, 척주동해송 저작자이자 동양의 형이상학적 과학자인 미수 허목 선생의 아버님이신 포천공 허교 님의 스승이기도 하였다.

수암 박지화 선생으로부터 수학하신 포천공 허교 님께서는 그 장남이신 미수 허목 선생에게 도가적 학문이 전해져 조선조에서 전설과 같은 업적을 쌓게 되신 것이다.

미수 선생께서는 단군 시대를 꺼려 하던 성리학의 시대인 조선조에서 상고 단군 시대를 거론하였고 조선왕조실록에 그 기록을 남겨두었으니 엄청난 결과를 남기신 것이다. 그리고 척주동해송과 같이 형이상학적 과학으로 바다에 조수를 물리쳤으니, 이는 현대과학으로 설명이 불가능한 것이다.

화담 서경덕 선생으로부터 길흉화복을 점치는『토정비결의』저자 이지함 선생, 동인의 영수이자『홍길동전』의 저자 허균의 부친이며 조선 5문장가로 이름을 떨친 초당 허엽, 의성 허준과 미수 허목을 키워낸 수암 박지화 선생, "태산이 높다 하되 하늘 아래 뫼이로다"의 양사헌, 역서와 지리에 밝았으며『동국지리지』를 편찬한 한백겸, 문집인『사암집』을 저술하고 영의정을 역임한 박순, 기인으로 실존인물이자 고전 소설의 주인공이며 도술을 부리는 전우치 등이 화담 서경덕 문하의 인재들이다.

허균과 허준의 관계

▲ 화담 서경덕 선생 제자로 알려진 전우치는 박지화 선생,
토정 이지함, 초당 허엽과 동문으로 알려져 있다.

사대주의 성향이 강한 조선시대 중반, 허준의 민족적 성향은 나름의 의미를 갖는다. 『동의보감』의 민족적 색채 또한 박지화와 관련이 깊다.

선조는 『동의보감』 편찬을 하교하면서 "요즈음 중국의 의학서적을 보니 모두 조잡한 것들을 모아 볼 만한 것이 아니다"라고 지적했다. 중국에서 수입한 한의학은 금·원 시대 의학 4대 학파인 금원 사대가의 의학이었다. 금원 시대는 중국 의학사에서 의학 학설이 가장 왕성하게 쏟아졌던 시기. 하지만 선조는 그런 중국의 의학을 '조잡한 것'으로 '볼 만한 것이 아니다'라고 조롱했다.

선조의 그런 자신감은 어디에서 비롯된 것일까. 문화는 시대 상황과 밀접한 관련이 있다. 조선은 세종 때 이미 왕명으로 중국 한의학을 모두 수집해 동양 최대의 의학 사전인 『의방유취』를 편찬했고, 『향약집성방』을 통해 토종약물에 대한 분석을 마쳤다. 이에 더해 서경덕을 위시한 경기 북부 임진강 유역 일군의 학자들은 양생, 도학, 단학에 입각한 민족 선도(仙道)의 축적된 학문적 역량을 토대로 우리만의 조선 의학을 완성했다.

미수 허목은 초기 『동의보감』 편찬에 허준과 함께 참여했던 정작(박지화의 제자)의 행장을 지었는데, 그는 허준과 같은 양천허씨였으며 손자뻘이 되는데, 송시열과 예송논쟁을 벌이던 대표 유학자였다.

그런데 그의 아버지 허교(포천 현감) 또한 정작과 함께 박지화에게 의술과 도가 수업을 받은 제자였다. 허목은 후일 동사(東史)를 지었는데 단군문화 정통론을 내세워 단군세가 등 상고사 계통을 확립했다.

일화에 우암 송시열은 허목과 대립했지만 심하게 병이 나자 의술로 이름이 높은 허목에게 처방을 부탁했다. 허목은 비상(부자라는 극약)이 든 약을 처방해 주변 사람을 펄쩍 뛰게 했으나 우암은 결국 그 약을 먹고 쾌차했다. 허목은 유학자였지만 민족사학과 뛰어난 의술을 겸비한 아버지 허교의 영향을 받지 않을 수 없었던 것이다.

서화담으로부터 비롯된 민족적 성향과 도선사상은 수암 박지화, 포천 현감 허교, 토정 이지함으로 이어졌고, 이는 허준의 사상과 『동의보감』에 반영됐다. 허교의 아들 허목(1595~1682)의 집안은 양천허씨의 다른 문중인 허균(1589~1618) 집안과도 밀접했다. 허균의 아버지 초당 허엽은 박지화와 함께 서화담의 제자이자 문인으로 오랫동안 함께 수학한 바 있다. 허균은 허준과 11촌 간으로 집안 친척뻘이다. 따라서 허준은 허균을 통해 허목의 아버지인 허교와 스승인 박지화를 만났다. 허균은 허준보다 30세 아래지만 허준을 내의원에 추천하며 평생 도와준 미암 유희춘의 제자였다.

적서(嫡庶)의 구별이 뚜렷한 시대 상황을 반영하더라도 서얼 철폐를 주장한 허균과 실제 서얼인 허준이 서로 어울렸을 가능성은 적지 않다. 『홍길동전』으로 이름을 떨친 허균은 대역죄로 죽기 직전 50여 가지의 양생법이 실린 한정록 20권을 완성했는데 이 중에는 남성의 불알을 만지는 회교(이슬람) 건강법이 실려 있다. 그런데 이렇듯 외신을 만지는 양생도인법은 『동의보감』 정기신 편에도 유사한 방식이 실려 있다.

허준은 『동의보감』을 집필하면서 전대의 학설을 널리 흡수하고 자신의 의견은 간략히 개진하는 술이부작(述而不作)의 논리 전개 방식을 사용했다. 그런데 이런 방식은 서경덕 학파의 대표적 특징이다. 서경덕의 학문적 경향은 궁리(窮理)와 격치(格致)를 중시하고 전대의 학설을 널리 흡수하면서 자신의 견해를 간략히 개진하는 술이부작(述而不作) 방식이었는데 『동의보감』 또한 같은 논리 전개 방식을 채택한 것. 서경덕의 논리 전개 방식이 박지화를 거쳐 허준에게 그대로 이어졌음을 알 수 있다.

박지화를 꼭 닮은 허준

박지화는 허준과 같이 서얼 콤플렉스를 가지고 있던 사람이다. 『홍길동전』에도 나오지만 당시는 서얼은 아버지를 아버지라 부르지 못할 정도로 차별을 강요받던 시대였다. 이 같은 동병상련은 그들 사이에, 비록 외부로 드러낼 순 없지만, 깊은 연대감과 친밀한 관계를 형성시켰다. 당대의 시인 정지승은 박지화가 지은 부마 광천위의 만사를 읽고 "이 사람의 문벌은 낮으나 시인들의 세계에서 지위는 최고"라고 평했다. 그러나 그는 이이나 이황과 교유하면서 서신을 주고받는 등 당시 지식인이 갖추어야 할 소양과 인격을 구비했음에도 웅지를 펼 자리를 얻지 못한 채 아웃사이

더로서 삶을 마감했다.

1611년 11월 21일 허준은 『동의보감』을 완성해 광해군에게 바쳤다. 크게 감탄한 광해군은 그의 노고를 위로하는 차원에서 그에게 서족의 불명예를 씻어줬다. 특별교지로 "이후 양천허씨에 한해서는 영원히 적서의 차별을 국법으로 금한다"라고 발표한 것. 그의 서얼 콤플렉스는 유교에 대한 반발로 이어졌다. 그의 책 전반을 살펴보면 비슷한 시대의 의학서적에 단골 메뉴로 들어갔던 역대 명의(名醫)란이 사라지고 없다. 역대 명의 편에는 유의가 맨 앞에 나오는데 그는 그게 꼴 보기 싫어 아예 난 자체를 없애버렸다. 사상의학을 창안한 이제마가 사단칠정론이나 태극도설 등 성리학적 원리를 바탕으로 의서를 만든 반면 허준은 철저히 유학을 배격하고 도가사상을 그 중심이론으로 의서를 편찬했다. 『동의보감』은 그 바탕 위에 서술됐다.

『동의보감』의 의학적 논리의 핵심은 정기신론(精氣神論). 그중에서 정(精)의 개념은 무엇보다 중요했으며 박지화의 논리와 맞닿아 있다. "정은 몸의 근본이고 기는 신을 주관한다"로 시작하는 상호관계는 정을 삶의 뿌리 물질로 파악한다. "정을 남에게 베풀면 아이가 생기고 내 몸에 머물면 나를 살린다. 정이 소모되어 흩어지면 질병이 생기고 죽게 된다"라고 풀이한다. 우리가 남성의 생식능력을 흔히 정력이라고 표현하는데 정은 바로 씨앗이며 또 다른 내가 자손을 번식하게 하는 물질이다. 정을 태워서 신을 발현하게 한 것이 정신이며 이는 마음을 밝히는 것이다. 현대의학으로 말하면 신경, 면역, 호르몬이라고 하는 것들이 바로 정인 셈이다.

연구자들은 『동의보감』의 핵심 논리를 정으로 파악하고 그 뿌리에 주목한다. 서경덕의 제자인 박지화는 "인간의 정(精)이 곧 자연의 수(水)로 생성의 시작을 알리는 일(一)임"을 강조했다. 자연의 생명은 물에서 시작된다.

여기서 천(千)은 자연이고 일은 자연의 근원적 물질로 물이 된다. 쉽게 말하면 인체의 근원적 물질은 정이란 뜻이다. 『동의보감』에서도 '남녀가 만나 교합하여 형체를 이루는데 항상 몸이 생기기 전에 정이 만들어진다. 정은 몸의 근본이다'라고 강조하고 있다. 이 글은 이황이 박지화의 저술에서 느낀 바를 퇴계집에 수록한 것이며 원문은 전하지 않는다. 『동의보감』의 기본정신과 박지화의 사유가 서로 관통하고 있음을 극명하게 보여주는 증거다.

허준의 스승을 찾는 작업은 단순한 지적 호기심의 일환이 아니다. 한국 한의학의 특질과 『동의보감』 집례에 전재된 민족의학의 뿌리를 찾는 일이다. 허준은 서경덕, 박지화, 정작, 정염, 이수광, 허목, 허균, 곽재우, 남사고 등과 깊은 인연을 맺고 있다. 『동의보감』은 이 일군의 유학자들과 민족의학이 어우러진 지적 산물이다. 정기신 이론과 단학, 이를 넘어선 우리 고유의 철학과 의학은 좀 더 세밀한 연구 작업을 통해 재조명되어야 한다.

따라서 드라마 〈허준〉에서와 같이 허준 선생은 약초꾼에서부터 시작된 것이 아니고, 도학자(道學者)로서 주역의 이치에 따른 천문지리의 이치에 따라 『동의보감(東醫寶鑑)』을 저술할 수 있었다.

주역이란 천지 만물의 우주 움직임의 이치에 따라 만들어진 수리과학(數理科學)의 산물이다.

주역 계사전(繫辭傳)에 '수즉귀신야(數卽鬼神也)'라고 가르치고 있다. 즉 수가 신이라는 뜻이다. 『동의보감』은 이와 같이 수리과학(數理科學)의 이치에 따라 저술된 것이다.

필자의 의견을 한마디 하겠다.

예를 들어 현대와 같이 모든 약초에 대해 하나하나 실험하고 연구하여 어떻게 한 사람의 노력으로 이 엄청난 분량의 저술을 할 수 있었겠는가?

『동의보감』에는 천지자연의 이치가 담겨져 있다. 천지자연(天地自然)의 이치란 일월성신(日月星辰)의 움직임을 알아야 한다는 이야기다.

『동의보감』이 없는 상태에서 현재와 같은 『동의보감』을 저술하려면 대한민국의 전체 한의사가 평생을 노력해도 아마도 어려울 것이다.

한 가지 예를 들겠다.

옛날에 전해 오는 이야기 중 강의 물고기는 일월(日月)의 움직임에 따라 움직이는데, 달이 뜨는 보름에는 모든 물고기가 물이 깊은 곳에 모여들고, 달이 없는 그믐에는 강의 얕은 곳으로 나온다고 전해진다.

그래서 실험을 해봤다.

1980년대에 배터리로 밤고기를 잡는 일이 있었다. 밤고기를 잡기 위해 배터리의 선을 약 3m 길이의 막대에 마이너스 선과 플러스선 2개 중 플러스 쪽에 12V 전구를 막대 끝에 끼우고 배를 띄우고 밤에 강으로 나갔다. 한 명은 뒤에서 노를 저었고 필자는 물속에 배터리를 연결해 전등불을 켜고 물속을 보며 전진했다.

결과는 이랬다.

보름밤에는 강가에서 물고기를 보기 힘들었다. 고기가 모두 강 깊은 곳으로 들어갔기 때문이다. 그러나 달이 없는 그믐밤에는 모든 물고기가 강가로 나와 있었다. 뱀장어, 잉어, 메기, 가물치 등을 많이도 잡았다. 이중 가물치와 뱀장어가 얼마나 큰지 기억에 남아 있다.

과연 듣던 대로 보름에는 물고기가 깊은 곳으로 가고, 그믐에는 물가로 나온다는 것을 알게 되었다.

군왕께서는 허준 선생께서 『동의보감』을 저술하신 공로(功勞)를 인정하고 치하하면서 "양천허씨는 앞으로 적서차별(嫡庶差別)을 하지 말라"고 어명을 내리셨다. 이 덕분에 양천허씨에게는 적서차별이 없어졌다.

본래의 제도대로였다면 허준 선생의 아들 허겸은 서자의 자식으로서 과거도 볼 수 없고, 벼슬도 할 수 없었다. 그러나 적서차별을 금함으로써 과거도 보고 벼슬도 할 수 있었다. 그러기에 과거를 보고 파주목사도 할 수 있었다.

허겸의 묫자리는 현재 허준 선생 묘소 아래 석축 밑 중건비를 세운 자리였는데 묘역조성 작업을 하면서 허준 선생 아드님 내외분의 묘소를 훼손한 것이다. 향후 허준 선생 묘역을 성역화하면서 이분의 묘역을 복원할 계획이다.

이뿐이 아니다. 허준 선생은 양천허씨 20대조이신데, 허준 선생의 31대손까지 허준 선생 묘소 주변에 산재해 있다. 그러나 족보에 좌향(坐向)은 표시되어 있는데 위치도(묘도)가 없어서 산소 찾기가 쉽지 않을 듯하다. 그리고 6·25 이후 허준 선생 묘역을 아시는 분이 모두 타계하셔서 이제는 찾기도 쉽지는 않다.

그리고 허준 선생의 32대손 허형욱 님은 북한 황해도 재령에 살아계신다고 들었는데 현재는 거처가 어떠신지 알 수 없어 아쉽기만 하다.

▲ 조정의 폐단 사화(士禍)의 비극

허준 선생의 후손들이 조선 말기에 고향인 이곳을 버리고 황해도로 떠나야만 하는 아쉬운 사연도 있다. 그 이유는 바로 사화에 연루되었기 때문이다.

그래도 6·25 전까지는 후손 일부가 이곳 하포리에 살았었는데 6·25 이후 모두 북으로 휩쓸려 남한에는 직계 손이 하나도 없게 되었다.

안타까운 일도 있다. 숙종대왕 시절 우의정을 지내신 집안의 미수 허목 할아버지께서 종중에 각별히 하신 말씀이 있었다.

앞으로 우리 종중에서는 벼슬길에 나서지 말라는 말씀을 남기셨다. 그 이유는 조정과 사회가 혼탁해져서 벼슬길에 나섰다가 화를 당할 우려가 크니 벼슬길에 나가지 말라고 당부하셨는데, 허준 선생의 후손들은 이 말씀을 따르지 않고 벼슬길에 나섰다가 사화(士禍)의 폐해(弊害)를 맞게 되었던 것이다.

5. 세계기록유산 등재

『동의보감(東醫寶鑑)』은 1613년 조선에서 왕명에 따라 국가적 사업으로 간행된 당대 의학 지식과 치료법에 관한 의학 백과사전으로 내경편, 외형편, 잡병편, 탕액편, 침구편 등 5편 23책과 세부 내용을 기록한 목록 2책, 총 25책으로 이루어져 있다. '동양 의학의 이론과 실제'를 뜻하는 이 의서는 왕명에 따라 의학 전문가들과 문인들의 협력 아래 허준이 편찬하였다. 국가적 차원에서 다양한 의학 지식을 종합하였고, 일반 백성을 위한 혁신적인 공공의료 사업을 수립하고 실행한 것이다. 이것은 이전까지 예방의학과 공공의료라는 개념이 없던 의학계에 선구적인 의미를 지니며 시대를 초월하는 의학사적 가치를 지닌다. 의학적 측면에서 『동의보감』은 동아시아에서 2000년 동안 축적해 온 의학이론을 집대성하여 의학 지식과 임상 경험을 하나와 전집으로 통합하는 데 성공하였다.

2009년 유네스코 세계기록유산으로 등재된 『동의보감』을 소장하고 있는 기관은 국립중앙도서관, 한국학중앙연구원 장서각이다.

United Nations Educational, Scientific and Cultural Organization

Certifies the inscription of

DONGUIBOGAM

Cultural Heritage Administration of the Republic of Korea

(Institution)

Daejeon (Town) Republic of Korea (Country)

On

the Memory of the World Register

Date 31 JUIL. 2009

Koichiro Matsuura
Director-General, Unesco

▲『동의보감』 세계기록유산 등재 인증서
[출처 : 문화재청]

▲ 국보 제319-1호 『동의보감』(국립중앙도서관 소장본)
[출처 : 문화재청]

6. 허준 탄생에 대한 기록

허준(許浚)의 정확한 탄생 연도 및 유년기에 대한 기록은 찾아보기가 쉽지 않다. 다만, 선행 연구자료에서 추론이 가능할 뿐이다.

허준의 탄생 연도를 조선 중종 32년(1537)으로 보는 경우이다.

[그림1]에서 보는 바와 같이 허준박물관에 소장된 『내의선생안(內醫先生案) 중국 요녕성도서관 소장 『태의원선생안(太醫院先生案)』, 서울대학교 규장각한국학연구원 소장 『교회내의계사선생안(教誨內醫計士先生案)』에 태어난 해를 정유년이라 했다. 그 해가 1537년으로 『내의선생안』의 서문을 선조 38년(1605)에 허준이 작성했기 때문에 허준박물관에서도 밝히고 있듯이 허준의 생몰년은 1537년에서 1615년으로 보는 것이 타당하다.

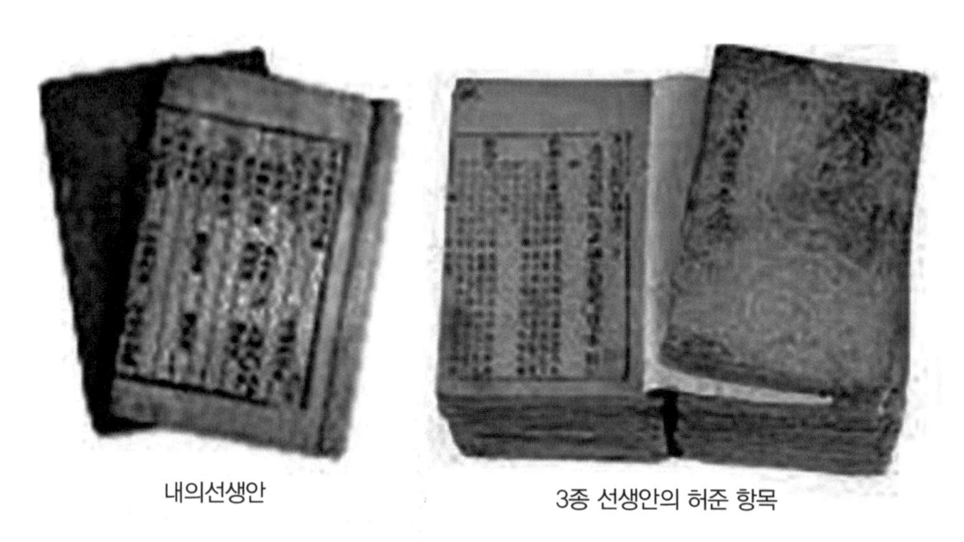

▲ 허준의 탄생년 (허준박물관)

한편, 박경련은 허준의 탄생 연도를 최립(崔岦 : 1539~1612)의 문집 『간이집(簡易集)』의 『휴가록(休暇錄)』에 '증송동경태의허양평군환조(增送同庚太醫許陽平君還

朝)'라는 시에서 자기와 동갑으로 판단하여 중종 34년(1539) 기해년(己亥年)으로 밝히고 있다.

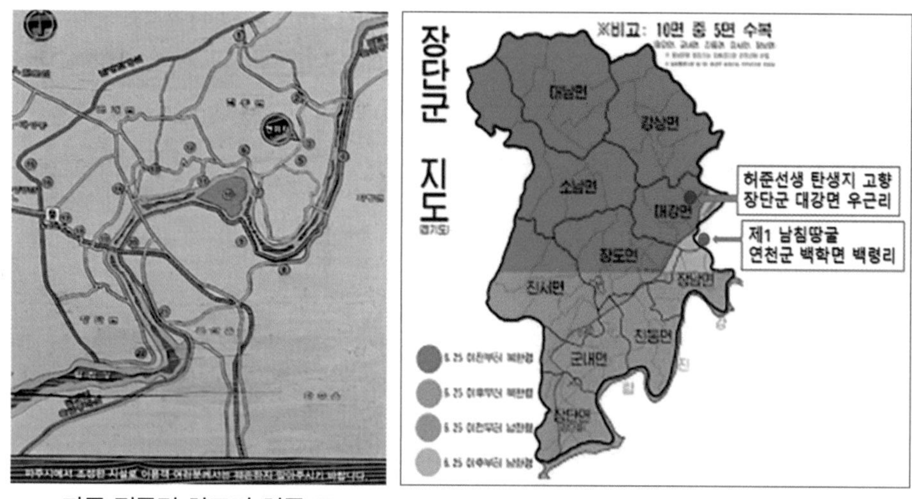

파주 진동면 하포리 허준 묘

장단군 대강면 우근리 (탄생지)

▲ 허준 탄생지 및 묘

허준이 중종 34년(1539)생이라는 또 하나의 기록은 '태평회맹도병풍(太平會盟圖屛風)'을 통해서이다. 이 4폭의 채색 병풍은 임진왜란이 끝난 뒤 선조 37년(1604)에 호성공신(扈聖功臣)들을 그린 계회도(契會圖)로, 세주(細註)를 보면 "충근정량호성공신숭록대부 양평군허준 청원 기해생 본양천(忠勤貞亮扈聖功臣崇祿大夫 陽平君許浚 淸源 己亥生 本陽川)"이라고 기록되어 있다. 여기서 기해년(己亥年) 역시 1539년이다.

한편, 인터넷 기사 및 일부 소설책 등에서는 허준의 탄생 연도를 1546년으로 밝히고 있다. 이런 잘못된 탄생년이 혼란을 가중시키고 있다.

허준이 태어난 곳은 경기도 장단도호부 임강면 우근리(현 장단군 대강면 우근리)로 추정된다. 허준을 중심으로 그 주변 종친들의 묘소를 족보에서 확인하면 허준의 친동생 징(徵)의 묘소도 허준과 같이 장단 하포리 광암동에 있으며, 아들 겸(謙)의 묘소도 선산(先山)에 그리고 징의 아들 상(詳)의 묘는 일산 서면 율동에 있다고 기록되어 있다. 허준의 친아버지와 큰아버지 연(硯)의 묘소는 기록이 없다.

그러나 할아버지 곤(琨)의 묘소 역시 장단 임진(대강면 우근리)에 있고, 윗대 할아버지들의 묘소가 개성을 중심으로 자리 잡고 있으며 개성 근처인 장단지역에 묘소들이 분포되어 있음을 확인할 수 있다.

따라서 양천허씨 집안들은 개성과 장단을 중심으로 살았으며 그곳에 선산을 만들어 대대로 가문을 지켜 내려온 집안임을 알 수 있다.

해방 전까지만 해도 현재의 민통선 안인 통일마을 장단군 대강면 독정리(篤正里)에 30호, 우근리(禹勤里)에 66호 등 동족 마을에서 양천허씨들이 살았다. 그런데 1950년 한국전쟁 이후 우근리와 독정리, 개성은 북한지역에 편입되어 민간인 통제구역이 되면서 흩어지게 되었다.

그리고 양천허씨 시조 허선문(許宣文)은 고려 태조 때의 인물로서 837년에 태어나 공암현(현 양천구와 강서구 지역)에 살았다는 이유로 이곳이 허준의 탄생지로 보는 이도 있다. 그리하여 현재 양천, 강서 지역에 '공암공원'이 있었는데 허준의 호를 따서 1991년에 '구암공원'이라 이름하였고 지금은 '공암나루근린공원'과 '구암근린공원'이 나란히 있다. 이후에 허준근린공원으로 바뀌었다.

그 주변에는 또한 '허준박물관'이 있다. 이러한 이유 등으로 허준박물관 측에서는 경기도 양천현 파능리(현 서울 강서구 등촌2동 능곡(능안)를 허준의 탄생지로 보고 있다. 그러나 정확한 탄생지라고 단정할 수는 없다.

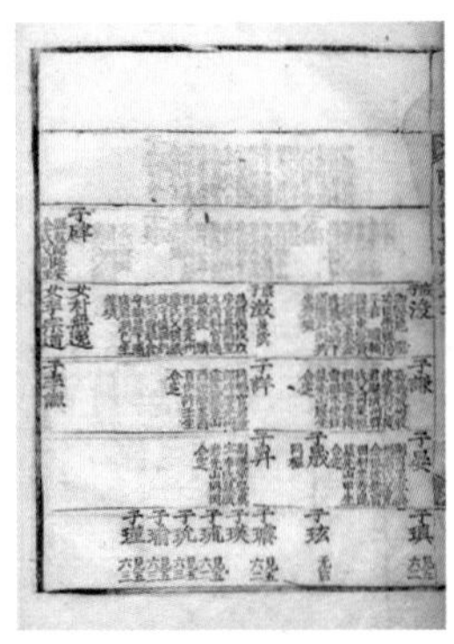

▲ 양천허씨 족보

허준의 본관은 양천(陽川)으로 아버지는 무과에 급제하여 평안도 용천부사를 지낸 허론(許碖)이며, 어머니는 일직손씨(一直孫氏)로 알려져 있다.* 허준은 허론의 서자이지만 서족(庶族) 출신(出身)은 아니다. 그의 선대는 대대로 서자 집안이 아니었다는 것이 족보에서도 드러난다. 단지 허준 자신만이 서자로 태어났을 뿐이다. 따라서 첩의 소생이라는 것 때문에 아무리 뛰어난 재능을 갖는다 해도 출세의 길은 한정되어 있다. 과거시험을 볼 수도 없는 신분인 것이다.

그럼에도 불구하고 허준은 삶의 가치에 대한 열망은 놓지 않고 열심히 노력했던 인물임에는 틀림없다.

한편, 허준에 대해 이은성 작가는 1990년 『소설 동의보감』에서 생모를 손씨라 하고 천첩의 자식이라고 신랄하게 표현했다. 송기웅은 1992년 『어린이를 위한 허준과 동의보감』이라는 책에서 1546년 3월 5일 이른 새벽에 경기도 김포군 양천면 허논의 집에서 둘째 아들로 태어났다고 서술

* 그러나 문화유씨 가정보에는 정실부인은 해평윤씨 윤희경의 여식이라 기록이 되어 있다.

[표1] 허준의 가계도

												허許 선宣 문文	시조
												현玄	2세
												원元	3세
												정正	4세
												재載	5세
												순純	6세
												이利 섭涉	7세
												경京	8세
												수遂	9세
												공珙	10세
								부 富	총 寵	관 冠	숭 嵩	정程	11세
										백 伯			12세
										경 絅			13세
										금 錦			14세
										기 愭			15세
										비 扉			16세
		형衡						지 芝	훈 薰	손 蓀			17세
				녀김련 女金璉		곤 琨	숙 埱	연 珚					18세
율 律					론論	연 碾							19세
	서자 징 庶子 瀓	서자 준 庶子 俊	녀 손욱 女 孫昱	녀 권광택 女 權光澤	자 옥 子沃								20세
		겸謙											21세

▲ 국립중앙도서관 소장 古2518-91-37(6책)
1753년 자료를 중심으로 정리한 허준의 가계도

하면서 그의 어머니는 양씨라고 표현하고 있다.

손씨는 허론의 첩(妾)이 아니라 정실부인(正室婦人)이며 그 손씨의 몸에서 난 아들은 옥(沃) 하나뿐이었다. 그리고 이 손씨 소생으로 딸이 둘 있는데, 그 두 딸이 각각 권광택(權光澤)과 손욱(孫昱)의 아내가 되었다.

1753년에 발행된 양천허씨 세보를 보면 허준의 아버지 허론은 무과 출신으로 용천부사를 지냈으며 아내는 손씨라고 했다. 손씨의 아버지는 손희조(孫熙祖)이고 할아버지는 손확(孫確) 그리고 외조부는 본관이 청주(淸州)인 한사신(韓士信)이라 되어 있다. 이런 기록을 보아서도 손씨는 양반집 딸로 첩이 될 수 없다. 그런데 여기에 첩인 일직손씨는 표기되어 있지 않다.*

허준은 태어나면서부터 주변 인물들과의 인연으로 의원으로서 또는 학자로서 활동할 수 있게 되었다. 그들 중에서 사적 교류의 측면에서는 김안국(金安國 : 1478~1543), 공적인 측면에서는 유희춘, 정작 등이 있으며, 어의 양예수와 국왕 선조와 광해가 있었다. 특히 김인국과 서경덕은 친한 사이였는데 박지화가 서경덕의 제자였으며 정작은 박지화의 제자였다. 정작은『동의보감』편찬에 함께한 유의(儒醫)였다.

허준은 5촌 당숙이었던 김안국(金安國 : 1478~1543)의 제자인 유희춘(柳希春 : 1513~1577)의 영향을 받으며 성장기를 보냈다.

* 문화유씨 가정보에는 해평윤씨는 정실부인으로 나오며 슬하에 일남 내금위 허옥(沃), 이녀는 권광택, 손욱에게 각 출가 하였다.

summary

1. 허준이란 인물은 세계문명 발전의 징검다리다

2. 『동의보감』의 평가

3. 『동의보감』! 세계가 탐낸 의서

4. 『동의보감』을 향한 전 세계인의 관심

5. 허준의 『동의보감』 저술 관련 역사

6. 음양오행표

7. 의성 허준의 고향이자 출생지 장단 우근리

8. 구국의 성웅 이순신을 살린 의성 허준

01

단군성조를 이은 의성 허준의 위대함과 배경

···

대한국인(大漢國人)은 위대함을 지닌 유전자를 가지고 태어났다.

우리 고대사에서는 감춰져 있지만, 세계 고대문명의 시작은 대한민국에서 시작되었음을 알아야 한다.

세계 각처에 퍼져있는 피라미드를 보라! 그 피라미드의 건축술은 지금도 불가사의(不可思議)로 받아들이고 있다. 세계의 과학자들이 평가한 결과가 그렇다.

그러나 천손민족인 대한국인의 후예인 우리는 그 건축의 비밀을 알고 있다. 그 비밀은 바둑판 이론에 있다. 필자는 피라미드의 비밀을 향후 발표할 예정이다.

▲ 세계 각처의 신비한 피라미드

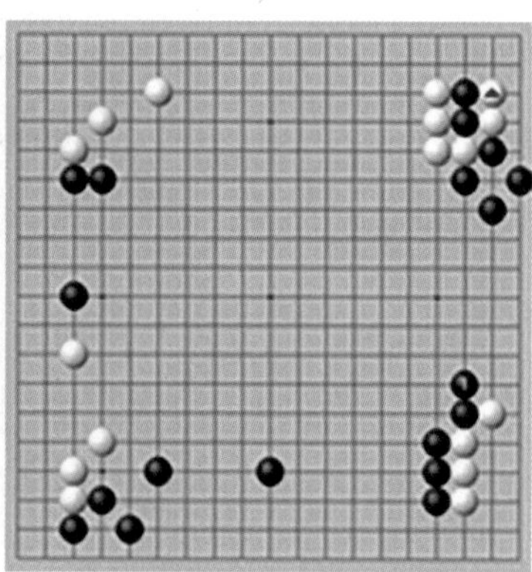

▲ 피라미드의 이치 바둑판

세상에는 사법동(四法動)의 법칙이 존재한다. 그 속에는 일월성신(日月星辰)이나 흥망성쇠(興亡盛衰) 등 변화의 이치를 담고 있다.

우리 대한국인에게도 이 법칙은 동일하게 적용된다. 우리 민족은 과거 세계 문명을 이끌어 왔으나 세상 흐름의 이치인 흥망성쇠의 이치에 따라 흥(興)했다 쇠(衰)했다를 거듭하다가 이제 흥함의 세상이 되었다.

현세를 보자!

필자의 어린 시절에 본 대한민국은 폐허 그대로였다.

6·25전쟁으로 인해 철저하게 파괴된 대한민국의 현실 속 우리는 보릿고개로 배가 고팠고, 철저히 파괴된 세상은 절망 그 자체였다. 더구나 필자의 어린 시절 연천 대광리는 전쟁은 끝났어도 남북한의 군인들은 철책선을 넘나들며 서로가 죽고 죽이는 살상의 비극이 되풀이되는 상잔(相殘)의 연속이었다. 배고픔은 군인들도 마찬가지였다. 헐벗고 배고픈 군인들이 항고를 들고 민가에 밥을 얻으러 다닌 일도 부지기수였고 도둑질도 비일비재했다.

그리고 70년이 지난 지금 세상을 비교해 보면 천지개벽(天地開闢)이 되었고, 대한민국의 대한국인은 제2의 번영의 시기를 맞이하였다.

70여 년간 대한민국의 대한국인은 세계가 놀라는 기적을 일구었다.

기적의 결과는 놀라웠고 그 성과는 찬란하다. 역시 대한국인이다.

① 초토화된 전쟁의 터전에서 세계 10대 강국으로 성장

② 세계 경제대국 중 전쟁 폐해국 중에서 유일하게 강국으로 성장

③ 문화강국으로서 영화, 음악, 드라마 등이 세계 최고 수준

④ 스포츠 강국으로 등장

⑤ 중화학 강국으로 들어섬

⑥ 자동차산업과 조선산업 등은 세계 첨단

⑦ 인터넷 네트워크 세계 최강

⑧ IT산업 세계 최강

⑨ 세계 최고의 IQ 보유

⑩ 세계 최고의 언어문자 보유

⑪ 기술경쟁력 세계 최고

그래서 인도 시인 타고르는 「동방의 등불」 시를 노래했다.

일찍이 아시아의 황금 시기에
빛나던 등불의 하나였던 코리아,
그 등불 다시 한번 켜지는 날에
너는 동방의 밝은 빛이 되리라.
마음에는 두려움이 없고
머리는 높이 쳐들린 곳,
지식은 자유스럽고
좁다란 담벽으로 세계가 조각조각 갈라지는 곳,
진실의 깊음 속에서 말씀이 솟아나는 곳,
지성의 맑은 흐름이
굳어진 습관의 모래벌판에 길 잃지 않는 곳,
무한히 퍼져 나가는 생각과 행동으로 우리들의 마음이
인도되는 곳,
그러한 자유의 천국으로

내 마음의 조국 코리아여 깨어나소서.

이와 같이 타고르는 대한민국의 역사를 이미 알고 있기 때문에 "일찍이 아시아의 황금 시기에 빛나던 등불의 하나였던 코리아, 그 등불 다시 한 번 켜지는 날에 너는 동방의 밝은 빛이 되리라"라고 노래를 한 것이다.

그리고 대한민국은 제2의 전성시대로서 세계의 지도국으로 우뚝 서게 될 것이다.

1. 허준이란 인물은 세계문명 발전의 징검다리다

허준!!! 『동의보감』 속에 담긴 허준의 정신은 긍휼(矜恤)스러운 마음과 이타적(利他的)인 제세이화(濟世理化), 광제창생(廣濟蒼生)의 정신이야말로 미래인류에게 던지는 큰 좌표다.

미래시대의 비전을 이야기하기 전에 우선 『동의보감』 책에 담긴 의미부터 짚어 보고자 한다.

허준의 『동의보감』에 담긴 내용

허준(許浚 : 1539~1615)은 소설과 드라마를 통해 널리 알려진 신묘한 의술로 박애(博愛)를 실천한 '의성(醫聖)'이었고, 신분의 한계를 극복하고 최고의 자리에 오른 신화적 인물이다. 그러나 실제 역사 기록에서 그의 일생을 추적하기에는 내용이 턱없이 부족하다. 그 이유는 선생은 서자이기 때문에 기록이 희귀한 것이다. 우리가 허준에 대해 알고 있는 것은 소설과 드라마를 통한 것뿐이다.

그래서 필자는 이 궁금증을 풀어주기 위해 이 글을 쓰며, 허준이 왜 의학을 선택했고, 어떤 과정을 밟으며 공부했는지에 대해 일반적으로는 알 수 없는 종중의 자료와 설화를 배경으로 도움을 주고자 한다.

본관은 양천(陽川)이며 자는 청원(淸原), 호는 구암(龜巖)으로 경상도우수사(慶尙道右水使)를 지낸 허곤(許琨)이 할아버지이며, 아버지는 무관으로 용천부사를 역임한 허론이며, 허준의 생모였던 영광김씨는 첩이기는 했으나 천출이 아니고 양반 가문의 서녀(庶女)였다.

허준은 권세 있는 가문의 서자로 태어나 큰 어려움 없이 자랐고, "총명하고 어릴 때부터 학문을 좋아했으며 스승인 수암 박지화로부터 도학(道學)과 경전(經典)을 수학하여 명리에 밝았다"라고 전해진다.

훌륭한 가문의 배경 덕에 허준은 어려서부터 경전·역사·의학에 관한 소양을 충실히 쌓을 수 있었으며, 비록 서자였지만 차별받지 않고 명문가 출신답게 좋은 교육을 받았고 특히 큰어머니인 일직손씨로부터 사랑을 받고 자랐다고 전해진다.

또한 양천허씨 집안에는 훌륭한 의학자들이 많았다. 그렇기 때문에 허준이 의학의 길로 가게 된 것으로 유추한다.

▲ 좌) 모재 김안국 ▲ 우) 사재 김정국 묘

허준 선생 당숙뻘로서 허준 선생이 의학의 길로 가게 인도했다.
김정국 선생 묘는 허준 선생 묘와 마주 보고 있다.

상세한 내용은 「04. 허준의 철학과 사상의 뿌리를 찾아 DMZ로 가다」 편을 참고 바라며, 허준의 집안 할아버지뻘 되시는 형제 정승으로 유명한 형님인 충정공 허종과 아우인 영의정 허침은 모두 의학에 출중함으로써 궁중의 어의들을 교육해 성장시키고 각종 의서를 제작하였고, 허준 선생의 고당숙 되시는 모재 김안국 선생과 사재 김정국 선생 등 두 형제분도 뛰어난 의술을 지녔으며 여러 권의 의서도 저술하였다. 그래서 이분들의 사사를 받으며 집안 어르신들의 뛰어난 업적을 이어받아 불멸(不滅)의 역작인『동의보감』을 저술하게 된 것이다.

허준에게 영향을 미친 양천허씨 종중 인물

▲ 우의정 충정공 허종

▲ 좌의정 문종공 허침

▲ 우의정 마수 허목

그리고 후손 중에 손주뻘 되시는 미수 허목 선생님이라는 불세출의 한의학의 역량을 지닌 분이 있었다. 이와 같이 허준 선생은 가풍에서도 누구보다 뛰어난 의술적 역량을 지닌 가문에서 성장했기에『동의보감』을 저술하게 된 역량을 갖출 수가 있었다.

2.『동의보감』의 평가

『동의보감』이 세계인의 주목을 받는 이유는 효과가 좋은 처방들을 담고 있기 때문이고, 학식이 있는 저자가 믿을 만한 방법을 이용해 좋은 문장으로 작성했고, 연관된 지식의 상호참조가 잘되었기 때문이다.

- 자가학습과 자가치료가 가능하기 때문
- 기존 질병 중심에서 몸 중심의 치료로 전환
- 중국의 기존 의학으로부터 조선 의학까지 모든 질병 치료 총망라
- 세계 인류의 질병 보건에 기여하고 병을 예방하는 방법 제시
- 조선시대 의서이면서도 현대적인 구성이 돋보임
- 일반인들도 참고할 수 있는 다양한 내용이 담긴『동의보감』
- 『동의보감』은 의료제도 붕괴를 보완하려 함
- 약재 하나로 다양한 병을 치료할 수 있는 방법 설명
- 과거부터 미래까지,『동의보감』의 효능
- 『동의보감』은 의술과 의학으로서의 가치를 모두 지님
- 대한국인을 지켜온『동의보감』
- 후학들의 노력으로 더욱 발전하게 된『동의보감』
- 『동의보감』이 민간요법과 혼용이 가능하다.
- 『동의보감』이 서양인에게도 잘 맞을까? 인체라는 측면에서 볼 때 동서양 구분 없다.
- 『동의보감』의 가치는 시간과 공간을 초월
- 『동의보감』의 지향점은 양생에 있음
- 『동의보감』에서 기의 순환을 통해 화병을 치료할 수 있다.

- 현대인의 질병에도 응용할 수 있는『동의보감』
- 양생이란? 내 몸이 질병에 걸리기 전 올바른 생활습관을 가져야 한다는 것
- 『동의보감』과 결합한 현대의학에는 어떤 것들이 있나?
- 아토피 치료에 이용되는『동의보감』의 처방들
- 서양의학의 부족한 점을 보완할 수 있음
- 질병만이 아니고 사람과 생명을 이야기함

- **신동원 카이스트 한국과학문명사연구소장**

바다와 같은 많은 처방과 의학이론 가운데서 핵심을 뽑아서 체계적으로 엮은『동의보감』, 그러니까 동종의 경쟁하는 의서가 있다면 17세기 이후에 나온 것.

- **홍재전서(弘齋全書 : 정조가쓴 문집)**

『동의보감』은 고금의 의서를 통틀어 진실로 우리나라 쓰임새에 적합하다.

- **중국판『동의보감』능어의 서문(1766)**

1) 이 책은 황제도 이미 읽은 바 있으나 아직 보통 사람들에게까지 보급되지 않았다.
2) 천하의 보배는 마땅히 천하가 함께 가져가야 할 것이다.

* 중국의 기존 의서는 질병 중심으로 분류되어 있다. 그러나『동의보감』은 사람 중심으로 저술되었다.

- **일본편『동의보감』중 도쿠가와 요시무네 서문(1724)**

고금의 중설을 손바닥에 잡힐 정도로 살폈으니 가히 의업의 가르침과 바로잡음이 도움이 되지 않겠는가?

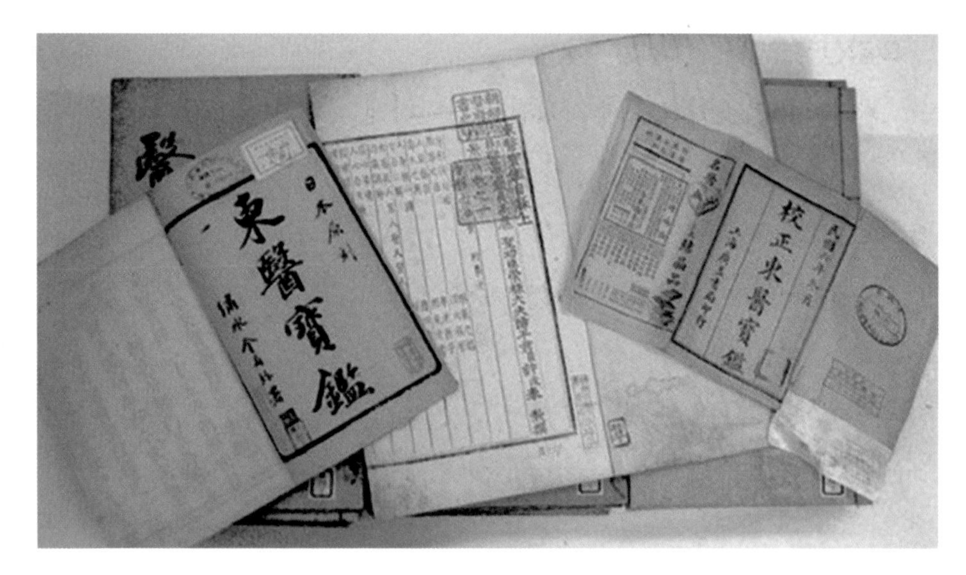

▲ 중국과 일본에서 간행된『동의보감』

- 중국에서『동의보감』간행 35회
- 중국『동의보감』에서 천하의 보배는 마땅히 천하가 함께 가져가야 한다.
- 일본『동의보감』중 도쿠가와 요시무네의 서문(1724)에서, 고금의 중설을 손바닥에 잡힐 정도로 살폈으니 보배로다. 가히 의학의 가르침과 바로잡음이 도움이 되지 않겠는가?

▲ 영문으로 번역된『동의보감』서적

- **의감산정요결**(1849, 이이두)

  『동의보감』을 간소화하여 치료법을 간편하게 찾을 수 있도록 한 의서

- **제중신편**(1799, 강명길)

  『동의보감』을 토대로 이를 축약 보완한 의서, 양생(養生)

- **동의수세보원**(1894, 이제마)

  사람을 체질적 특성으로 분류한 사상의학서, 체질에 따라 약을 써 병을 고쳐야 한다는 한의학 이론서

- **신『동의보감』 프로젝트**

  현대적 한의 성과를 보완『동의보감』을 계승 발전하는 프로젝트

- **김쾌정 허준박물관장**

  『동의보감』은 앞으로도 미래지향적 측면에서 더욱더 넓게 만들어지고 읽힐 수 있는 우리 인류에게 큰 등불이 될 수 있는 책이라고 생각된다.

- **김남일 경희대 한의대 학장**

  『동의보감』은 조선 의학의 핵심이 되는 것들을 다 정리해 놨다. 그리고 예방의학적인 지식들을 총망라하고 있다. 그것은 400년 전 조선인들에게만 국한되는 것이 아니라 세계인들에게 하나의 새로운 건강법을 제시했다고 볼 수 있다.

3. 『동의보감』! 세계가 탐낸 의서

- **개리 와그만** (동양의학박사, 침술사)

암 환자가 오면 어떤 종양인지 어떤 상황인지 파악하기 위해『동의보감』을 읽는다.『동의보감』은 종양의 위치, 종양의 성분 관련된 기운까지 고려한다. 서양의학은 암 자체에만 집중하기 때문에 자세한 설명이 불가능하다. 하지만『동의보감』과 동양의학은 사람에 집중한다.

단전 부분을 두드리는 것은 아침에 움직이기 쉽기 때문이다. 나에겐 중요한 일이다. 그냥 일어나면 하루 종일 몸이 무겁게 느껴진다.

『동의보감』은 백성의 눈높이에서 소통하려는 각고의 노력으로 이룬 선물이다. 백성을 위한 백성의 것이다.

- **윌 슈** (미국 하버드 의과대학 내분비내과 교수)

이 책『동의보감』에서는 간과 신체 다른 부분의 연관성을 설명하고 있다. 지금은 당뇨 발병에서 간이 중요한 역할을 한다는 것을 알고 있다.

- **비탈리 나파노우** (미국 하버드 의과대학 마르티노스센터 박사)

건강한 성인의 경우 검지와 중지를 각각 자극했을 때 대뇌에서 인지하는 부분이 아주 잘 구분되어 있는 모습이고, 이것은 각 손가락의 자극을 뇌에서 뚜렷하게 구분하지 못한다는 뜻이다.

환자들에게 침술 치료를 받게 하고 나서 다시 측정한 결과 모호했던 자극인지 구별이 다시 정상화되는 모습을 보였다. 그리고 곧 건강한 성인과 비슷한 운동성을 보였다. 눈에 띄는 개선을 보였다는 것이 흥미롭다. 플라시보 효과가 아닌 신경전달 속도가 증가했다는 객관적 증거다.

전통의학은 현대의학이 존재하기 전부터 존재하고 발전해 왔다. 현대의학과 통합해서 본다면 동양 전통의학에는 분명히 유용하고 효과적인 면이 있다.

- **토마스 박카이** (미국 듀크대학병원 통증의학과장)

우리는 약물에 너무 의존하지 않고 고통을 관리할 방법을 찾았다. 약물은 종종 위험에 빠트리기 때문이며, 통증의학이 치료할 수 있는 길을 넓혀주었다.

지금 세계 의학들이 부딪치고 있는 한계들을 한의학이 해결할 수 있다고 생각한다.

- **크리스 헤럴드** (미국 오스틴 아버지)

축구를 하던 아들이 심각한 뇌졸중으로 쓰러졌다. 그러나 한방치료로 회복했다.

- **아담 펄만** (미국 듀크대학병원 통합의학과장)

우리에게는 한국의 한의학과 같은 의료문화 전통이 없다. 수백 년 동안 미국만의 의료전통이 발전했다. 그래서 우리는 한의학의 전통문화와 경험들을 배울 수 있다고 생각한다. 누군가의 아버지, 어머니, 남편 혹은 애완견과 놀고 싶은사람, 손주들과 놀고 싶은 사람으로 본다는 것이다. 어떻게 하면 그 사람의 병을 치료할 수 있을까만 생각한다.

- **칼파나 쉐어 울퍼** (미국 메릴랜드대학 의학센터 교수)

몸 전체가 '가렵고 고통스럽다'라고 했는데, 이것은 아주 전형적인 증상이다. '피부가 마르고 벗겨진다'라는 것 역시 성홍열의 증상이다. 사용한

이 약초들은 항균성분이 있다.

생각해 보면 페니실린은 1940년도에 개발됐다. 이전에는 감염 질병을 치료할 방법이 전혀 없었다. (1600년대에) 감염 질병을 치료할 수 있었다는 것, 이분이 한 일은 정말 놀랄 만한 것이다.

- **나가노 히토시** (일본 모리요미아 의료전문학교 교수)

중국의 전설적인 명의 편작에 견줄 정도의 실력이라는 평가를 받았다고 한다.

- **누쿠이 마사유키** (일본 나고야 조선사연구회 회장)

허준의 『동의보감』이 완성된 것은 1613년이다. 조선왕조는 『동의보감』이 중요한 책이기 때문에 외국에는 주지 않았다. 50년 후인 1663년이 되어서 『동의보감』 한 세트를 받게 된다.

『동의보감』은 에도시대인 17세기와 20세기 약 200년에 걸쳐 일본 전역의 의사들에게는 선망의 대상이었고 간절하게 원했다. 이는 동아시아의 의학 교류를 촉진했다고 생각한다.

- **도쿠가와 요시부네**(1684~1751, 일본 에도막부 제8대 쇼군)

일본에서의 한의학 발전을 위해 한국에서 각종 약초를 가져다 재배하고 도쿠가와 요시부네의 의료개혁 일환으로 양생원을 만들어 백성들을 진료했다. 이 의료혁명의 결과로 일본인의 건강이 향상되었고, 전염병이 진정되었는데, 그것은 『동의보감』의 효과라 할 수 있다.

- **일본판 『동의보감』 관각 정정동의보감**(官刻 訂正東醫寶鑑 : 1724년 에도막부 간행)

소장처 – 도교대 농학생명과학도서관

여기에서 『동의보감』은 백성을 지키는 신선의 글(단경)이요, 의사들의 비법을 담고 있다고 했다.

또한 『동의보감』을 저렴한 가격에 백성들에게 나눠줄 테니 『동의보감』이라는 의서 25권을 백성들에게 널리 알려 국민 건강을 위해 활용하라고 했다.

- 1995년 11월 14일 대한민국 국회에서 당시 중국주석 장쩌민의 연설이 있었는데, 그는 중국과 한국에 대해 그간 2천 년에 걸친 교류를 하였고, 그중 17세기에 지어진 한국의 『동의보감』도 양국의 문화 교류에 크게 기여했다고 말했다. 중국주석 장쩌민도 『동의보감』의 가치를 높게 평가했다는 게 놀랍다.

4. 『동의보감』을 향한 전 세계인의 관심

1) 『동의보감』이 주목받는 이유는 무엇일까?

① 효과가 좋은 처방들을 담고 있기 때문이다.

② 학식이 있는 저자가 믿을 만한 방법을 이용해 좋은 문장으로 작성했다.

③ 연관된 지식의 상호참조가 잘되어 있다.

④ 질병 중심의 한의학에서 몸 중심의 한의학으로 변화를 가져왔다.

⑤ 기존의 중국 의학부터 조선 의학까지 총망라했다.

⑥ 바다와 같은 많은 처방과 의학이론 가운데서 핵심을 뽑아서 체계적으로 엮었다.

2) 세계가 주목하고 탐낸 『동의보감』

① 자가학습에서 자가치료까지 가능하게 한 『동의보감』

② 『동의보감』은 앞으로 미래지향적인 측면에서 더욱더 넓게 만들어지고 읽힐 수 있는 우리 인류에게 큰 등불이 될 수 있는 책이다.

③ 1600년대에 이런 치료를 할 수 있다는 건 정말 괄목할 일이다.

④ 항암치료 없이 한의학만으로 암 극복

⑤ 『동의보감』은 종양의 위치, 종양의 성분, 관련된 기운까지 고려한다.

⑥ 서양의학은 암 자체에만 집중하기 때문에 자세한 설명이 불가능하다. 그러나 『동의보감』과 동양의학은 사람에 집중한다.

3) 『동의보감』의 세계기록유산 등재 이유

① 동아시아인의 질병 보건에 기여

② 병을 예방하는 방법을 제시

③ 조선시대 의서임에도 돋보이는 현대적인 구성

④ 일반인들도 참고할 수 있는 다양한 내용이 담긴 『동의보감』

4) 『동의보감』, 무엇이 쓰였나?

① 1610년 집필 완료

② 내경, 외형, 잡병, 탕액, 침구 총 5편 25권 체제

③ 동아시아의 최첨단 의학들을 한곳에 모으려 했던 노력의 산물

④ 『동의보감』 보급을 통해 의료제도의 붕괴를 보완하려 했던 것

⑤ 약재 하나로 병을 치료할 수 있는 여러 가지 방법 설명

5) 과거로부터 미래까지 『동의보감』의 효능

① 의술과 의학으로서의 가치 모두를 지닌 『동의보감』

② 조선 백성을 지켜온 『동의보감』

③ 시간 초월, 『동의보감』의 가치

④ 기의 순환을 통해 화병을 치료할 수 있다고 기술

⑤ 현대인의 질병에도 응용될 수 있는 『동의보감』

⑥ 양생(養生)은 내 몸이 질병이 걸리기 전에 올바른 생활습관을 가져야 한다는 것

⑦ 아토피 치료에도 이용되는 『동의보감』의 처방들

⑧ 서양의학의 부족한 점들을 『동의보감』으로 보완할 수 있음

⑨ 질병이 아닌 사람과 생명을 이어줌

6) 『동의보감』이 민간요법과 혼용되진 않을까?

『동의보감』은 조선 의학의 핵심이 되는 것을 다 정리해 놨고, 그리고 예방의학적인 지식들을 총망라하여 정리하였다. 그것은 400년 전 조선인들에게만 국한되는 것이 아니라 세계인들에게 하나의 새로운 건강법을 제시했다고 볼 수 있다. 따라서 민간요법과 혼용이 가능하다.

7) 장두상치법(腸肚傷治法 : 배가 찢어져 내장이 밖으로 나왔을 때 치료법)

초오산(草烏散):투구꽃의 뿌리로 강한 독성을 지닌 약재. 진통 및 마취 효과.
상백피(桑白皮):뽕나무 껍질
화예석(花蕊石):지혈 효과가 있는 광물

두파장출재외(肚破腸出在外) 약장전단(若腸全斷) 난의(難醫), 부단자가치(不斷者可治): 배가 터져서 장이 밖으로 나왔는데 장이 완전히 끊어졌으면 치료하기 어렵고 끊어지지 않았으면 치료할 수 있다.

장급두피파자(腸及肚皮破者) 마루위선(麻縷爲線) 혹상백피첨용위선(或桑白皮尖茸爲線) 이화예석산부선상종리봉지(以花蕊石散付線上從裏縫之)

장자칙이청유연활(腸子則以淸油撚活) 방입두내(放入肚內) 내봉두피(乃縫肚皮) 불가봉외(不可縫外) 중피류피개(重皮留皮開) 용약삼(用藥糝) 대생육(待生肉)(득효得效)

: 장과 뱃가죽이 터졌으면 삼실[麻縷]이나 뽕나무뿌리껍질(상백피)로 만든 가는 실에 화예석 가루를 묻혀서 속으로부터 꿰매야 하는데, 장은 꿰매어 참기름을 발라서 제자리에 들어가도록 밀어 넣은 다음 뱃가죽을 꿰매야 한다. 그러나 뱃가죽의 겉껍질까지 다 꿰매서는 안 된다. 겉껍질은 그대로 두고 약을 뿌려서 새살이 살아나게 해야 한다.

5. 허준의 동의보감 저술 관련 역사

허준은 1574년(선조 7) 그의 나이 29세 때 늦은 나이에 미암 유희춘의 천거로 홍담의 안내로 궁중 의사 생활을 하였다.

내의원에 들어가 『조선왕조실록』에 이름이 등장하기 전까지의 모습을 찾아볼 수 있는 것은, 선조 때 유학자인 유희춘(柳希春)의 문집이 유일하다.

허준의 총명과 열성은 이미 20대에 그를 전국적으로 유명한 의사가 되게 했는데, 1569년 6월 그의 나이 24세 되던 해 부제학(副提學) 유희춘의 부인을 치료하기 위해 서울로 초치(招致 : 초빙)되었고, 이듬해에는 유희춘의 병도 치료하게 되어 장안에서 그 명성이 높아졌다.

유희춘은 이조판서 홍담(洪曇)에게 허준을 소개하였고, 1569년 이조판서 홍담과 유희춘의 천거로 내의원에 들어가 궁중의사, 곧 의관으로서 출사했으며, 한성부 장안에서 고관대작들에게 이름이 알려지면서 명성을 높였다.

내의원에 들어간 다음 해부터 어의(御醫)로 선임되어 1575년 어의 안광익(安光翼)과 함께 선조를 진료하기 시작했으며, 점차 임금으로부터 신망을 얻게 되어 1578년 종4품 내의원첨정이 되었다.

당시 의과의 초시와 복시를 1등으로 합격해서 얻을 수 있는 관직이 종8품이었다고 하니 허준이 얼마나 파격적인 승진을 한 것인지 짐작할 수 있다.

어의로서 안면신경마비인 구안와사에 걸려 입이 돌아간 공빈김씨의 남동생을 진료하여 완쾌시켰고, 1590년에는 인빈김씨 소생의 왕자 신성군을 살린 공으로 당상관(정3품 통정대부 이상을 말함)으로 승진했다. 그러자 사헌부, 사간원, 홍문관의 심사와 의금부는 벼슬을 거둘 것을 상소했다.

왕자를 치료한 것은 의관으로서 당연히 해야 할 일이고, 비록 공이 있다 해도 의관에게 당상관의 가자(加資 : 조선시대에 관원들의 임기가 찼거나 근무 성적이 좋은 경우 품계를 올려주던 일)를 내린다는 것은 있을 수 없다는 것이었다.

그러나 선조는 듣지 않았다. 또 위중한 병으로 생사가 위험했던 왕세자 광해군을 치료하는 데에도 성공해 선조의 전폭적인 지지를 받았다.

관직으로 볼 때, 허준의 장년 이후의 삶은 세 시기로 나뉜다.

첫째, 내의원 관직을 얻은 1571년부터 임진왜란이 발발한 1592년까지이다.

이 21년 동안 허준은 내의(內醫)로서 크게 이름을 얻기는 했지만, 최고의 지위에 도달하지는 못했다. 1587년 10월에는 태의(太醫) 양예수(楊禮壽) 등과 함께 선조를 진료하여 건강이 좋아지자, 호피(虎皮)를 상으로 받았다. 그리고 1590년에는 왕자 광해군의 두창(痘瘡 : 천연두)을 치료하여 이듬해 당상관(정3품 통정대부 이상)의 반열에 올랐다.

그러자 사헌부 사간원에서 일제히 나서서 “왕자를 치료한 것은 의관으로서 의당 해야 할 일이고, 비록 공이 있다고 해도 의관(醫官)에게 당상관의 품계를 내린다는 것은 있을 수 없으므로 취소해 주십시오”라고 왕에게 여러 번 간청했으나, 선조는 신하들의 거듭된 요구를 물리쳤다. 이 품계는 『경국대전(經國大典)』이 규정한 서자 출신이 받을 수 있는 최고 관직의 한계를 깰 정도의 큰 상이었다.

둘째, 1592년(선조 25) 임진왜란 이후 선조가 승하하던 1608년(선조 41) 때까지이다.

1592년 임진왜란이 일어나자 선조가 의주까지 피신하는 사태가 벌어졌다. 이때 모두가 급히 피난을 떠난 이후에 허준은 왕실 서고에 있는 귀한 의서(醫書)를 직원들과 함께 챙겨서 늦게 피난길에 올랐으나, 늦게 선조와 동행하며 왕의 건강을 돌보았다. 피난길에 동행하여 생사를 같이함으로써 그는 선조의 절대적인 신임을 얻었다.

이때의 공로로 허준은 전쟁이 끝난 후 호종공신(扈從功臣)이 되었는데, 이때도 역시 즉시 간원들이 나서서 공신책봉 개정을 청했으나 선조가 끝까지 밀어붙였다고 한다.

허준이 1596년(선조 29) 왕세자의 난치병을 고친 공으로 중인 신분에서 벗어나 양반(兩班 : 동반과 서반) 중 하나인 동반(東班)에 적을 올렸다.

1604년 선조가 호성공신(扈聖功臣)의 교서(敎書)를 발급하여 허준은 본관인 양천(陽川)의 읍호(邑號)를 받아 양평군(陽平郡)에 봉작되었다.

1600년 수의(首醫 : 내의원의 책임자) 양예수가 사망함에 따라 허준이 수의가 되었고, 이때부터 『동의보감』의 편찬도 본격적으로 시작되었다. 이와 함께 품계도 승진하여 종1품 숭록대부(崇祿大夫)에까지 올랐다.

1606년(선조 39)에는 선조의 중환(重患)을 호전시킨 공으로, 선조는 그에게 조선 최고의 품계인 정1품 보국숭록대부(輔國崇祿大夫)를 주고자 했으나, 이것은 그야말로 벼슬로서는 최고의 품계인 만큼 중인 신분으로는 과도한 벼슬이라 하여 신하들의 반대가 너무나도 극심하였다. 신하들의 격렬한 반대 때문에 선조도 이번에는 결국 허준의 가자(加資 : 품계)를 보류했다.

셋째, 1608년(선조 41)부터 그가 죽던 해인 1615년(광해 7)까지이다.

조선왕조가 개국한 이후 의관으로서는 최고의 벼슬에 올랐지만, 영광은 그리 길지 않았다.

1607년에는 임금의 병이 위중하고 잘 낫지 않는 것은 허준이 약을 잘못 썼기 때문이라 하여 연일 조정에서 수의(首醫) 허준을 벌주는 일로 논의가 치열했으나 선조는 이를 막아주었다.

1608년 마침내 선조는 병세가 위중해져 돌연 사망했다. 선조의 병은 이미 어찌할 수 없는 것이었지만, 사헌부나 사간원에서 가만히 있을 리가 없었다. 대신들은 허준이 약을 잘못 써서 선조를 죽게 했다는 죄로 유배령을 내릴 것을 청했다.

허준의 의술로 목숨을 구한 적이 있던 광해군은 허준의 의술이 부족하여 선조를 살리지 못했을 뿐 고의가 아니니 처벌할 수 없다면서 감쌌지만, 대신들의 질시와 견제가 만만치 않았던 상황이다 보니 광해군도 어찌할 수 없었다.

허준은 삭탈관직 되어 의주 유배형에 처해졌고, 그의 유배는 1년 8개월이 지난 1609년(광해 1)에 풀렸다. 1609년 사간원의 극심한 반대에도 광해군은 당시 일흔한 살의 허준을 내의원에 복귀시킴으로써, 허준은 광해군의 어의로서 왕의 측근에서 총애받게 되었다.

한양에 돌아온 허준은 어의(御醫)로 재직하면서 내의원의 의학서적 집필을 도맡았다. 여러 권의 중요한 의서를 저술하여 사람들을 병고(病苦)에서 구하려고 노력했는데, 그가 쓴 책들은 모두 중요한 의서로서 지금까지도 효용성을 인정받고 있다.

허준이 오늘날까지 의성(醫聖)으로 추앙받는 이유는 무엇보다도 그의 의학적 출중한 내용의 저술 때문일 것이다. 종이를 구하기도 힘들고 인쇄시설도 미비했던 시기였으므로, 임금의 지시가 아니면 책을 만들기 어려웠다.

그러나 오늘날 남아 있는 모든 허준의 저술은 왕명(王命)에 의한 것이기 때문이다.

허준의 가장 대표적인 저서라면, 1596년 선조의 명을 받아 편찬을 시작하여 추진하고 있던 『동의보감』의 완성이다.

유배 시절 허준은 연구에 전념할 시간을 얻게 되었고, 유배지에서 단시간에 책의 절반 이상을 집필해 냈다.

허준은 양생(養生 : 몸과 마음으로 병을 치료) 사상을 중심으로 하여 중국 의학이론과 처방의 난맥상을 바로잡고, 향약(鄕藥) 사용의 이점을 최대화하며, 최소한의 약의 분량으로 최대한의 의학적 효과를 얻으려는 데 힘썼다.

임진왜란으로 피폐해진 조선사회 회복의 일환으로 획기적인 의술 제공이라는 측면도 무시할 수 없다.

허준이 활약하기 이전 우리나라는 중국의 어려운 의학이론에 의존하고 있었다.

중국과는 자연환경, 자라는 동식물, 음식, 질병 등이 다르기 때문에 우리나라의 독자적인 의학이 발전해야만 했으나, 당시 만연한 사대주의 사상은 독자적인 의학이 뿌리내리지 못하게 했다. 이런 환경에서 허준은 중국의 의서를 참고할 때도 우리 현실에 맞는 부분만 채택했다.

허준은 우리 땅에서 나는 향약(鄕藥 : 시골에서 나는 약재)을 중시하고, 향약을 쉽게 쓸 수 있도록 『동의보감』에서 자세하게 서술하려고 애썼다.

18~19세기에 나온 우리나라의 대표적인 의서인 주명신의 『의문보감(醫門寶鑑)』, 강명길의 『제중신편(濟衆新編)』, 황도연의 『의종손익(醫宗損益)』 등은 『동의보감』을 약술(略述)해 놓은 것이다.

이렇듯 허준은 민족의학의 토대를 만들고 그 전통을 세웠다.

그가 저술한 책으로는 8종이 있으며, 크게 네 부류로 대별된다.

첫째, 허준의 책 중 가장 주목할 책은 종합 임상(臨床) 의서 『동의보감』이다. 선조는 그 무렵 명대의 신의학이 적지 않게 조선에 수입되어, 조선 전기의 의학 전통과 섞이는 바람에 이를 정비할 필요를 느꼈고, 또한 전란을 겪으며 기근과 역병이 발생해 제대로 된 의서가 시급히 요구되는 상황이었다.

새로운 의서의 편찬을 명하면서 선조는 그 책의 성격을 분명히 제시했다. "첫째, 사람의 질병이 조섭(調攝 : 조리)을 잘못해 생기므로 수양을 우선으로 하고 약물치료를 다음으로 할 것. 둘째, 처방이 너무 많고 번잡하므로 요점을 추리는 데 힘쓸 것. 셋째, 국산 약 이름을 적어 백성들이 쉽게 알 수 있도록 할 것" 등이었다.

왕명을 받은 허준은 정작, 양예수, 김응탁, 이명원, 정예남 등 당대의 인재들과 함께 편찬 작업에 들어갔다. 5인의 공동작업으로 책의 요점(要點)을 잡아가는 시점에, 정유재란이 일어나 의관들이 뿔뿔이 흩어져 작업은 자연히 중지되었다. 이에 선조는 허준을 다시 불러 허준 혼자라도 책임지고 새로운 의서를 만들라고 명하면서 궁궐에서 소유하고 있던 내장방서 500권을 내어주며 참고하도록 했다.

이후 허준이 단독으로 책임을 맡아 책을 완성시켰다. 이처럼 『동의보감』의 편찬사업은 처음부터 국가의 지대한 관심에 따라 대규모로 기획되었던 것이다.

1596년(선조 29)에 시작된 이 작업은 공직 생활로 짬을 내지 못해 지지부진하다가 선조 사후 그 책임을 지고 가게 된 귀양지에서 집필에 몰두할 수 있었다.

1609년 말 귀양에서 풀려난 허준은 서울로 돌아와 이듬해인 1610년(광해군 2) 8월 마침내 완성된 『동의보감』을 광해군에게 바쳤다.

허준이 전심전력하여 책을 완성하자, 왕은 곧 내의원에 명하여 인출(印出)하여 널리 반포하게 하였다. 그 결과 1613년(광해군 5)에 들어 출판의 결실을 맺어 널리 보급되었고, 한국 의학의 신기원을 이룩하게 되었다.

광해군은 이 책을 완성한 공로를 기려 빗발치는 반대에도 불구하고 그에게 임금의 장인에게나 주는 봉호인 양평부원군을 내렸다. 문관들이 깔보는 일개 의원을 영의정의 반열에 들게 해서 최고의 영예를 누리게 한 것이다.

이 책은 조선에서 출판된 뒤 중국과 일본에서도 출판되어 의원들의 필독서(必讀書)가 되었다.

국내에서는 19세기 끝 무렵 이제마의 사상의학(四象醫學)이 나오기 전까지 우리 풍토와 체질에 맞는 유일한 처방전으로 많은 사람의 목숨을 구했고, 의학 공부에 빼놓을 수 없는 교과서가 되었다.

1613년 훈련도감에서 목활자로 인쇄된 초판본 완질 25책은 남아 있지 않고, 훗날 전주와 대구에서 목판본으로 출판된 것이 전승되고 있다.

광해군은 허준이 선왕의 유업을 완수했다고 하여 그에게 좋은 말 1필을 상으로 내렸다.

책 제목의 '동의(東醫)'란 중국 남쪽과 북쪽의 의학 전통에 비견되는 동쪽의 의학 전통 즉, 조선의 의학 전통을 뜻한다. '보감(寶鑑)'이란 '보배스러운 거울'이란 뜻으로 '귀감(龜鑑)'이란 뜻을 지닌다.

허준은 조선의 의학 전통을 계승하여 중국과 조선 의학의 표준을 세웠다는 뜻으로 『동의보감』이라 이름 지었다.

정(精), 기(氣), 신(神)을 중심으로 하는 도가의 양생학적 신체관과 구체적인 질병의 증상과 치료법을 위주로 한 의학적 전통을 높은 수준에서 하나로 통합했다는 평을 받는 이 책은, 이후 조선 의학사의 독보적인 존재로 오늘날까지도 한의학도에게 널리 읽히는 명저(名著)이다.

총 25권 25책으로 당시 국내 의서인 『의방유취(醫方類聚)』, 『향약집성방(鄕藥集成方)』, 『의림촬요(醫林撮要)』를 비롯하여 중국 의서 86종을 참고하여 편찬한 것이다.

그 내용은 내경(內景), 외형(外形), 잡병(雜病), 탕액(湯液), 침구(鍼灸) 등 5편으로 구성된 백과전서(百科全書)이다.

둘째, 일상생활에서 요긴한 한글 번역 의서로 『언해태산집요(諺解胎産集要)』, 『언해구급방(諺解救急方)』, 『언해두창집요(諺解痘瘡集要)』 등이 그것이다.

두창(痘瘡 : 천연두)에 관한 책이 임진왜란 때 모두 유실되어 두창 치료에 관한 참고서가 없었다. 그러자 두창의 원인과 치료법을 몰라 자연히 미신 행위로 인한 치료법이 퍼져 백성들의 고통이 심했다. 나라에서는 두창에 관한 책의 편찬을 허준에게 위임했다.

허준은 자신의 오랜 기간의 치료 경험과 여러 서적을 참고하여 1년 만에 『두창집요(痘瘡集要)』를 완성했다.

▲ 언해두창집요(諺解痘瘡集要)

이 책의 상권(上卷)에는 두창의 원인, 예방, 증상이 서술되어 있고, 하권(下卷) 뒷부분에는 임신부의 두창과 반진(斑疹)에 대한 내용이 서술되어 있다.

이 책은 출간 후 두창 치료의 참고서로 널리 이용되었는데, 당시 사회 상황의 한계로 비과학적, 비위생적인 내용도 포함되어 있다는 평가다.

이 책을 우리말로 번역하여 백성들이 사용하기 쉽게 만든 책이『언해두창집요(諺解痘瘡集要)』이다.

『언해태산집요(諺解胎産集要)』 역시 1608년에 허준이 왕명을 받아 편찬한 부인과(婦人科)에 속하는 태산(胎産)과 태아 보호에 관한 의서로, 아이의 해산에 대한 의학적 지식, 구급 상황에 대한 발 빠른 대처, 소아 전염병인 천연두에 대한 의학적 대응을 실었다.

1책으로 되어 있고 각 항목마다 한글로 번역되어 있다. 이 책은 총 81장으로 구성되어 있는데, 그 기술이 일목요연하고 산과에 관해서는 빠짐없이 간결하게 기록되어 있다.

『언해구급방(諺解救急方)』은 조선시대 세종의 명을 받아서 편찬한 구급방을 허준이 선조의 명을 받아 우리말로 옮겨 1607년 내의원에서 간행한 책으로 상하(上下) 2책으로 되어 있다.

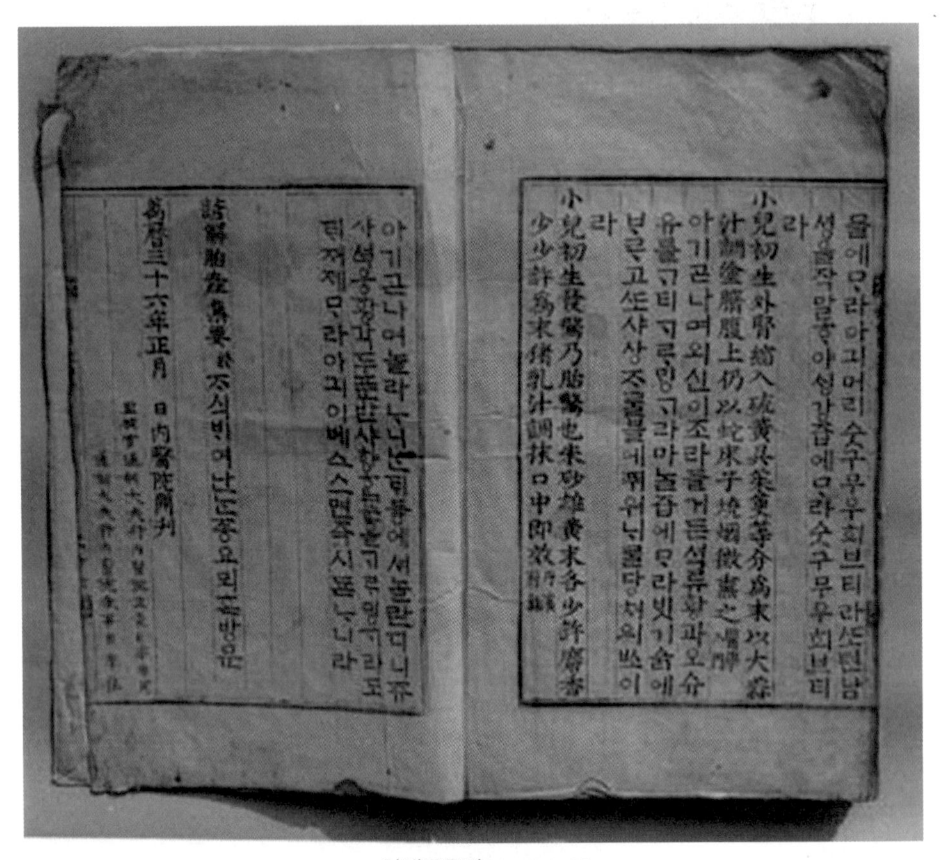
小兒初生發驚乃胎驚也朱砂雄黃末各少許麝香少少許爲末猪乳汁調抹口中即效

諺解胎産集要

萬曆三十六年正月 日內醫院刊

▲ 언해구급방(諺解救急方)

최근에 연대 미상(未詳)인 『언해납약증치방(諺解臘藥症治方)』이 허준의 저작으로 추정된다는 기록이 발견되었다.

이 책은 가정상비약인 납약(臘藥)을 올바로 쓰는 지침을 담고 있다.

셋째, 전염병 전문 의서로 『신찬벽온방(新纂辟溫方)』, 『벽역신방(辟疫神方)』의 편찬이 있다.

『신찬벽온방』은 열성 질환인 온역(瘟疫 : 오늘날의 급성전염병)에 대한 대책으로 내놓은 것이다.

『벽역신방』은 1613년 국내에서 처음으로 유행했던 성홍열에 대한 책이다. 이 책은 세계질병사의 관점에서 볼 때 크게 주목을 끈다. 허준은 성홍열에 대한 예리한 관찰과 합리적인 추론을 통해 이 미지(未知)의 병이 홍역을 비롯한 유사한 질환과 구별되는 병임을 밝혀냈다.

넷째, 학습용 의학 교재로 허준 최초의 저작인 『찬도방론맥결집성(纂圖方論脈訣集成)』이라는 진찰서 4권이다. 이 책은 당시 전의감(典醫監)의 과거시험 교재로 쓰이고 있던 동일한 책의 오류를 바로잡은 것이다.

환자를 진맥하는 기본을 알기 쉽게 쓴 책으로, 중국의 고양생(高陽生)이 쓴 『찬도맥결(纂圖脈訣)』이라는 책을 허준이 고쳐 쓴 것이다.

원서(原書)는 1권으로 되어 있는데, 이것을 허준이 고쳐 쓰면서 문장을 짧고 쉽게 바꾸고 잘못된 것은 바로잡아 4권의 책으로 만든 것이다.

허준은 어려서 서자(庶子)로 자랐기 때문에 민중의 고통을 체험했고, 그 후로도 늘 고통받는 가난한 민중들의 입장에 서 있었다.

그래서 『언해두창집요』, 『언해태산집요』, 『언해구급방』 등 우리말로 된 의서를 간행하여 양반 사대부뿐만 아니라 일반 백성들도 의술의 혜택을 받고 병고(病苦)에서 벗어날 수 있게 하려고 애썼다.

또한 『동의보감』에는 반드시 향약(鄕藥 : 우리나라에서 나는 약재) 명을 함께 써서, 이 땅에서 나는 약초를 쉽게 사용할 수 있도록 하였다.

전쟁으로 인해 모든 것이 부족했던 당시 백성들에게는 큰 혜택이었다. 조선 중기까지 질병에 대한 치료는 하늘에 맡기는 수밖에 없었다. 약재가 있긴 했지만 대부분 중국에서 수입해 온 비싼 약재들이라 일반인들이 사용하기에는 현실적으로 불가능했다.

한 마을에 전염병이 돌 경우 이에 대한 처방은 격리 수용뿐이었다. 이것은 인구 감소로 이어졌다. 조선 중기 인구가 급격히 감소한 것은 두 번의 전란 탓이기도 했지만, 질병으로 인한 사망도 무시할 수 없었다. 특히 유아사망률은 매우 높았다.

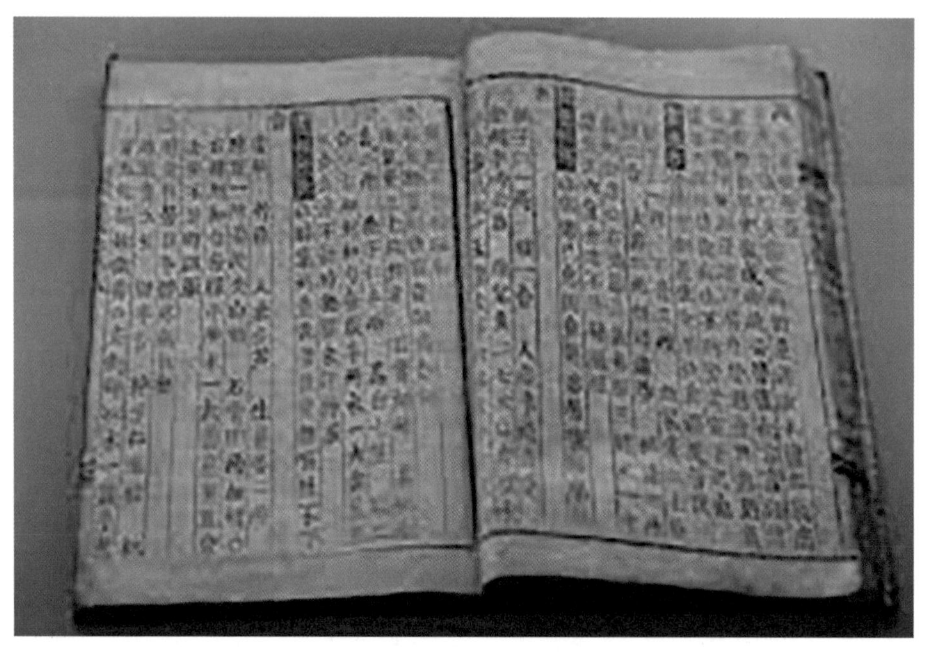

▲ 향약집성방(鄕藥集成方)

당시 의학서적은 『향약집성방(鄕藥集成方)』과 『의방유취(醫方類聚)』가 대표적인데, 의학상의 처방이 다양하게 집대성되어 있었으나 임상에 적용하기에 불편한 점이 많았다.

임상과 이론이 적절한 분량으로 결합된 의학서적이 필요한 상황에서

『동의보감』의 완성은 민중 의학의 토대가 되었다.

허준은 건강을 유지하는 데 중요한 것은 육체와 정신을 단련하는 것이고, 약과 침은 그다음이라는 선진적인 의학사상을 가지고 있었다.

그는 마음과 몸을 단련하고 수양을 잘하면 병을 미리 막아 오래 살 수 있는데, 이것을 모르고 병의 치료에만 매달려서는 안 된다고 했다. 일단 병이 생긴 다음에는 제때 치료하여 불행을 막아야 한다고 강조했다.

그는 자신의 저서 『동의보감』에서 정상적인 생체의 메커니즘에 관해 서술하고 몸을 건강하게 하는 방법을 제시했다.

그다음, 질병의 증상 및 처방과 예후에 관해 서술하고, 끝으로 해당 병의 치료에 효과가 있는 단방*(單方 : 효과 있는 약)문들과 침구(鍼灸 : 침과 뜸)법을 밝히는 독특한 서술 체계를 세웠다.

- 「내경」편 – 우리 몸을 구성하는 내장인 오장육부에 대해 알려준다.
- 「외형」편 – 겉으로 드러나는 신체 기관별 기능과 질병에 대해 알려준다.
- 「잡병」편 – 병의 원인과 증상을 설명하고 치료 방법을 기록하고 있다.
- 「탕액」편 – 약재료를 구하는 법과 처방하는 법을 소개하고 있다.
- 「침구」편 – 침과 뜸에 관한 이론과 실제로 하는 방법을 기록했다.

『동의보감』은 기존의 의학 전통을 총집대성 해놓았을 뿐만 아니라, 이후의 의학 전통의 원천(源泉)이 되었다.

우리나라의 의학 전통은 모두 『동의보감』으로 흘러들어왔다가 다시 『동의보감』에서 흘러나갔다고 해도 과언이 아닐 만큼 중요한 비중을 차지

* 단방 : 한 가지 약재로만 병을 치료하는 법

하는 의서(醫書)다.

『동의보감』은 허준의 대표적 저작(著作)일 뿐만 아니라 필생(畢生 : 일평생)의 저작으로 중국, 일본을 비롯한 동양은 물론 유럽에까지 영향을 미친 위대한 의서(醫書)이다.

실사구시(實事求是)의 실증적 학구 자세와 명민한 관찰력 그리고 고전에 대한 해박한 학식을 토대로 풍부한 임상경험을 살려, 보다 체계적이고 실용적인 의술의 구체화를 이룩하였다.

『동의보감』은 출간 이후 중국과 일본에서 동아시아 전통 의학의 핵심을 잘 잡아내어 적절한 표준을 세운 것으로 평가받았다. 이 책은 중국에서 대략 30여 차례 출간되었고, 일본에서도 두 차례 출간되었다.

허준의 면밀한 성홍열 관찰 보고는 동아시아 지역에서 최초이고, 세계적으로도 최초의 그룹에 속하는 것이라고 한다. 이로써 허준은 세계질병사 연구의 선구자 중 일인으로 평가받을 만하다.

『동의보감』은 다양한 질병의 치료 방법을 담아 누구나 활용할 수 있게 만든 것이 특징이다.

일반백성들도 질병의 이름을 먼저 알고, 질병을 치료하는 데 필요한 이론을 읽어 보고, 병을 판단할 수 있었다. 손목의 맥을 짚어 보고, 약 짓는 법을 차례로 찾아 읽으면 스스로 병을 치료할 수 있는 것이다.

또한, 중국의 비싼 재료가 아니라 우리나라에서 쉽게 구할 수 있는 재료를 이용해 약을 처방한다는 점이 인기 요소다.

『동의보감』은 한 종류의 약물만으로도 효과적으로 치료할 수 있는 방법, 주변의 산과 들에 널려 있는 야생 약초를 이용하는 법을 소개하고 있다. 가난한 백성들도 값싸고 간편하게 치료를 받을 수 있도록 배려한 마음을 바로 느낄 수 있었다. 거기에 그치지 않고 병의 발생 원인까지 상세하게 밝혔기 때문에 학술서로도 손색이 없다.

무엇보다도 수백 수천에 달하는 기존의 수많은 의학이론과 서적을 한데 모아 논리적으로 집대성함으로써 한의학의 새로운 길을 제시했다는 점에서 높은 평가를 받는다.

허준 선생의『동의보감』속에는 음양오행과 상색상극의 배경이 있다.

6. 음양오행표

	事 物 사물	木	火	土	金	水
臟	1. 六 臟 육장	肝(간)	心腸(심장) / 三包(삼포)	脾(비)	肺(폐)	腎(신)
臟	2. 六 經 육경	足厥陰(족궐음)	手少陰(수소음)	足太陰(족태음)	手太陰(수태음)	足少陰(족소음)
腑	3. 六 腑 육부	膽(담)쓸개	小腸(소장) / 三焦(삼초)	胃(위)	大腸(대장)	膀胱(방광)
腑	4. 六 經 육경	足少陽(족소양)	手太陽(수태양)	足陽明(족양명)	手陽明(수양명)	足太陽(족태양)
	5. 五 体 오체	筋肉(근육)	血脈(혈맥)	肌肉(기육)	皮毛(피모)	骨髓(골수)
	6. 六 氣 육기	風(풍)	熱(열) / 暑(서)	濕(습)	操(조)	寒(한)
	7. 五 官 오관	目(목)눈	舌(설)혀	口(구)입	鼻(비)폐	耳(이)귀
	8. 五 情 오정	怒(노)분노	憙(희)웃음	思(사)우울	哀(애)슬픔	懼(구)두려움
	9. 五 腋 오액	淚(루)눈물	汗(한)땀	涎(연)침	涕(체)눈물	唾(타)침
	10. 五 支 오지	爪(조)손톱	毛(모)털	乳(유)젖	息(식)쉼	髮(발)머리털
	11. 五 常 오상	仁(인)어질음	禮(예)예절	信(신)믿음	義(의)의리	智(지)지식
	12. 五 神 오신	魂(혼)	神(신)	意(의)	魄(백)	精(정)
	13. 五 味 오미	酸(산)신맛	苦(고)쓴맛	甘(감)단맛	辛(신)매운맛	鹹(함)짠맛
	14. 五 臭 오취	臊(조)누린내	焦(초)불내	香(향)단내	腥(성)비린내	腐(부)썩은내
	15. 五 穀 오곡	麥(맥)보리	黍(서)기장	粟(속)조	稻(도)쌀	豆(두)콩
	16. 五 変 오변	握(악)성냄	憂(우)근심	(얼)왁자지껄	咳(해)기침	慄(률)두려움
	17. 五 果 오과	李(이)오얏	杏(행)살구	棗(조)대추	桃(도)복숭아	栗(율)밤
	18. 五 色 오색	靑(청)청색	赤(적)빨강	黃(황)노랑	白(백)백색	黑(흑)검정
	19. 五 聲 오성	呼(호)	笑(소)	歌(가)	哭(곡)	呻(신)

20. 五 音 오음	角(각) 화내는	嗤(치) 깔깔웃는	宮(궁) 흥얼거림	商(상)슬픔	羽(우)끙끙대는
21. 五 季 오계	春(춘)봄	夏(하)여름	長夏(장하)	秋(추)가을	冬(동)겨울
22. 五 向 오향	東(동)새	南(남)마	中(중) 가운데	西(서)하늬	北(북)노
23. 五 畜 오축	鷄(계)닭	羊(양)양	牛(우)소	馬(마)말	猪(저)돼지
24. 天 干 천간	甲.乙(갑을)	丙.丁(병정)	戊.己(무기)	庚.辛(경신)	壬.癸(임계)
25. 地 支 지지	寅.卯(인묘)	巳.午(사오)	辰戌.丑未 (진술.축미)	申.酉(신유)	亥.子(해자)
26. 數 理 수리	3 . 8	2 . 7	5 . 10	4 . 9	1 . 6
27. 五 像 오상	0	▽	○	□	△　△

『동의보감』은 양생법을 기본으로 작성되었으나, 그 저변에는 동양학의 음양으로도 배경에 있다.

그래서 필자는 여기에 음양오행표와 음양오생 상생상극도를 올리니 참고하시길 바란다.

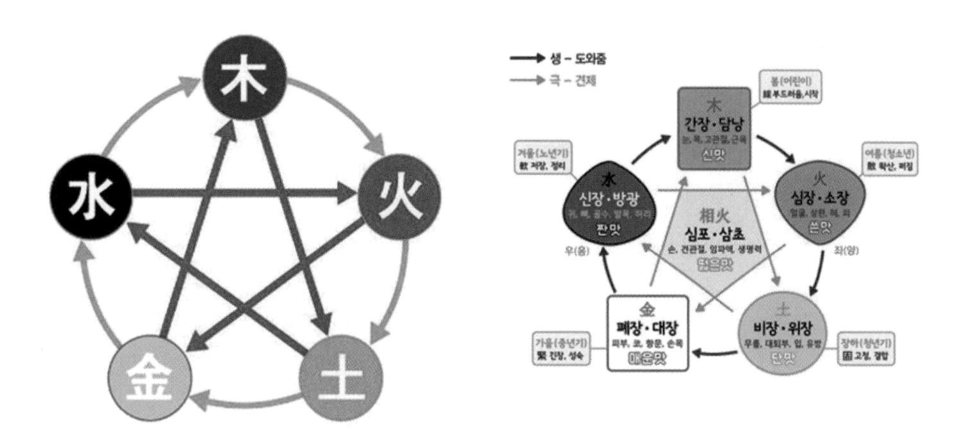

· 상생상극도 相生相剋圖　· 인체오행도 人體五行圖

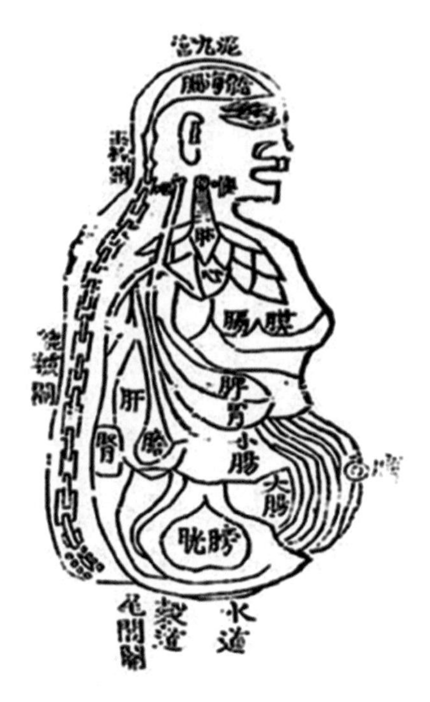

▲『동의보감』 25편의 제1편 첫 페이지에 나오는 신형장부도(身形臟腑圖)

『동의보감』의 주요 특징은 세 가지다.

첫째, 병났을 때의 치료보다 병을 예방하거나 건강을 추구하는 양생(養生)의 정신을 강조하였다. 이 책은 중국에서 별개의 전통으로 내려오던 의학과 양생의 전통을 하나로 합쳐낸 것이다. 병의 치료와 예방, 건강 도모를 같은 수준에서 헤아릴 수 있게 한 것이다.

둘째, 기존 중국과 조선 의학의 핵심을 잘 정리하였다. 허준은 중국의 한나라에서 명나라에 이르는 200여 종의 문헌과 『의방유취』, 『향약집성방(鄕藥集成方)』과 같은 수종(種)의 조선 의서를 참고한 내용을 자신의 학식과 경륜에 결합하여 『동의보감』 안에 녹여내었고, 다양한 학설과 처방을 병의 증상·진단·예후·예방법 등으로 일목요연하게 정리하였다.

셋째, 뛰어난 편집 방식이다.

목차 2권은 오늘날 백과사전의 색인 구실을 할 정도로 상세하며, 본문의 관련 내용끼리는 상호참조를 가능하게 하였다. 참고한 자료의 인용처를 일일이 밝힘으로써 원(原)저작을 찾아볼 수 있도록 하였고, 이와 함께 인용 대목이 갈리는 곳을 '0'를 쳐서 구별하고, 제목과 본문 내용을 큰 활자와 작은 활자를 써서 쉽게 구별하도록 하였다.

『동의보감』은 국내 및 국제적인 기여를 인정받아, 우리나라에서는 국가지정문화재인 보물로 지정되었고, 의서로서는 세계 최초로 2009년 7월 31일 세계기록유산으로 등재되어 세계인과 같이 나누게 되었다. 이는 한국의 7번째 세계기록유산으로 등재된 것이다.

의료 선진국이라고 불리는 미국, 영국, 독일, 프랑스 등지에서 발간된 의학서적은 매우 많다. 그럼에도 『동의보감』이 세계 기록 유산으로 등재될 수 있었던 것은 뛰어난 의학적 내용뿐 아니라 세계 최초로 발간된 일반인을 위한 의학서적이라는 가치를 인정받았기 때문이다.

질투와 역경을 딛고 방대한 저술을 완수한 허준의 집념 덕분에 우리는 또 하나의 자랑스러운 문화유산을 보유하게 된 것이다.

『동의보감』은 17세기 동아시아 의학을 집대성하여 지금까지 의학 발전에 많은 영향을 미치고 있으며, 세계적으로도 학술적 가치를 높이 평가받고 있다.

국내에 남아 있는 『동의보감』 초간본(목활자본)은 전본(傳本)이 드물어 희소성이 있으며, 한국 의학사와 임란 이후 도서출판사 연구에 귀중한 자료가 되고 있다.

20세기 후반 이후 한국에서 허준은 소설과 드라마로 재조명되어 커다란 인기를 끌었다.

양천허씨의 관향(貫鄕)에서는 2005년 3월 서울 강서구에 허준박물관이 개관되어 허준과 『동의보감』을 알리는 교육과 전시행사가 있었다.

18세기 중엽에 나온 『약파만록』이라는 책에는 허준이 코끼리를 고쳐주어 명성이 자자해졌다는 이야기가 실려 있다.

이 이야기에 살이 붙어, 아픈 호랑이를 고쳐주고 금침을 얻은 허준이 그 금침으로 중국 천자의 병을 고쳐준 뒤 천자의 병을 고치지 못한 죄로 옥에 갇힌 중국 의원들을 풀어주자, 그 의원들이 자신들이 아는 것을 모두 책에 적어 주었는데 그것이 바로 『동의보감』이라는 설화까지 등장할 정도이다.

사실 이런 신화의 옷을 다 벗기더라도 허준은, 사상의학(四象醫學 : 체질에 따라 약을 씀)을 창안한 이제마가 역대 동아시아 의학사에서 장중경, 주굉에 이어 세 번째 인물로 선정할 정도로 뛰어난 의학자이다.

의관 허준의 출세는 조선의 역사에서 거의 유례를 찾기 힘들 정도로 파격의 연속이었다. 이는 그의 의술 솜씨와 우직한 충성이 빚어낸 성취였다.

이와 함께 이를 질시한 양반계급의 불만도 작지 않았다. "양반에게 굽실거리지 않으며, 임금의 은총을 믿고 교만스럽다"라는 세평(世評)도 존재한다.

어쨌든 허준은 탁월한 의학지식과 이론을 바탕으로 그때까지 발전해왔던 의학을 과학 이론적인 면과 실용적인 면에서 높은 수준까지 끌어올림으로써 의학 발전에 크게 기여했으며, 무엇보다도 민족의학·민중의학을 지향함으로써 근대 민족의학의 토대를 마련하였다.

허준은 한국 의학사, 동아시아 의학사, 세계 의학사에 크게 기여했으며 조선 의학사의 독보적인 존재로 동의(東醫), 즉 한국 의학의 전통을 세웠다.

특히, 『동의보감』은 당대 최고의 고급 의학으로서 조선 의학의 통일을 가능케 했고, 언해본 의서는 의학 대중화의 촉진제가 되었다.

『동의보감』은 다른 의서들과 달리 책의 독자가 훨씬 더 다양하고 넓다.

의학 지식이 풍부한 의원뿐 아니라 아무것도 모르는 일반 백성이 쉽게 병을 치료할 수 있도록 배려했기 때문이다.

당시의 백성들은 병이 들고 아파도 의원을 찾아갈 수 없었다. 큰 병에 걸린 사람도 돈이 없어 죽을 날만 기다리고 있었다. 게다가 임진왜란을 겪으면서 백성들은 더욱 가난해졌고, 전염병으로 곳곳에서 사람들이 죽어 나갔다.

허준은 이렇게 가난하고 불쌍한 백성들을 위해 의술을 펼쳤다. 『동의보감』은 백성들 스스로가 내 몸의 병이 무엇인지 알고 그것을 치료할 수 있게 해주었다. 허준이 훌륭한 의원으로서 더욱 이름을 널리 알리게 된 것은 단지 궁궐 안의 의사로서 왕만 치료하는 것이 아니라 백성들을 위한 치료법을 널리 알리고자 노력했던 이런 점 때문이 아닐까?

노년을 권세 없는 평범한 내의(內醫 : 내의원 의원)로 지내다 귀양에서 돌아온 지 6년 후인 1615년(광해 7)에 일흔일곱의 나이로 조용히 삶을 마쳤다.

그의 사후(死後) 조정에서는 그의 공을 인정하여 신하들의 반대로 보류되었던 정1품 보국숭록대부를 추증했다.

허준은 임진왜란 때의 공신이었으므로 조정에서는 초상화가 작성되었다. 그러나 실전(失傳 : 잃어버려 알 수 없음)되어 전하지 않는다.

허준의 실제 초상화로 추정되던 작품 또는 허준의 초상화로 전하던 작품이 1980년 초 양천허씨 대종회에 입수되었다. 그러나 당시 미술인협회의 임원인 한의사 모씨가 초상화에 허준이라 쓰여 있지 않으므로 가짜라고 하였다. 이 초상화는 뒤에 행방이 사라졌고, 사진이 전하고 있다.

그려진 연대를 정확히 알 수 없으나 1900년대 이전 누군가 허준을 상상하여 그린 상상 초상화가 전했으나 이 역시 사라지고 전하지 않는다.

현재의 허준의 표준초상화는 철종의 어진 복원에 참여한 최광수 화백이 그린 상상화이다.

허준의 외모를 묘사한 것은 선조의 서녀 정안옹주의 남편인 분서 박미(汾西 朴瀰)의 분서집에 남아 있는데, 허준의 외모에 대해 남긴 평으로는 허준은 비택(肥澤)하여 불교 승려 모습과 흡사했고, 늘 입을 열면 옅은 미소를 지었다고 한다.

허준에게는 외아들 허겸(許謙)이 있었다. 허겸은 문과에 급제하여 부사를 거쳐 이후 파릉군(巴陵君)에 봉작받았다.

이후 19대 숙종 때에는 그의 증손자 허진(許진)이 파춘군(巴春君)의 작호를 받았으며, 허진의 아들이자 허준의 고손자인 허육(許惰)은 양흥군(陽興君)의 작호를 받았다.

이렇게 누대에 걸쳐 후손들이 조정의 관직을 역임했으며, 선대가 살던 경기도 장단군 우근리(현재 경기도 파주시)에 대대로 거주했다.

7. 의성 허준의 고향이자 출생지 장단 우근리

이후 조선 후기에 허준의 10대손 허도(許堵 : 1827~1884)가 황해도 해주로 이주했으며, 13대 종손 허형욱(許亨旭 : 1924년생)이 1945년까지 그곳에서 살았다.

이후 그의 직계 종손은 현재까지 북한에서 살고 있으며, 현재 남한의 양천허씨 중 허준의 후손을 자칭하는 사람들은 사실 허준의 진짜 후손이 아니라는 사실을 양천허씨 종친회에서 직접 밝히기도 했다.

8. 구국의 성웅 이순신을 살린 의성 허준

전란 중 병에 걸린 이순신…

유성룡에게 '온백원'을 처방해 준 건 허준이었다?

[조선일보 '유석재 기자의 돌발史전' 기사]

▲ 좌) 여해 이순신 장군, 우) 의성 허준

최근 문화재청 산하 국외소재문화재재단이 일본에서 환수해 공개한 경자년(1600년)의 '유성룡 비망기입 대통력'이란 문서에, 놀랍게도 1598년 임진왜란 최후의 전투인 노량해전에서 왜 이순신이 굳이 근접전을 펼치다 전사했는지 그 실마리를 조금이나마 풀 수 있는 기록이 있었다는 점을 말씀드렸습니다.

자료를 분석한 이순신 전문가인 노승석 여해고전연구소장이 자료의 앞장 전문(全文) 83자(字)를 해석한 결과는 이랬습니다.

'이순신이 선봉에 서지 말라는 부장들의 말을 듣지 않고 일부러 앞장서서 진두지휘를 했다'는 것을 다른 사람도 아닌 서애 유성룡이 기록했다는 것이죠. 이것을 저는, 임진왜란 최후의 전투에서 이순신이 승리를 염두에 뒀을 뿐 자신의 안위는 전혀 중요하게 여기지 않은 결과라고 해석했습니다.

▲ 2022년 11월 24일 오전 서울 종로구 국립고궁박물관에서 열린 언론 공개회에서 '유성룡 비망기입 대통력–경자'가 공개됐다. 사진의 붉은 점선 안에 있는 내용이 노량해전 당시 이순신 장군 관련 기록이다. / 연합뉴스

여기서 노승석 소장은 "그 기록에서 새로 밝혀진 중요한 내용이 하나 더 있는데, 웬일인지 문화재청도 여기에 대해 그다지 주목하지 못한 것으로 보인다"고 말했습니다.

그것은 무슨 내용이었을까요?

우선 이 '대통력'은 일종의 달력인데, 조선시대 사람들은 이 달력의 여백에 현대인이 다이어리를 쓰듯 개인적인 일정과 사건 기록, 병의 처방 같

은 사항을 기록했다는 점을 말씀드리겠습니다. 달력의 주인인 서애 유성룡 역시 자신이 어떤 병을 앓았고 무슨 약을 썼는지를 여기에 기록했습니다.

그런데 '난중일기'의 첫 완역본을 냈던 노 소장은 조금 뜻밖의 얘기를 했습니다.

"'난중일기'를 꼼꼼하게 읽어 보면 말이죠. 이순신 장군이 전란 중에 상당히 전문적인 약 처방을 받은 얘기가 나옵니다."

▲ 영화 '한산'의 이순신(박해일). / 롯데엔터테인먼트

이순신은 바람이 세차게 부는 해안과 해상에서 늘 과다한 업무에 시달렸습니다. 당연히 병이 쉽게 걸리는 여건이었습니다. 몸살, 복통, 위경련, 토사곽란(토하고 설사하면서 배가 아픈 병)을 자주 앓았다는 것입니다. 노 소장은 이렇게 말했습니다. "판옥선은 해풍이 자주 이는 바다 위에 정박했는데 바람을 막는 것은 고작 뜸 정도였습니다. 이순신 장군은 배에 웅크리

고 앉아 '온갖 생각에 가슴이 치밀어 오른다'고 일기에 썼죠."

"뜸이란 게 뭡니까?"

"짚과 띠, 부들로 거적처럼 엮은 것을 뜸이라 하는데 이걸 배에 걸어 창문을 만듭니다. 비와 바람, 햇빛을 막는 역할을 하죠. 이 창문을 선창(船窓)이나 봉창(篷窓)이라고도 합니다."

'난중일기' 계사년(1593년) 6월 18일자는 이렇게 기록하고 있습니다. "이른 아침에 몸이 무척 불편해 온백원(溫白元) 4알을 먹었다. 잠시 후 시원하게 설사를 하고 나니 몸이 조금 편안해진 듯하다."

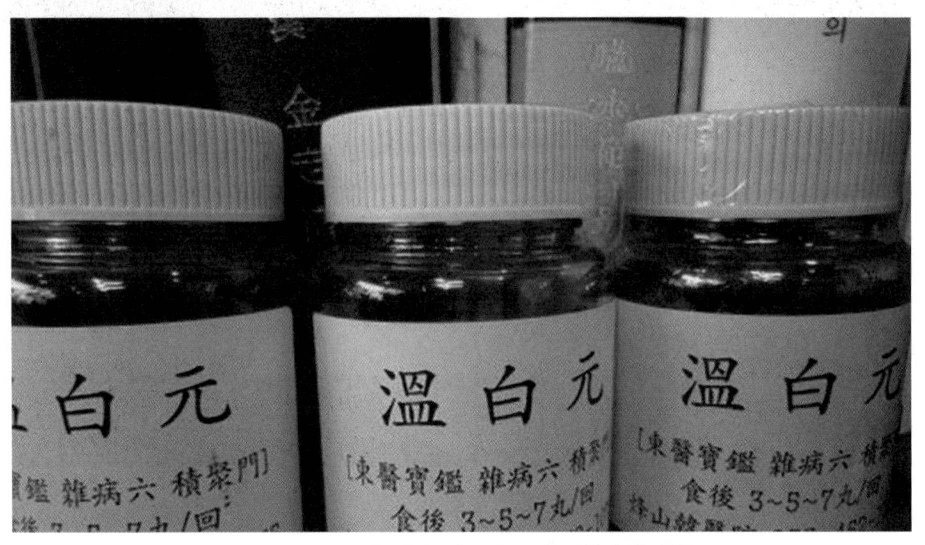

▲ 지금도 한의원에서 처방되고 있는 한약 온백원

"온백원이라고요?"

"지금도 사용되는 한방 구급약입니다." 온백원은 천오포(川烏炮), 파두상(巴豆霜), 적복령(赤茯苓), 조협구, 후박, 인삼을 넣어 꿀로 만든 환약이라고 합니다. 1771년(영조 47) 서명응이 쓴 일종의 백과사전인 '고사신서(攷事新書)'에는 '온백원은 심복의 적취와 징벽, 소화불량, 황달, 부종, 심통, 학질 등 일체의 복부 질환에 사용한다'고 했다는 것입니다. 이것을 복용했다면 상당한 깊이가 있는 처방을 받았다는 얘기가 되죠.

온백원을 복용한 다음 해인 갑오년(1594년) 7월 12일, 이순신은 충격적인 소식을 듣게 됩니다. 그의 벗이자 후원자인 영의정 유성룡이 갑자기 별세했다는 것입니다. 이 부분을 노 소장의 '난중일기 교주본'에선 이렇게 번역했습니다.

"유상(柳相·유성룡)의 부음이 순변사(왕명으로 변경을 순찰하는 특사)가 있는 곳에 도착했다고 한다. 이는 그를 질투하는 자들이 필시 말을 만들어 훼방하는 것이리라. 통분함을 참을 수 없다. 이날 저녁에 마음이 매우 어지러웠다. 홀로 빈 집에 앉았으나 심회를 스스로 가눌 수 없었다. 걱정에 더욱 번민하니 밤이 깊도록 잠들지 못했다. 유상이 만약 내 생각과 맞지 않는다면(정말로 별세했다면) 나랏일을 어찌할 것인가."

▲ 서애 유성룡 영정

결국 유성룡의 별세 소문은 가짜뉴스였음이 밝혀지게 됩니다. 그러나 그 헛소문에는 근거가 아주 없지는 않았습니다. 당시 경남 함양의 선비이자 의병장이었던 정경운이 쓴 일기 '고대일록(孤臺日錄)' 갑오년 7월 15일자를 보면 당시 유성룡은 전염병에 걸려 기절했다가 회복했다고 합니다.

유성룡이 기록한 갑오년의 '대통력'은 이번에 새로 밝혀진 경자년 문서가 아니라 기존에 알려졌던 자료입니다. 이 문헌의 1594년 7월 24일자 유성룡의 메모에는 "병을 얻어 보중익기탕(補中益氣湯·지라와 위를 보충해 원기를 돕는 약)과 삼소음(參蘇飮·인삼과 소엽 등을 넣어 만들며 감기로 인한 두통·발열·기침에 쓰이는 약)을 복용했다"고 적혀 있습니다.

7월 28일자 메모는 이렇습니다. "인삼강활산(人蔘羌活散·풍담과 열을 치료하는 약)을 복용하니 땀이 나 열이 내렸다." 보중익기탕, 삼소음, 인삼강활산의 3가지 처방은 지금도 한의원에서 처방약으로 쓰이고 있습니다.

그러니까 임진왜란 당시 구국의 명장 이순신과 명재상 유성룡은 매우 전문적인 한의학 처방약을 복용했던 것입니다. 그런데, 도대체 누가 그들에게 이런 약을 처방해 줬던 것일까요.

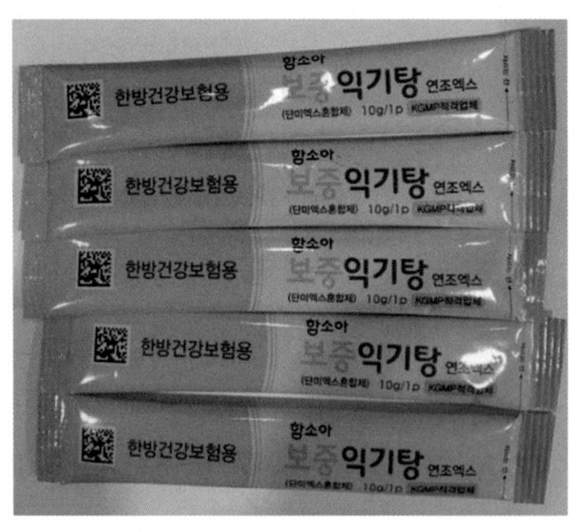

▲ 보중익기탕

세간에선 이들과 동시대에 살았던 '한 인물'이 아니었을까 짐작하는 사람들도 있었다고 합니다. '그 인물'이라면 충분히, 나라가 누란의 위기에 빠진 상황에서 이순신과 유성룡이라는 대단히 중요한 요인들을 위해 약 처방에 나서지 않았을까.

"그런데…"

"…?"

"이번에 환수된 경자년의 '유성룡 비망기입 대통력'에서 마침내 그 이름이 나왔습니다."

"그게 누굽니까?"

"그동안 짐작했던 바로 '그 사람'이 맞았습니다."

새 자료의 1600년 6월 7일자에 희미한 초서로 이런 유성룡의 글씨가 적혀 있었다는 것입니다.

許浚介藥品唐扇…….

뒷부분이 훼손돼 있고 글자 자체를 쉽게 알아볼 수는 없었지만, 이 일곱 글자는 명백히 이렇게 번역되는 내용이었습니다.

"허준(許浚)이 약품과 중국 부채를 소개해 줬다."

그렇습니다. 앞서 말한 '그 인물'이란 바로 '동의보감'의 저자인 구암 허준(1539~1615)이었던 것입니다.

허준은 1545년생인 이순신보다는 6세, 1542년생인 유성룡보다는 3세 연상이었습니다. 이순신과 유성룡이 지금의 서울 중구, 허준은 강서구 출신이니 한강을 사이에 두고 그리 멀지 않은 곳에서 자랐던 셈입니다.

1571년 내의원 관직을 얻은 허준은 1590년 왕자의 천연두를 치료한 공으로 정3품의 품계를 받았고, 1592년 임진왜란이 일어나자 선조 임금

▲ 구암 허준 영정

의 의주 피란길에 동행했습니다. 그러니까 유성룡과 허준은 전란 동안 함께 임금을 보필했던 사이였습니다. 임진왜란 동안 허준은 『동의보감』을 집필하면서 다양한 임상 실험을 하는 단계였습니다.

▲ 서울 강서구 가양동 구암공원에 있는 허준 동상

그러나 허준이 유성룡이나 이순신에게 약을 처방했다는 연결고리는 이번 새 자료의 발굴 전까지는 전혀 나오지 않았고, 다만 짐작일 뿐이었습니다. 그런데 과연, 유성룡에게 약을 처방해 준 사람은 허준이 맞았습니다.

노 소장은 이렇게 말했습니다. "서애 유성룡과 절친한 사이었던 이순신 장군이 1593년 구급약으로 복용했던 온백원 역시 명의 허준의 처방일 가능성이 높아진 것이죠. 물론 이것은 아직까지는 추측일 뿐이지만요." 이번 자료로 허준과 유성룡의 연결고리는 명확해졌습니다. 이제 허준과 이순신이라는 두 위인의 관계는 점선으로 남겨진 셈입니다.

summary

1. 허준이 잊혀진 이유는 남북분단이 원인이었다

2. 잊혀졌던 허준의 묘소를 찾다

3. 양평군 허준과 후손 묘 위치

4. 허준 선생과 선·후대의 묘소 소개

5. 허준 선생 출생지 양천허씨 고향 탐방

6. 역사 바로잡기

02

허준의 맥이 끊어졌던 이유

1. 허준이 잊혀진 이유는 남북분단이 원인이었다

허준 선생은 양천허씨 시조 허선문(許宣文)의 20세손으로, 할아버지는 경상우수사를 지낸 허곤(許琨)이며 아버지는 용천부사를 지낸 허론(許碖)이다. 어머니는 허론의 소실 일직손씨다.*

양천허씨 종족이 거주해 온 개성·장단 땅은 태조 왕건의 고려국 건국 이후 양천허씨가 대대로 벼슬하며 거주해 온 곳이고, 허준 선생의 선조 역시 이곳에 연고를 가지고 있고 선조님들의 묘소도 모두 이곳에 있다.

그런데 왜? 그간 '허준이라는 존재가 사라졌었을까?'

그 이유는 아래의 지도를 보면 알 수 있다.

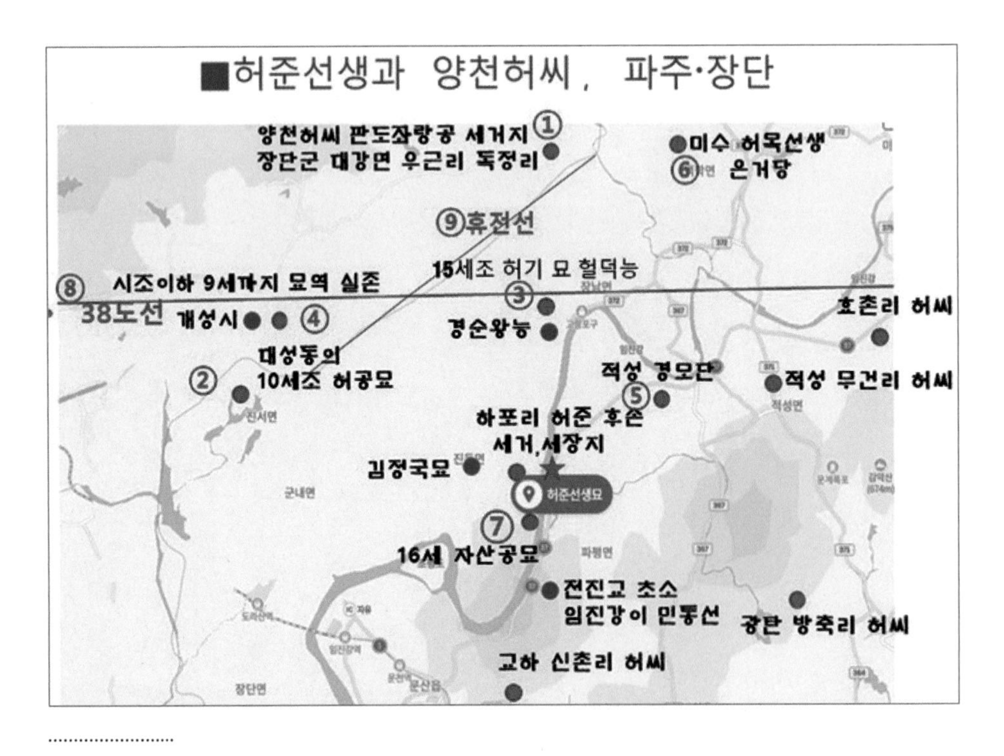

* 허준박물관 내의선생안에는 친모는 영광김씨로 기록됨 영광김씨는 천민이 아니며 경순왕의 4째 아들인 김은열의 후손으로 표기되었다.

① 번은 의성 허준 선생의 출생지인 경기도 장단군 대강면 우근리라고 하는데 이곳은 고려 초기부터 양천허씨들이 기거해 온 곳이다.

이곳에는 위에서 언급한 세계 최대의 은행나무가 있고, 허준 선생의 직계 8대조까지의 묘가 모두 이곳에 모셔져 있다.

그런데 이곳은 ⑧번 ⑨번에서 보듯이 38도선과 휴전선 북쪽에 위치해 있다.

그리고 허준 선생의 직계 손들은 31세(허준 선생은 20세)까지의 묘는 허준 선생의 묘소 주변에 모두 모셔져 있는데, 지금은 전혀 묘소 관리도 하지 않았고 지뢰지대라 들어가기도 어렵고 수목이 우거져 묘소를 찾기도 힘든 상황이다.

허준 선생 후손들은 조선 말기에 붕당정치의 폐해로 사화에 연루되어 장단에서 살지 못하고 모두 황해도 재령, 연백 등으로 이주해서 살아야 했다. 그래서 남한에는 직계 손이 없는 것이다. 그나마 남한에는 허준 선생의 방계 손인 허중서라는 분이 살았었는데 그나마 10여 년 전 타계하셨다. 서울 강서구에서 허준 문화제 때 허준이 의서를 지어 임금께 올리는 장면을 연출하신 분이 이분이다.

허준 선생 본가가 있는 ①번에서 ★자리의 허준 선생 묘가 있는 곳까지는 대략 15km 정도 되는데, 그 사이에 38도선이 그어져 남북분단이 됨으로써 묘역관리가 단절되었던 것이다.

일제 치하에서 8·15해방이 되고 소련군이 진주하고 있었으나 그래도 1947년 가을까지는 시제를 모실 수 있었다. 그러나 1947년 말부터 남북이 완전히 단절되어 잊힌 땅이 되고 말았다.

북쪽의 자손들이 38도선으로 인해 산소에 올 수 없었고, 남쪽의 집안 역시 민통선 지역이라 아무도 출입이 불가했기 때문이다.

양천허씨 장단종중에서는 1947년까지 본가가 있는 우근리 ①번에서 시제를 준비하여 제물을 마차에 싣고 개성에 있는 ②번의 10세조 문경공 묘소에 시제를 올렸고, ③번에 위치한 매헌공 허기(許愭)의 헐덕능(의금부사·이방원 동기), ⑦번의 자산공 허추(許樞 : 15세 허기의 작은아들, 홍길동전 허균의 선대 조부) 등 모든 시제를 통괄해 왔다.

참고로 ⑧번 지역에 있는 개성지역에는 시조로부터 9세조까지의 묘역이 있는데 지금은 실전되어 찾을 수도 없는 안타까운 상황에 놓여있다.

허준 본가 ①번에서 동쪽에 있는 ⑥번에는 그 유명한 합천공파의 미수 허목 선생의 은거당이 있다. ①번과 ⑥번까지의 거리가 가까워 저녁이면 서로 마실을 다니던 거리였다.

▲ ③번 묘역의 위치는 장단군 장남면 판부리인데 일명 '늘둔이'라고 한다.
묘역 앞에 제실이 있었고, 그림 좌측으로 가면 고랑포 나루가 있고,
우측으로 가면 양천허씨 집성촌인 가제동과 우근리가 나온다.

③번에 위치한 15세조 매헌공의 후손들은 인원은 적으나 많은 인물을 배출하였다. 『동의보감』 저자 허준, 『홍길동전』 저자 허균, 형이상학적(形而上學的) 동양과학자 척주동해송의 저자 미수 허목, 여류시인 허난설헌 등 대한민국이 소중하게 아끼는 인물들이 바로 매헌공 허기의 현손들이다.

허준 선생 묘역 가기 전에 있는 ⑦번의 자산공은 매헌공의 작은아들인데 허균의 선대 조부가 되신다.

허준 본가가 있는 ①번에서 6·25동란 당시 피난 나온 일부 종인들은 파주시 적성면 마지리 산86에 ⑤번 경모단을 만들어 놓고 고향에도 가지 못하고, 열성조께 시향도 모실 수 없는 아쉬움을 달래며 매년 봄 청명과 가을인 10월 3일에 춘추로 시향을 받들고 있다. 참고로 ①번 지역이 북한인지라 남으로 피난 나온 분들보다 북한에 남아계신 분들이 더 많고 북한의 허헌, 허담, 허가이, 허정숙 등도 양천허씨 일족이다.

▲ ③번 허준 선생 5세조 매헌공 허기의 헐덕능을 1991년 9월 47년 만에 DMZ에서 찾아 군인들과 함께 금초하고 배례를 올렸다.

위에 언급한 바와 같이 민족의 비극인 6·25전쟁과 남북분단과 이산의 아픔과 민족의 비극으로 인해 숨소리마저 멈춘 DMZ에서 허준 선생의 묘는 사람들의 기억에서 잊혀질 수밖에 없었다.

지도의 우측 하단 파주지역에는 교하종중, 무건리종중, 방축리종중, 효촌리종중 등이 있다. 이 종중들 역시 고려시대 이후 ①번에서 세간을 나와서 번창한 종친들이다.

▲ 남방한계선인 철책선 안 DMZ에 위치한 헐덕능 모습

이 당시 필자는 연천군 장남면 판부리(늘둔이) DMZ 내 위치한 15세조 매헌공 허기 선조님의 헐덕능에서 군 장병들과 철책을 넘어 묘소를 찾아 금초하고 배례를 하였다. 이 어른은 허준 선생님의 5대조가 되신다.

그리고 이 산소를 찾기 전부터 필자는 허준 선생의 묘소가 하포리에 있다는 것을 알고 있었다. 6·25 전 이곳에 시제를 다니셨다고 집안 어르신들께 들었기 때문이다. 그런데 우연히도 매헌공의 헐덕능과 허준 선생의 묘소가 동시에 발견되었다는 것이 놀랍고 고마웠다.

2. 잊혀졌던 허준의 묘소를 찾다

▲ 1991. 9. 30. 허준 선생 묘가 도굴되어 파헤쳐진 모습

이 발굴 작업은 1991년 9월 30일 경기도 파주시 진동면 하포리 산129번지에서 1사단의 군사협의로 발굴 작업이 진행되었고, 이 발굴단에는 이 묘소를 발견한 현역 군인과 이양재 고문서학자, 양천허씨 대종회와 경희대 한의사회 등 한의학 관련 분들이 참석하셔서 수고해 주셨다.

※ 이 사진은 양천허씨 대종회 자산공파 허재무 회장께서 제공해 주셨다.

▲ 흙 속에 묻혔던 비석을 캐서 글자 확인 중

▲ 비석 발굴 후 협의하는 발굴단

▲ 발굴단이 묘소 확인 후 제례 모습

▲ 행사 종료 후 발굴단 단체사진 촬영

3. 양평군 허준과 후손 묘 위치

• 허준 직계 손

20세 허준(浚) 墓 : 장단(長湍) 하포 광암동 손좌(巽坐)

21세 허겸(謙) 墓 : 선산(先山) 진좌(辰左) 부인 청주한씨(淸州韓氏) 합폄(合窆)

22세 허안(晏) 墓 : 선산(先山) 갑좌(甲坐) 부인 제주고씨(濟州高氏) 합폄

23세 허진(瑱) 墓 : 상동(上同) 부인 강릉김씨(江陵金氏)

24세 허육(堉) 墓 : 진동면 아야곡(阿也谷) 경좌(庚坐) 부인 평산신씨(平山申氏) 합봉(合封)

25세 허선(銑) 墓 : 진동면 하포리 부곡경현유좌(附谷京峴酉坐) 부인 창원성씨

26세 허흡(潝) 墓 : 아곡(阿谷) 유좌(酉坐) 부인 진주정씨 아곡국내(阿谷局內) 무좌(戊坐)

27세 허표(杓) 墓 : 하포동 상장곡(上長谷) 손좌(巽坐) 부인 완산이씨(完山李氏) 합봉(合封)

28세 허규(烇) 墓 : 아곡 경현 유좌(酉坐) 배(配) 순천김씨 함폄

29세 허도(堵) 墓 : 해주군 대차면 은동리(隱洞里)

30세 허극(剋) 墓 : 상동(上同) 부인 한양조씨(漢陽趙氏) 하포리 129번지

31세 허융(隆) 配 : 광산김씨(光山金氏) 1897년생 배(配) 풍양조씨 황해도 대차면 은봉리 거주

32세 허형욱(亨旭) : 1904년생 황해도 대차면 은동리 거주. 32세

• 동복형제

20세 허징(徵) 墓 : 광암동 사좌(巳坐) 쌍분(雙墳) 부인 광주노씨(이복동생)

21세 허상(詳) 墓 : 토산(황해도) 서면 율동 태봉서백보(胎峰西百步) 허(許) 임좌(壬坐) 부인 광주노씨 합폄

22세 허승(昇) 墓 : 광암동 先山 동강(同岡) 합폄 부인 진보이씨(眞宝李氏)

허윤(玧) 墓 : 선산 합폄 부인 원주원씨

허예

허제(堤) 墓 : 장단 송서면 불일동 자좌(子坐) 배(配) 우봉이씨 토산 선영(先塋) 좌록(坐麓)

허일(鎰) 墓 : 토산 서가면 태봉동 계좌(癸坐)

허온(溫) 墓 : 토산 상동(上同)

허근(瑾) 墓 : 광암 선산(先山) 합폄 배 전주이씨

• 의성 허준(浚)의 후손

손(안 : 晏)을 위시하여 6대손(흡 : 潝)까지의 유사(遺事)

의성 허준(1539~1615, 陽平君)의 현귀로 그 아들 겸(謙 : 21世)에서 6대손 흡(潝 : 26世)까지 면천(免賤)하고 대를 이어 벼슬과 군호를 받았다.

· **허겸(許謙 : 21世)**: 허준의 아들인 겸(謙)은 음사(蔭仕)로 종2품의 가의(嘉義)에 올랐으며 파주목사(坡州牧使)를 지냈고 파릉군(巴陵君)에 습봉(襲封)되었다. 아버지는 보국숭록대부(輔國崇祿大夫) 양평군(陽平君) 허준(許浚)이고 어머니는 정

경부인(貞敬夫人) 안동김씨(安東金氏)이며 배위는 청주한씨(淸州韓氏)다. 묘는 경기 파주시 진동면 하포리 선영에 있으며 진좌(辰坐) 합폄(合窆)이다.

·**허안(許晏 : 22世)**: 허준의 손자인 안(晏)은 부사과(副司果)를 지냈는데 연유를 알 수 없으나 후손 중에서 유일하게 봉군을 제수(除授)한 기록을 찾을 수 없다. 배위는 제주고씨(濟州高氏)이며 묘는 선산 갑좌(甲坐)에 합폄(合窆)으로 되어 있다.

·**허진(許瑱 : 23世)**: 허준의 증손인 진(瑱)은 파춘군(巴春君)에 습봉되었고 배위는 강릉김씨(江陵金氏)이다. 묘는 선산에 있다.

·**허육(許堉 : 24世)**: 허준의 현손인 육(堉)은 자는 보(堡)이며 가선동추(嘉善同樞)로 양흥군(陽興君)에 습봉되었다. 신미(辛未) 11월 20일에 생하고 병술(丙戌) 6월 25일에 졸하였다. 배위는 평산신씨(平山申氏)이며 묘는 진동면 아야곡(阿也谷)의 경좌(庚坐) 합봉(合封)이다.

·**허선(許銑 : 25世)**: 허준의 5대손인 선(銑)은 처음 가선(嘉善)이 주어졌으며 양원군(陽原君)에 습봉되었다. 묘는 선산인 진동면 하포리 부곡(附谷) 경현(京峴)의 유좌(酉坐)이다. 배위는 창원성씨(昌原成氏)이다.

·**허흡(許滃 : 26世)**: 허준의 6대손 흡(滃)은 가선동추(嘉善同樞)로 양은군(陽恩君)에 습봉되었다. 신해(辛亥) 8월 10일에 생하고 임자(壬子) 정월 27일에 졸하였다. 묘는 아곡(阿谷) 유좌(酉坐)에 있다. 배위는 진주정씨(晋州鄭氏)로 신해(辛亥) 10월 18일에 생하고 병신(丙申) 4월 5일에 졸하였으며 묘는 아곡 국내(局內)의 술좌(戌座)에 있다.

4. 허준 선생과 선·후대의 묘소 소개

• 미수공 묘역 복원사업

▲ 허미수 선생 묘역. 일월석 비석이 있다.

▲ 허미수 선생 묘역 모습

▲ 허미수 선생 묘역 입구의 신도비

▲ 허미수 선생의 은거당 터에 세워진 유허비

지도 ⑥번에 위치한 미수 허목 선생의 묘역도 6·25 당시 철저하게 파괴되었고, 1990년경 은거당 및 미수공 묘역 성역화를 미수공 12대 장손 허찬 회장께서 주관하여 은거당 묘역을 조성하셨는데, 신도비가 있던 자리에 군 진지가 조성되어 있어서 복원에 어려움이 있던 중 당시 관할부대인 5사단의 기무부대장 이셨던 허정고 중령(양천허씨 30세손)께서 군부대와 협조 조정하여 현재와 같이 조성할 수 있도록 해 주셨다.

허정고 중령은 수도경비사령부 기무부대장을 마지막으로 대령 예편을 하셨다. 현재는 재단법인 허준문화진흥재단 이사로 재직 중이시다.

▲ 십청원도(十靑園圖)

허목 미수 선생이 생전에 기거하셨던 은거당인데 조선 말기에 진도의 소치 허련 선생이 이곳에 오셔서 그리신 십청원도다. 소치 허련 선생은 이 그림뿐 아니라 허준 선생의 생가가 있는 장단 우근리를 그렸고, 또 한 가지는 문정공파가 살던 독정리의 그림도 그렸는데 남북분단과 전쟁으로 인해 이 그림이 현재는 전해지지 않고 있어 아쉽기 그지없다.

• 10세조 문경공 허공 묘소를 찾다

지도 그림 ②번 관련. 1992년 10월 필자는 당시 1군단 정보참모였던 허평환 대령과 함께 장남면 판부리에 있는 15세조의 헐덕능을 찾아서 함께 작년에 만든 철책 통로를 통해 DMZ에 들어가서 금초를 하고 배례하고 돌아왔다.

그리고 그해에는 10월 추향제 때 일부 임원들만 산소에 들어가 시제를 모시는 뜻깊은 시제를 모셨다.

그 이후 허평환 대령은 집안에서 양천허씨 10세조 허공 할아버지의 묘소를 찾기 위해 지형을 아시는 집안 어르신들을 모시고 DMZ 내인 판문점 일대를 하루 종일 찾아서 돌아보았으나 묘소를 찾지 못했다. 그도 그럴 것이 10년이면 강산도 변한다고 하였는데 6·25전쟁으로 파괴되어 모든 게 변해버렸으니 수십 년이 지나 산소를 찾는다는 것이 쉽지는 않았던 것이다.

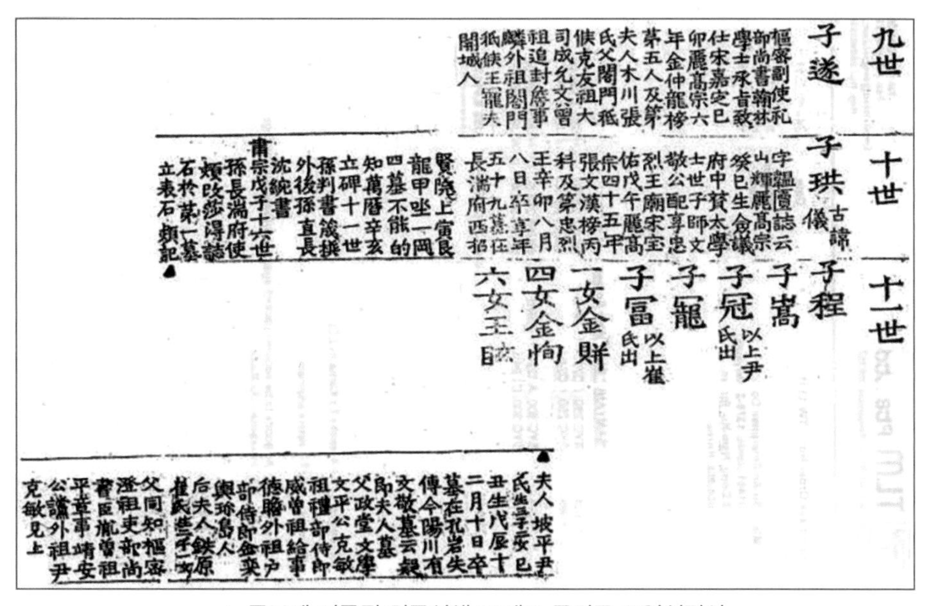
九世 子遂
樞密副使[illegible] 部尚書翰林 學士承旨致 仕宋嘉定巳 卯麗高宗六 年金仲龍榜 第五人及第 夫人木川張 氏父閣門祗 候克友祖大 司成允文曾 祖追封參事 麟外祖閣門 祗候王寵夫 開城人

十世 子珙 古諱儀
字韞匱誌云 山輝麗高宗 癸巳生僉議 府中贊太學 士世子師文 敬公配享忠 烈王廟宋宝 佑戊午麗高 宗四十五年 張文漢榜丙 科及第忠烈 王辛卯八月 八日卒享年 五十九墓在 長湍府西招 賢隗上寅艮 龍甲坐一圓 四墓不能的 知萬曆辛亥 立碑十一世 孫判書箴撰 外後孫直長 沈統書 肅宗戊子十六世 孫長湍府使 [illegible]改莎得誌 石於某一墓 立表石頻記

十一世 子程 子嵩 子冠 以上尹氏出 子寵 子富 以上崔氏出 一女金賆 四女金恂 六女王[illegible]

夫人坡平尹 氏生[illegible]巳 丑生戊辰十 二月十日卒 墓在孔岩失 傳今陽川有 文敬墓云錄 郎夫人墓 父政堂文學 文平公克敏 祖禮部侍郎 威曾祖給事 德勝外祖戶 部侍郎金奕 興海島人 后夫人鐵原 [illegible] 父同知樞密 澄祖吏部尚 書臣流曾祖 平章事靖安 公議外祖尹 克敏見上

▲ 족보에 기록된 허준선생 10세조 문경공 묘역설명서

하루 종일 묘소를 찾아 헤매다가 산소를 찾지 못하고 판문점에서 지프차를 타고 고갯길을 넘어 넘어오는데, 허평환 대령 눈에 건너편 산에서 번쩍이는 것을 보고 차를 몰아 이곳을 찾아가 보니 이 산소가 바로 문경공 허공 묘소였다. 허준 선생의 10세조이신 문경공 허공 할아버지 묘를 제대로 찾았던 것이다. 그 빛은 비석에 석양이 비추었던 것이다.

애민·애족·애종·효심에 충실했던 허평환 장군에게 문경공 할아버님께서 '내가 여기 있다'라고 석양녘에 알려주신 게 아닌가? 하는 생각이 든다. 천우신조(天佑神助)다.

문경공(文敬公 휘珙, 1233~1291)은 양천허씨의 중시조(中始祖)이시며 1750(庚午)년에 발간된 현존 최고보(最古譜)인 경오보(庚午譜)에는 문경공의 생(生), 졸(卒), 관직, 묘소 위치, 입비(立碑), 이후 지석(誌石) 발견 경위, 배위(配位)에 대한 기록과 자녀(子女)들 후계(後系)가 기록되어 있다.

허평환 장군은 양천허씨 미수공 문중 35세손으로 후에 국군기무사령관을 마지막으로 중장 예편을 하셨고, 현재는 양천허씨대종회 회장직에 재직 중이시다.

문경공 허공(許珙)은 고려 문신으로 초명은 의(儀), 자는 온궤(韞匱), 본관은 공암(孔巖 : 陽川)이다. 추밀원부사(樞密院副使) 수(邃)의 아들로 고종 말 문과에 급제하여 정사점필원(政事點筆員), 국학박사(國學博士), 호부시랑(戶部侍郎), 첨서추밀원사(簽書樞密院事), 전주도 도지휘사(全州道 都指揮使)에 올랐다. 1275년(충렬왕 1)에 지추밀원사(知樞密院事) 성절사(聖節使)로 원나라에 다녀와서 밀직사사(密直司使), 세자조호(世子調護)가 되고 1284년 수국사(修國史)로 원부(元傅)와 함께 『고금록(古今錄)』을 편찬하였다. 충렬왕의 묘정에 배향되고 시호는 문경(文敬)이다.

문경공 허공 선조는 허준 선생의 10세조로서 306년 전에 출생하신 분이다.

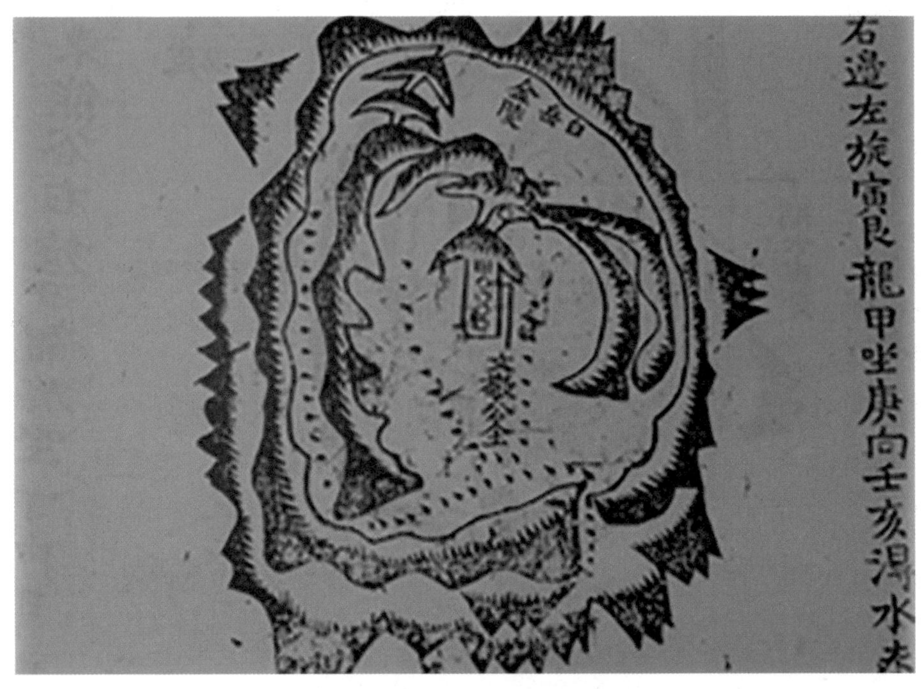

▲ 허준 선생 10대조 문경공 허공 묘
(파주시 진서면 판문점 부근 DMZ 내에 위치해 있다)

• 허준의 고향에서 피난 나온 장단종친회의 망향가(望鄕歌)

지도 그림⑤번의 양천허씨 장단종친회 종친들은 임진강 건너 지척에 뻔히 보이는 곳에 고향을 두고도 가지 못하는 아쉬움에 위대하신 선조님들의 업적과 정신을 기리며 오늘도 고향을 생각하며 망향가를 부르고 있다.

양천허씨 장단종친회는 양천허씨를 대표한다는 자부심으로 살아왔다.

▲ 최초의 장단종친회 묘역 설단 모습

▲ 고향을 그리며 시향을 모시는 제관 일동

▲ 엄숙하게 제례를 모시는 종원 일동

▲ 대종회 임원들과 신도비 앞에서 기념촬영

▲ 장단종친회 설단 모습. 이곳에서는 시조 허선문 선조를 비롯해 허준 선생의 집안 및 종방계의 선조님들의 시제를 모시므로, 최초의 시조 설단으로서 전국 단위의 제례를 모신 일이 있었으나 이후 김포에 시조 설단이 조성되면서 장단의 선조님들만 모시고 있다.

• 허준 선생 출생지! 종중의 뿌리

위 사진의 원형 붉은 선이 허준 선생이 출생한 장단군 대강면 우근리다.

이곳 종중에는 3천여 평 대지에 100여 칸의 문중 회관이 있어 개성과 장단 일원의 모든 봉제사를 받들어 왔다.

그리고 이 양천허씨 문중에는 고려조에 이어 조선조에서도 5분의 정승과 수많은 판서와 대제학 등 인물들을 배출하였다.

5. 허준 선생 출생지 양천허씨 고향 탐방

2022년 9월 4일 종일 비가 내리는 가운데 고향 탐방에 앞서 양천허씨 장단종친회(회장 허병찬) 주관으로 적성면 마지리 산68-1번지에 있는 선영에 들러 우선 선조님들께 참배하였다.

▲ 장단종친회 조상 설단

이 묘역은 현 북한 치하인 장단군 대강면 우근리와 독정리 집성촌에서 피난 나와 고향 땅을 그리며 사시다 돌아가신 어르신들을 모신 곳이다.

이날 경기 연천군 백학면 '백령리'에 위치한 제1땅굴이 있는 상승 OP에 가서 건너편에 보이는 양천허씨 장단종친회 어르신들이 사시다 피난을 나오신 장단군 '대강면 우근리·독정리' 고향을 눈앞에 보고도 가지 못하는 아쉬움을 뒤로하고, 장단종친회 허현강 이사의 진행으로 뿌리교육 역사탐방 행사로 이어졌다.

이곳의 과거 주소는 장단군 '대강면 우근리'였으나, 북괴는 1954년에 황해북도 장풍군 '국화리'로 변경하였다가 1960년에 개성시 장풍군 '국화리'로 변경하였다. 대강면 우근리와 독정리를 병합하여 '국화리'로 하였는데, 이곳에는 '국화꽃이 많이 피는 마을'이라며 '국화리'라 하였다고 한다.

▲ 허준문화진흥재단 허현강 본부장(필자)의 판도좌랑공 후예 묘역 집성촌 관련 설명

허현강 이사(필자)는 미리 준비한 브리핑 차트를 보면서 우리 종중의 역사적 학술적 사실적 뿌리를 설명하며 종중의 역사를 이해시키는 데 노력하였다.

▲ 장단종친회 회장 허병찬(33세) 인사 장면

이어서 장단종친회 허병찬 회장님의 인사 말씀에 이어, 양천허씨 대종회 허찬 회장님은 허씨 문중의 중요한 역사에 대하여 긴 시간 상세한 설명이 있었다.

▲ 대종회 허찬 회장님의 판도좌랑공의 후예 및 집성촌 관련 설명

이어서 장단에서 16세까지 고향에서 사시다 피난 나오신 허덕행 전 양천허씨 대종회 회장님께서 장단 고향에 대한 설명을 해주셨고, 허숙 전 인천대학교 총장님의 설명이 있으셨다. 3살 때 피난 나와 고향에 대한 기억은 없으나 어르신들의 말씀을 들으시고 이것을 정리함으로써 종중 발전에 큰 역할을 하셨다.

참고로 한의학을 전공하시고 허준 정신을 이어받은 종인인 양천허씨 찬성사공파 33세 허담(동우당제약 대표)께서 특별히 참석하여 어르신들께 인사를 올렸다.

▲ 장단종친회 허숙 부회장의 피난 나온 고향 설명

• 잊혀진, 잊지 못할 고향 탐방

· **일시** 2022. 9. 4. (일요일) 11~16시
· **참배** 적성면 마지리 산68-1번지에 있는 선영에 참배 후 버스 2대로 이동
· **탐방** 연천군 백학면 백령리 제1땅굴 상승 OP 전망대에서 고향이 건너다보임
· **참석** 양천허씨 장단종친회 39명, 양천허씨 대종회 25명 계 64명
· **출입** 육군 25사단 작전처 허가
· **주최** 양천허씨 장단종친회(회장 허병찬)
· **후원** 양천허씨 대종회(회장 허찬)
· **목적** 분단 75년이 지나 후손들에게 고향의 역사와 문화를 전하기 위함

| 고향 참관 개요

명조, 명현의 땅! 땅굴 OP에서 보면 바로 건너편 산, 손 뻗으면 닿을 고향인데, 1947년 남북분단 후 실향의 세월이 75년이나 흘렀다. 그리고 그 후예들은 처음으로 고향을 지척에서 바라보며 선현들의 유업과 정신과 학덕을 이으려 한다. 장단 땅에는 양천허씨의 주된 종중인 '판도좌랑공파'가 거주해 왔으며 선대 어르신들의 대부분 묘역이 이곳에 모셔져 있고, 의성 허준 선생님의 선대 묘역도 있다. 장단종친회에서 개최하는 이번 행사는 장단군 대강면 우근리와 독정리에 연고를 둔 후손들이, 6·25동란 때 월남하셨던 1세대들께서 대부분 돌아가시고 이제 비교적 젊은 나이에 월남하신 분들도 이제 네 분밖에 남지 않았기 때문에, 이번이 마지막 기회라 생각하고 한 번도 고향을 보지 못한 후손들에게 고향에 대한 역사와 지리 문화 등에 대해 설명해 줌으로써 통일 후 문중 발전과 전통 계승을 위해 개최하게 되었다.

| 행사 진행

안내·진행 장단에 대한 역사, 지리 등에 대해 브리핑 차트로 설명, 허현강(필자)

인사 말씀 장단종친회 허병찬 회장

축사 및 설명 양천허씨 대종회 허찬 회장

고향 설명 허덕행 고문님과 허숙 부회장

·교통

장단종친회 신일관광 버스 1대, 대종회 경기고속 버스 1대 계 64명

▲ 참석자 단체 기념사진

▲ 고향 땅을 바라보며 설명을 듣는 후손들

실내에서의 역사교육을 끝내고 망원경 등이 있는 전망대에서 간단하게 제물을 올리고 참배를 마친 후, 필자는 그간 오랜 세월 전방 지역을 자주 다니며 어르신들께 전해 들은 말씀을 토대로 지형, 지리 등을 설명함으로써 후세들에게 유익한 정보를 전달했다.

한 가지 아쉬운 점은 땅굴 OP에서 바라본 우근리가 직선으로 전면에 있는 점은 좋았으나 앞에 산들이 있어 거리가 먼 흠이 있었다. 그러나 좌측 지역, 백학중학교 안에 있는 갈현리에 위치한 249 OP에서 다시 한번 답사할 것이다.

249 OP에서는 드넓은 연천평야와 사미천을 볼 수 있다. 그런데 이곳에서 보면 우근리는 조금 위쪽에 보인다.

6. 역사 바로잡기

또 다른 이야기도 있다.

1) 허준과 산청

1999년 MBC 드라마 〈허준〉은 그야말로 대박을 친 인기 폭발 드라마로 인기를 끌었고 흥미진진하게 허준의 일대기를 그려냈다.

그러나 드라마의 내용과 역사는 판이하게 달랐다. 즉 허준은 머슴과 같이 성장한 사람이 아니고, 비록 서자였지만 명문대가의 후손으로 자랐다.

허준을 내의원에 천거한 『미암일기』의 저자 미암 유희춘의 기록에 따르면, 허준을 내의원에 천거한 것도 친구 홍담에게 부탁하여 내의원에 들어가게 해준 것도 유희춘 자신이었다. 또한 허준은 『노자도덕경(老子道德經)』을 유희춘에게 사다가 주었다는 기록도 있다.

양천허씨 집안에서도 화담 서경덕 선생에게 수학하신 분이 허균의 아버님 허엽, 미수 허목의 아버님 허교, 허준의 부친 허론 등 많은 분들이 서화담의 문하에서 수학하여 도가적인 가문의 전통을 이어왔다.

화담 서경덕은 누구인가? 화담에게는 스승이 없다. 그러나 화담은 천문지리와 주역의 이치 등에 통달하셨던 분이다.

세상에는 세 부류의 인간이 존재한다.

① 세상에 태어나면서부터 배우지 않고도 이치를 아는 생이지지(生而知之)한 사람

② 선생에게 배워야만 깨우칠 수 있는 학이지지(學而知之)한 사람

③ 학이지지를 넘어 박사, 의사, 전문가 등에 속하는 곤이지지(困而知之)한 사람

즉 화담 서경덕 선생은 생이지지(生而知之)한 사람이었고, 수암 박지화는 화담의 문인으로 유불선에 모두 조예가 깊었으며 특히 기수학(氣數學)에 뛰어나 명종 때 으뜸가는 학자로 인정받는다. 『토정비결(土亭秘訣)』의 저자로서 기인이라 불리는 토정 이지함과 허엽, 허교 등을 양성한 뛰어난 분들이 모두 화담 서경덕 선생의 후학들이다.

그런 허준을 산청에 가서 약초나 캐는 사람으로 설정한 것은 잘못된 설정이었다. 어느 기록에도 허준이 산청에 갔다는 기록이 없고, 『미암일기』의 기록에는 그 시기에 미암 선생과 교류했기에 드라마와 현실 사이에 괴리가 있는 것이다.

1999년 〈허준〉 드라마가 성공리에 방영된 이후 드라마의 무대인 산청군에서는 허준을 테마로 하는 박물관을 건립하면서 양천허씨 대종회에 산청군 관계자가 찾아와, 돈을 드릴 테니 "허준 선생 묘를 산청으로 옮기자" 하는 제안을 하신 일이 있었다. 그러나 당시 양천허씨 대종회 회장 허찬 회장님께서 일언지하에 거절하신 일이 있었다.

2) 강서구가 허준의 출생지이자 『동의보감』 저술지인가?

그리고 서울 강서구에서는 허준 선생의 출생지가 강서구이고 『동의보감』도 이곳에서 저술했다고 주장하고 있다.

이분들은 양천허씨의 본관이자 관향이 양천(陽川 : 현재의 양천구, 강서구, 김포시 일부)이기 때문에, 그래서 허준 선생의 본향이 이곳이라는 것이다.

이분들 말대로 양천허씨의 관향이 양천현이고 양천허씨들이 살아온 것은 맞는 말이다.

그러나 고려시대부터 이 지역에는 지도의 ②번에 있는 문경공 허공의 막내아들인 대제학공파의 후손들이 살았다. 그러나 허준 선생의 일가는 문경공의 둘째 아들인 판도좌랑공의 후손들이고 그 후손들은 개성 · 장단 지역에 세거해 왔던 것이다. 그러므로 허준 선생이 이곳과는 인연이 없으므로 강서구의 주장은 현실적이지 않다. 다만 필자는 강서구의 그간 노력으로 박물관을 건립하고 공원과 허준로를 조성하여 의성 허준을 발전시키는 데 애써주시고 발전시켜 준 것에는 깊이 감사드린다. 그리고 앞으로도 우리 양천허씨대종회와 임진강문화연구회가 협력하여 허준 정신을 함께 함양하며 발전할 수 있기를 기원해 본다

그리고 허준공이 일시적으로 현 강서구 관내에서 공부를 하셨다던가 집필을 한 적이 있었을런지는 몰라도 근본적인 관계는 성립되지 않는다.

summary

1. 화담 서경덕 선생, 양천허씨 종중에 도가정신을 심다

2. 천부경(天符經), 위대한 정신이 위대한 인물을 낳는다

3. 종중 묘역들

03

양천허씨 정신의 표상, 가문과 그 뿌리를 말하다

…

위에 언급했듯이 허준 선생의 양천허씨 문중은 고려 초기부터 개성·장단 지역에서 대대손손 살아왔다. 그리고 종중에서는 아래와 같은 가훈으로 인재를 양성했다.

① 가전충효(家傳忠孝) 세수청백(世守清白)

가정에서는 대를 이어 나라에 충성하고 부모에 효도하는 전통을 이어가고, 사회에서는 대대로 청렴하고 결백하게 지조를 지키고 부정을 하지 말며 청백하게 살라고 가르쳐 왔다. 이러한 정신적 기조에 의해 인재들을 양성하여 타에 모범이 되는 역할을 하여 왔다.

② 편당편중(偏黨偏衆) 하지 말고 중용(中庸)을 지키라

후손들은 정도(正道)를 지키며 살되 한쪽으로 치우치지 말고 정중(正中)한 마음으로 집행하라고 가르쳤다. 현대 사회에서도 보수와 진보라는 극단적 이념대립을 하고 있는데 허씨 문중에서는 한편에 치우치지 말라는 것이다.

③ 제세이화(濟世理化) 광제창생(廣濟蒼生)

우리 민족이 가지고 있는 홍익인간 이념을 이어받아 물리 화학으로 세상을 구제하여 세계 백성들에게 이로움을 주라는 정신이 있었다. 따라서 우리의 선조들은 개인의 이익과 영달을 위해 살지 않았고, 벼슬의 높고 낮음보다는 백성들에게 봉사하고 베푸는 정신을 가지라고 가르쳤다.

허준은 바로 위와 같은 정신으로 『동의보감』을 저술했고, 그 언행(言行)이 의서로는 세계 최초로 세계문화유산으로 등록되는 위대한 업적을 남기게 되었던 것이다.

이 장에서는 이와 관련된 종중의 사례들을 살펴보고자 한다.

1. 화담 서경덕 선생, 양천허씨 종중에 도가정신을 심다

허씨 종중의 도가적인 사상을 이야기할 때 화담 서경덕 선생을 말하지 않을 수 없다.

허준 선생의 『동의보감』 속에 숨겨진 것은 바로 도학에 뿌리를 두고 있기 때문이다. 의성 허준 선생뿐 아니라 홍길동전의 허균, 선계의 여류시인 허난설헌, 형이상학적 과학으로 저작한 척주동해송(陟州東海頌)의 미수 허목 등도 바로 화담 선생의 도가적인 정신과 학문에 깊은 인연이 있는 것이다.

양천허씨! 道家思想과 東醫寶鑑

(도가사상) (동의보감)

시조 허선문 후삼국출생	20세 의성 허준 동의보감 저자	21세 교산 허균 홍길동전 저자	22세 허목 미수 숙종조 우의정

1. 양천허씨 시조 허선문 : 왕건을 도와 3국 통일
2. 의성 구암 허준 : 동의보감을 저술하여 유네스코 세계유산으로 등재
3. 교산 허균 : 한글 홍길동전을 저술하여 만민 평등을 이루려하다. 능지처참 됨
4. 미수 허목 : 세계 최초로 형이상학적 과학으로 바다 조수를 물리치다.
5. 허난설헌 : 도가적 사상으로 신선계를 오가는 선계의 시를 지음

화담 서경덕 선생과 양천허문과는 너무도 깊은 인연이 있다. 허준 선생

의 부친 허론, 허균의 부친 허엽, 미수 허목 선생의 부친 허교 등이 화담 선생으로부터 도가 정신을 수학하였고, 그 영향으로 그 후손들에 의해 뛰어난 업적을 이룰 수 있었다.

화담 서경덕 선생은 누구인가?

화담 서경덕 선생에게는 학문을 전수해 준 스승이 없다. 그러나 스스로 천문지리의 이치를 하늘과 천지자연의 물리(物理)를 스스로 깨달아 후학들에게 이 학문을 전수해 주셔서 많은 인물을 배출하셨다.

화담 선생은 하늘의 이치를 타고나신 분이다.

인간사에서는 사람의 등급에 따라 생이지지(生而知之), 학이지지(學而知之), 곤이지지(困而知之)가 있다고 가르치고 있다.

따라서 화담 선생은 생이지지와 학이지지의 중간쯤에 계신 분이다.

생이지지(生而知之)란 태어나면서부터 바로 아는 경지를 말하는데 복희대왕, 문왕, 단군님 등과 같은 분들에겐 모두가 5배의 예를 올린다.

학이지지(學而知之)란 배움을 통하여 아는 경지를 말하는데 노자, 장자, 공자, 맹자, 예수, 석가, 마호메트 등을 성현(聖賢)이라 하여 3배의 예를 올린다.

곤이지지(困而知之)는 고생고생 힘들여 배워서 아는 경지를 말한다. 각종 박사, 의사 등 각 전문가들을 말한다.

공자께서도 스스로 자신은 생이지지가 아니라 학이지지라고 하였다.

공자께서는

"나면서 저절로 아는 사람은 으뜸이요, 배워서 아는 자는 다음이고, 막히면 애를 써서 배우는 사람은 그다음이다. 하지만 막혀도 배우지 않으면 사람들이 그를 하치라 한다." – (749회. 424 논어, 계씨 9)에서 공자님도 배워서 알았다고 하셨다. 사람으로 살아가려면 배워야 한다는 것을 강조하신 것이다. 배우기를 좋아하라. 모르면서도 배우려 하지 않는 자는 누구든 소인배라고 단언하신다.

인간사의 4등급은 : 1. 성인(聖人) → 생이지지(生而知之) 2. 군자(君子) → 학이지지(學而知之) 3. 서민(庶民) → 곤이학지(困而學之) 4. 소인(小人) → 곤이불학(困而不學) 이 중에서 4번째를 질타하신다.

"공자왈 생이지지자는 상야요 학이지지자는 차야요 곤이학지는 우기차야니 곤이불학이면 민사위하의니라(孔子曰 生而知之者 上也 學而知之者 次也 困而學之 又其次也 困而不學 民斯爲下矣)." – 논어, 계씨 제9장

* 다음 차(次). 막힐 곤(困). 또 우(又)

생이지지(生而知之),

생이지지라는 사주를 타고 나신 분들은 수천 년에 한 번씩 일정한 시차(時差)를 거쳐 탄강하시며 이분들은 주로 동양, 특히 한국을 중심으로 동북아에서 탄생하신다.

이분들은 배우지 않고도 세상의 이치를 모두 터득하여 모든 물리(物理)를 터득하시어 시대의 변화에 따른 새로운 가치를 새로이 발표하시는 분

들을 말한다.

이분들은,

주역(周易)의 선천팔괘도(先天八卦圖)를 창제하신 태호복희대왕(太皞伏羲大王), 주역(周易)의 후천팔괘(後天八卦)를 창제하신 문왕(文王), 단군도(檀君圖)를 창제하신 단군(檀君), 그리고 근세에서는 조화주의 십일부인도(十一符印道)인 십괘도(十卦圖)를 창제하신 우주점존(宇宙點尊)을 들 수 있다.

각 종교에서도 동방박사 또는 선지자 등으로 불리는 것도 바로 하늘의 이치를 가지고 오시는 분들을 말하는 것이다.

이 어르신들은 인류사 변환의 시와 때에 맞추어 하늘이 내려주시는 분들이시다. 예를 들자면 단군님이 탄강하신 지 4321년 만에 대천지우주점존(大天地宇宙點尊)께서 이 땅에 탄강하셨다. 그것도 같은 터에서 일정한 법칙에 따라 탄강하셨으니 하늘의 오묘한 진리에 탄복을 하지 않을 수 없다.

그래서 하늘에는 예법이 있다. 제례를 모실 때
父母(부모)님이나 어르신들께는 존경의 예로 1拜(배)를
祖上(조상)께서 돌아가시면 2拜(배)를 하고
聖賢(성현)께서 돌아가시면 3拜(배)를 하고
君王(군왕)께서 붕어하시면 4拜(배)를 하고
聖人(성인)께서 승천하시면 5拜(배)를 한다.
(이하 중략)

2. 천부경(天符經), 위대한 정신이 위대한 인물을 낳는다

• 양천허씨 중시조 매헌공 허기

필자는 1991년 9월 말 경기도 연천군(과거 장단군) 장남면 판부리(과거명 늘둔이) DMZ 내 위치한 양천허씨 15세조 매헌공 허기 할아버님의 묘소인 헐덕능에 들어가서 1947년 마지막 시제를 모신 이후 47년 만에 처음으로 헐덕능에 군인들과 함께 들어가서 금초를 하고 제사를 올리고 나왔다.

필자가 이 산소를 존재를 알게 된 것은 18세 무렵 아버님과 함께 농사를 짓던 시절 장단군 대강면에서 사셨던 아버님으로부터 어렸을 때 어르신들과 시제를 모시러 머슴들은 마차에 제물을 싣고 시향을 모시러 가시는 어르신들을 따라다니셨다는 것과 그 후손들이 18세조 충정공 허종, 문정공 허침 할아버님과 20세조 의성 허준 선생과 초당공 허엽, 21세조 허성과 허봉, 홍길동전 허균, 여류시인 허난설헌과 22세조이신 초과학자이자 전서체의 동방 1인자 척주동해송을 저술하신 미수 허목 선생 등 뛰어난 할아버님들에 대한 이야기를 하신 적이 있어서 이를 잊지 않고 기억하고 있다가 38세 때인 1991년에 실행에 옮기게 된 것이다.

▲ 1991년 9월 말 연천(장단)군 장남면 판부리 헐덕능 모습

1990년 필자는 아버님이 하신 말씀을 토대로 종중 어르신들과 동네 어르신들에게 수소문하여 산소를 찾게 되었다. 그리고 할아버지들과 철책선 안에 있는 헐덕능을 발견하게 되어 뛸 듯이 기뻤다.

그러나 이 묘소는 DMZ 내에 위치하여 직접 들어가 볼 수도 없고 금초도 할 수 없는 상황인지라 고민에 빠져 있었다.

그러던 중 관할부대 대대의 대대장인 김진우 중령이 경계 임무를 부여받고 왔다. 평소 지인이었다. 그래서 산소를 보여주고 "금초를 할 수 있는가?" 하고 물었다. 답변은 NO였다. DMZ는 비무장지대로서 이곳은 미8군 사령관의 승인 없이는 통행이 불가능하며 출입 통로가 없어 이곳으로 출입할 방법도 없다는 것이다. 그래서 연대장을 한번 만나보자고 하였다.

그래서 대대장과 함께 연대본부를 찾아갔다. 연대장은 유길주(육사 28기) 대령이었다.

유 대령이 경상도 사투리를 쓰기에 고향이 어디냐고 물었다. 안동이라고 했다. 그러면 유성룡 대감 후손이냐고 물었더니 그렇다고 해서 "충효당(忠孝堂)을 아시는가?" 하고 물으니 어려서 이 동네에 살아서 잘 안다고 하셨다. 그러면 "현판도 잘 아시겠네요?" 하니까 그렇다고 하셨다. 그 현판은 우리 집안 허목 미수 선생께서 쓰셨고, 교산 허균이 난설헌집을 써서 보여주며 평가를 해 달라고 하자, 유성룡 대감은 "양천허씨에는 왜 이리도 인재가 많으냐?" 하며 감탄하셨다는 말을 전하며 『동의보감』의 허준 등 많은 인재들이 지금 이곳에 위치한 15세조 매헌공 허기의 후손들이라고 하자, "그렇다면 금초를 하자. 이렇게 위대한 인물이 내 관할 지역에 있다는 것이 자랑이다"라며 대대장에게 긍정적 의사를 보냈다.

이어서 유 대령의 말이 이어졌다.

이 묘소를 들어가려면 미8군 사령관의 승인이 있어야 하는데, 25사단장에게 보고하는 순간 금초는 못 한다. 그러니 연대장 책임하에 사계청소를 목적으로 철책 문을 새로 만들며, 이 지역은 6·25 이후 지뢰를 묻고 비행기로 지뢰를 뿌린 지역이므로 지뢰탐지가 우선 되어야 하니, 이 일은 공병대대와 협조하여 작업하라고 대대장에게 지시하였다.

일은 순조롭게 준비되었다. 그리고 연대장에게 이야기했다. 조금 아래쪽인 진동면 하포리 광암동에 허준 선생의 묘소가 있는데 이 헐덕능의 금초를 마치고 이어서 허준 선생의 묘소를 찾겠다고 이야기했다.

그러나 우연하게도 의성 허준 선생의 묘소를 역사학자 이양제 박사에 의해 헐덕능과 동시에 찾게 된 것이다. 매헌공은 의성 허준 선생의 직계 5대조가 되시는 분이시다.

그리고 D-데이가 되었다. 아침 일찍부터 철책선 절단 작업이 시작되었고, 철책이 뚫리자 지뢰 탐지 2개 조가 맨 앞에서 지뢰 탐지하며 지뢰 조사한 곳에는 견인줄을 매면서 전진했다. 군인들은 모두 중무장하고 방탄복을 입고 사주경계를 하며 들어갔다. 필자도 군인들과 함께 DMZ에 들어갔다. 멀지 않은 곳에 북한군 GP가 보였다.

산도에 들어가자마자 비석부터 확인했다. 그 내용은 족보에서 본 것과 같았고 부인은 안동권씨이므로 헐덕능임을 확인했다.

묘소에 들어가서 비석 확인 후에 군인들은 무장을 해제하고 예초기를 들고 금초작업을 시작했다. 면적이 넓어 시간이 꽤 걸렸다. 벌초가 끝나고 김진우 중령의 도움으로 제사를 모시게 되었다. 1947년 마지막 시제 후 44년 만의 약식제사를 모실 수 있었다.

모든 작업을 마치고 군인들은 다시 무장하고 철수를 시작하였다. 그사이에 공병부대는 철책선 통문 용접작업을 하였고 병력들이 모두 나온 후에 자물통으로 출입통문을 잠그고 철수하였다.

이미 30여 년 전의 일이지만 바로 어제 있었던 일 같다.

그때 목숨 건 위험을 무릅쓰고 묘역찾기에 애써주신 연대장 유길주 대령, 대대장 김진우 중령, 중대장 지대위 등에 대하여 항상 고마워하며 지낸다.

필자는 태종 이방원과 함께 수학한 동기로서 종중의 중흥에 기여하신 매헌공 허기 할아버님의 존재가 너무도 고마웠고 그 감사함을 꼭 보답해

드리고 싶었다. 그리고 아버님의 말씀을 따랐다는 자위를 스스로 하며 조선 사대부의 핵심 종중으로서 민중을 위한 학문의 전통을 이어주신 선조님들께 감사하는 마음을 가지게 되었다.

• 충정공 허종과 문정공 허침, 형제정승 이야기

▲ 18세조 충정공 형님 허종 초상

▲ 18세조 문정공 동생 허침 초상

이 두 분은 조선조에서 보기 드문 형제정승으로 유명하다. 두 분 다 키가 2m가 넘고(2.2m라는 기록도 있음) 문무를 겸비한 것으로 유명하다.

기골이 장대하다는 이야기를 들었지만 실제로 길이가 2m가 넘는 유골이 15대조 매헌공의 헐덕능 부근에서 발견되었다. 1991년 당시 관할 대대장이던 김진우 중령의 이야기를 들으니 헐덕능 부근의 양천허씨 종중 묘역 부근에 교통호 작업을 하던 중 유골이 나왔는데, 필자의 장딴지 뼈보다 7~10cm가 긴 유골을 발견하였고 이 유골을 잘 추슬러서 매장해 드렸다고 했다. 그런데 이 두 분 정승의 키와 비슷하다는 것이다.

그리고 이 형제정승의 묘는 장단군 대강면 우근리 허준 선생님의 할아버지 허곤의 묘역 인근에 모셔져 있다.

이분들은 청렴 강직하고 문무(文武)를 겸비, 출장입상(出將入相)하였던 상우당 허종은 분명히 우리 역사상 위대한 분이었다. 나라 밖 사람들에게는 "하늘 위에는 모르거니와 지상에는 둘도 없는 인물이라" 평해졌었고 냉철한 직필의 대명사라 칭할 수 있는 사관(史官)도 "허종 그 한 몸에 국가의 중망(衆望)이 달려 있다"라고 실록에 기록할 정도로 높이 평가하였다.

상우당 허종은 문무를 겸비해 국방과 문예에 큰 공을 남겼고, 의학에도 조예가 깊어 내의원제조(內醫院提調)를 겸임하였다. 중종 때의 명의인 김순몽(金順蒙), 하종해(河宗海) 등을 가르쳤고 천문·역법에도 조예가 깊었다.

서거정(徐居正)·노사신(盧思愼) 등과 『향약집성방(鄕藥集成方)』을, 서거정·노사신·어세겸(魚世謙)·유순(柳洵)·유윤겸(柳允謙) 등과 『연주시격(聯珠詩格)』, 『황산곡시집(黃山谷詩集)』을 언해하였다. 또한 윤호(尹壕) 등과 『신찬구급간이방(新撰救急簡易方)』을 편찬하였다.

문집으로는 『상우당집』이 있고, 편서에는 『의방유취(醫方類聚)』를 요약한 『의문정요(醫門精要)』가 있다.

이와 같이 상우당은 천부적으로 의술에도 뛰어났다. 상우당께서는 선대들이 남겨 놓은 의서를 숙독함으로써 의학에도 조예가 있음을 인정받아 내의원 제조가 되어 당대의 명의들을 양성하여 질병 퇴치에 크게 공헌하였다.

의술에 능통한 가문에서 선대의 전통을 이어받은 의성 허준 선생도 큰댁 할아버지이신 상우당 허종과 문정공 허침의 의술의 전통을 이어『동의보감』을 저술할 수 있었다.

• 종침교(琮琛橋)의 유래에 얽힌 일화

서울 광화문의 세종문화회관 뒷길을 따라 200미터쯤 올라가면 서울지방경찰청 조금 못 미쳐 사거리가 있고 그 옆에 〈종교교회〉라는 큰 교회가 있다. 교회 이름 앞에 '종교'가 붙었다. 그 의미를 모르는 사람들은 약간 우스꽝스러울 수도 있지만 교회 이름이 이렇게 이름 지어진 데는 나름의 이유가 있다. 결론적으로 여기서 종교의 '교'자는 우리가 흔히 쓰는 '종교'라는 말의 '교화할 교(敎)'가 아니라 '다리 교(橋)'이다. 그런데 어떻게 이런 이름을 쓰게 되었는지 그 사연을 알게 되면 참 재미있다.

먼저 이곳 네거리는 백운동천과 사직동천이 만나는 곳이다. 두 개의 물줄기가 합쳐지면서 자연적으로 삼거리가 만들어졌고, 광화문 앞 세종대로로 이어지는 또 다른 길이 이곳에 연결되어 네거리가 된 것이다. 어쨌든 이곳은 물길이 지나가는 곳으로 이 물길을 건너기 위해 다리가 하나 있었는데 이 다리의 이름이 〈종침교(琮琛橋)〉이다.종침교라는 이름이 만들어진 사연은 다음과 같다. 조선 성종 대에 연산군 생모인 윤씨의 폐위를 논하는 어전회의가 있었는데, 당시 이를 앞두고 형제였던 충정공 허종(許琮)과 문정공 허침(許琛)은 걱정이 앞섰다. 당시 왕비 윤씨는 세자의 생모이기도 했기 때문이다.

그래서 고민 끝에 사직동에 사는 누이를 찾아가 조언을 구했다. 궐내의 분위기를 전해 들은 누이는 당시 연산군이 세자로 책봉되어 있는 상황에서 그의 생모를 폐하는 논의에 참가했다가는 훗날 세자가 왕으로 즉위하게 되면 화를 피하기 어려울 것이니 무슨 꾀를 내어 회의에 참가하지 말라고 이른다. 이러한 누이의 조언에 따라 결국 허종, 허침 두 형제는 대궐로 가는 길목에 있던 이 다리를 지나다가 일부러 말에서 떨어져 다쳤다. 그리고 이 핑계로 어전회의에 불참할 수 있었는데 이로써 훗날 연산군이 왕위에 오른 뒤 자신의 생모 폐비 윤씨의 복위 문제로 일어난 소위 '갑자사화'(1504) 때 위기를 면하게 되었다.

이런 일을 겪고 그 뒤로 이 다리의 이름은 백성들 사이에서 허종, 허침 두 형제의 이름을 따와 〈종침교(琮沈橋)〉라 부르게 되었다고 한다. 수많

종침교에서의 낙마, 형제를 구했다. (그림 이무성)

▲ 허종과 허침 두 형제가 말을 타고 종침교를 건너다가 말에서 낙마하는 모습

은 사람의 생명이 갈리는 순간이었던 갑자사화에서 역사문제를 떠나 이들 오누이-형제들의 재미있는 이야기가 전한다는 사실에 무척 즐겁다. 동시에 수백 년 전의 조선시대가 우리의 현실과 떨어져 있지 않다는 것을 다시금 느끼게 된다. 어쨌든 이 다리는 이런 일을 겪고 종침교로 불렸지만, 세월이 흐르면서 사람들은 이것을 줄여 일명 '종교(琮橋)'라 불렀고, 훗날 대한제국 시기 이곳에 교회를 세우면서 그 이름을 다리 이름에서 빌려와 〈종교교회〉라 정한 것이다. 물론 이곳 종교교회는 자신의 명칭에서 다리 명칭에 쓰이던 '옥홀 종(琮)' 자를 흔히 종교(宗敎)라고 할 때 쓰는 '마루 종(宗)' 자로 바꿔 쓰고 있다. 교회이다 보니 충분히 그럴 수 있다고 생각한다. 하지만 이곳에 있었던 '종교(琮橋)'가 '종교(宗敎)'로 쓰였다고 해서 역사가 바뀌는 것은 아니다.

이분들의 큰 키로 인해 말을 타고 동대문을 지나면 이마가 성문에 닿아서 성문을 높이는 공사를 다시 했다는 이야기도 전해진다.

3. 종중 묘역들

• 10세조 문경공 허공

의성 허준 선생의 10세조 되시는 문경공 허공 선조님의 묘소가 대성동 마을 부근 파주시 진서면 어룡리에 있다. 이분은 시조 선문으로부터 10세손이 되신다.

문경공 허공 선조께서는 1233년 출생, 1291년에 졸 하셨다.

자는 온궤(韞匱)이며 시호는 문경(文敬)이다. 고려 제25대 임금 충렬왕 묘정배향공신으로 벼슬은 광정대부 첨의부중찬 수문전태학사 감수국사 판전리사사 세자사(匡靖大夫僉議府中贊 修文殿太學士 監修國史判典理司事世子師)이다. 배향공신이란 역대 임금과 왕비의 위패를 모시는 왕실의 사당(祠堂 : 조상의 신주를 모셔 놓은 집)에 임금과 함께 신주(神主 : 죽은 사람의 이름을 적은 나무 패)를 모시는 공신을 일컫는다. 배향공신에 선정된다는 것은 가문의 대단한 영예로 인식되었으며 그 후손들에게는 여러 가지의 특전이 베풀어졌다.

허공 선조님의 아들 3분이 장자는 동주사공, 3자는 판도좌랑공, 5자는 대제학공파다. 허준 선생은 판도좌랑공의 후손이 되신다.

▲ 허공 묘소 인근에서 보이는 개성 송악산

▲ 10세조 허공 선조묘역. 허능골이라 불림

▲ 문경공 묘소. 입구의 신도비를 판독함

▲ 오래 방치돼 석물의 머리 부분만 남았음

▲ 문경공 묘소를 가기 위해 통일대교 통과

▲ 금초를 한 종인들과 기념사진 촬영

▲ 문경공의 큰아드님인 동주사공의 묘소

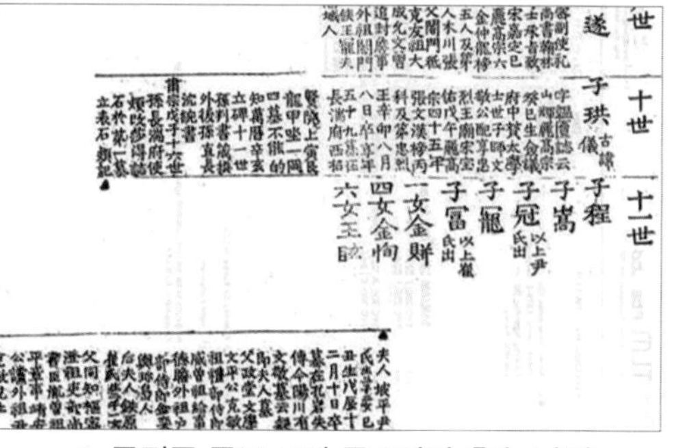

世 遂

十世 子珙

十一世 子程 子嵩 子冠 子龍 子富 一女金財 四女金恂 六女王

▲ 문경공 족보. 5자 중 3자만 후손 남김

summary

1. 임진강 문화권의 토양과 역할

2. 영남학파와 기호학파의 그 인물들

3. 최장기 정승 방촌 황희와 세종대왕

4. 율곡 이이의 유비무환

5. 허준 선생 묘역 성역화 및 관광자원화 사업

6. 허준의 스승은 서경덕 제자, 선인(仙人) 박지화였다

04

허준의 철학과 사상의 뿌리를 찾아 DMZ로 가다

…

어렵고 힘든 백성들에게 질병의 고통을 줄여주기 위한 의성 허준의 그 이타정신(利他精神)은 어디서 기인한 것일까?

이 장에서는 그 뿌리를 찾아가도록 하겠다.

1. 임진강 문화권의 토양과 역할

무거운 의서를 챙겨 등에 지고,
임진강을 건너 의주로 피난 가는
'허준'
이것이<동의보감 탄생의 기원>
이 되었다.

생사를 뛰어넘은 선생의 감투정신
이 '동의보감'을 낳았고,
인류 의학발전에 공헌한 선생은
이곳에 잠들어 계시며
인류문명 발전의 시초가 되시리
라!!!

화석정에 서면 '허준'이 보인다.

▲ 임진나루, 화석정 건너편은 장단 동파리다. 초평도와 덕진산성이 보이는 사진.

• 화석정에 서면 의성 허준 선생의 마음이 보인다!

임진왜란 당시, 선조왕과 대신들은 먼저 피난길에 올랐으나 허준 선생은 궁궐에 늦게까지 남아서 필요한 의서를 모두 골라 챙겨서 일행들과 무거운 의서를 등에 나누어지고 가까스로 임진나루를 건널 수 있었다.

먼저 간 선조왕 일행들은 왜군들이 강을 건너 추격해 올 것을 우려해 모든 배를 불살라 버렸기 때문에 배를 구할 수도 없었으나, 천신만고 노력 끝에 임진나루를 건너 피난길을 따라갈 수 있었다.

그리고 화석정 건너편 산인 일월성을 지나 현재의 허준 선생 묘역 앞을 지나 북으로 북으로 피난길에 올랐다.

필자의 개인 소견이지만, 이때 만일 허준 선생이 중요한 의서를 지고 피난하지 않았던들 후일 『동의보감』을 저술하는 데 많은 어려움이 있었을 터인데, 허준 선생의 피나는 노력으로 중요한 의서들을 지킬 수가 있었고, 이를 활용해 『동의보감』을 지을 수 있었으니 어찌 천우신조가 아니겠는가?

그래서 필자는 화석정에 서서 의서(醫書)를 지고 고생스럽게 피난 가시는 모습을 그려보면서 허준 선생의 『동의보감』을 향한 일구월심(日久月深) 지궁스럽게 백성을 사랑하는 모습에 감격의 념(念)을 지울 수가 없다. 그리고 자신이 피난 가던 길에 사후 묘를 쓰신 것으로 생각하니 화석정에서 허준 선생이 의서를 지고 피난 가는 모습을 연상하며 다시금 그 모습에 숙연해진다.

• 화석정(花石亭)에 대하여

화석정에 대한 어원은 고려 초기부터 있었다. 고려태조 왕건태조께서 훈요십조(訓要十條)라는 유훈을 남기시면서 "고려가 망할 때가 되면 임진강 석벽에 꽃이 필 것이다"라고 말씀하셨는데, 그로부터 500여 년이 지나면서 임진강 석벽에 실제로 바이러스에 의해 흰색 주황색의 좀이 쓸면서 마치 임진강 석벽에 화려한 꽃이 핀 것 같은 장관이 펼쳐졌다고 하며, 실제 고려 500년의 왕조가 이 땅에서 사라지게 된 것이다.

그래서 고려 말 고려 삼은(三隱) 중 한 분이신 대유학자인 길재(吉再)의 유지(遺址)였던 자리에 길재 선생께서 정자를 지으면서 '화석정(花石亭)'이라 명명하였는데, 말 그대로 '임진강 석벽에 꽃이 피는 정자'라는 뜻을 담고 있다.

화석정은 파주시 파평면 화석정로 152-72에 위치해 있다.

그 후 1443년(세종 25) 율곡 이이(李珥)의 5대 조부인 강평공(康平公) 이명신(李明晨)이 세운 것을 1478년(성종 9) 율곡의 증조부 이의석(李宜碩)이 보수하고 화석정이라 이름을 지었다고 한다.

그 후 이이가 다시 중수하여 여가가 날 때마다 이곳을 찾았고 관직을 물러난 후에는 이곳에서 제자들과 함께 여생을 보냈다고 한다. 당시 그의 학문에 반한 중국의 칙사 황홍헌(黃洪憲)이 이곳을 찾아와 시를 읊고 자연을 즐겼다는 이야기도 있다.

또한 왜구의 침공에 대비해 십만양병설을 주장한 이이의 상소를 받아들이지 않은 선조가 임진왜란 때 의주로 피난 가던 중 한밤중에 강을 건널 때 어려움이 있을 것을 예상한 율곡 선생이 정자에 계속 기름을 입혀 불이 잘 타도록 하였고, 율곡 선생이 남긴 유서를 가지고 있던 후손이 이 정자를 태워 불을 밝혔다는 이야기로도 유명하다.

그 후 80여 년간 빈터만 남아 있다가 1673년(현종 14)에 이이의 증손인 이후지(李厚址), 이후방(李厚坊)이 복원하였으나 1950년 6·25전쟁 때 다시 소실되었다.

현재의 정자는 1966년 경기도 파주시 유림들이 다시 복원하고 1973년 정부가 실시한 율곡 선생 및 신사임당 유적 정화사업의 일환으로 단청되고 주위도 정화되었다. 건물의 정면에는 박정희 대통령께서 친필로 쓰신 화석정(花石亭) 현판이 걸려 있다.

율곡 이이 선생께서 8세 때 화석정에서 지었다는 팔세부시(八歲賦詩)가 2001년 송달용 파주시장의 정성으로 돌에 새겨져 전시되어 있다.

▲ 화석정 8세부시 비문이 흐려져 선명하게 보이도록 회원들이 복원했다.

2021년 1월 14일 싸늘한 날씨에 (사)임진강문화연구회 임원들께서 참석하신 가운데 조각예술가 한상운 선생께서 팔세부시 비문을 선명하게 새겨서 복원하였다.

• 창조의 땅 임진강 임진나루에서 세계 최초 거북선(龜船) 탄생

임진왜란 당시 이순신 장군의 거북선이 이순신 장군께서 설계하여 만든 것으로 인식하고 있지만, 실상은 서기 1413년(태종이 즉위 13년 2월 5일) 조선왕조실록 태종실록 편에 "세자와 함께 임진도(臨津渡 : 임진나루)에서 거북선이 왜선을 방어하는 훈련 상황을 구경했다"라고 기록돼 있다. 이는 임진강 거북선이 조선 최초 거북선(태종 거북선)이라는 것을 의미한다.

▲ 임진강 거북선 복원 이미지(임진나루 건너편에 일월봉이 보인다)

이날 이후 179년 만인 1592년 임진왜란이 발발할 때 이순신 장군을 신뢰하는 서애 유성용 대감이 이 설계도를 이순신 장군에게 전해줌으로써 임진왜란을 승리로 이끌 계기를 만들게 되었다.

예전에 북한이 국제방송을 통해 "임진강이 조선 최초 거북선 시험장소"라고 발표한 적이 있다고도 한다.

특히 이미 북한은 1994년 "16세기 이순신 장군 거북선은 파주 임진강 거북선이 시험을 거쳐 확보된 자료를 토대로 만든 것"으로 구체적인 제원까지 발표했었고, 아울러 국내 연구 학자도 최근 언론에 임진강 거북선의 설계도까지 공개해 남과 북이 임진강 거북선의 제원을 알고 있는 만큼 이제 공동학술대회 개최가 시급히 필요하다.

2. 영남학파와 기호학파의 그 인물들

낙동강 영남학파, 형이상학적 학문(정신적 창의성)
임진강 기호학파, 형이하학적 학문(실사구시적 수행)

▲ 동북아의 중심 임진강 문화권의 지리적 역사적 위치를 표현

• 창조적 정신과 인물의 땅 한반도

이 지도의 특성을 보면 한반도를 중심으로 좌측에는 중국, 우측에는 일본 열도가 위치해 있다.

우측 하단에 인체도가 있는데, 이 도표에 비교하자면 광대한 대륙 중국은 좌측 허벅지이고, 일본은 우측 허벅지에 해당하는데, 일본의 영토는 해양영토까지 치면 그 면적이 결코 중국에 크게 뒤지지 않는다.

그리고 그 중앙에는 한반도가 있는데 인체에 비유하자면 생식기(生殖器)에 해당하는 것이다. 중국과 일본에 해당하는 허벅지는 덩치가 크고 근육질로 힘은 있을지언정 결코 이곳에서 창조적인 잉태를 할 수가 없다.

왜냐하면 씨앗은 생식기에서 나오는 것이고 잉태도 할 수 있는 것이다. 즉 한반도에서는 창의적인 큰 인물이 나올 수밖에 없다는 지리적인 특성이 있다는 것이다.

역사적으로 볼 때 우리와 같은 3·8도 선상에 위치해 있는 이탈리아의 로마 문명이나 그리스 아테네 문명은 획기적인 문명을 창조했었는데, 이 두 문명은 모두 반도에서 발생했다는 것을 알아야 한다. 그리고 한반도에서 태동한 우리 한민족은 황하문명을 열었고, 이어서 세계 문명의 시발점이라는 것을 깊이 인식하여야 하고 그 전통을 우리는 이어 나아가야 한다.

그리고 이 역사적인 시점에 임진강 문화권(臨津江 文化圈)의 기호학파 지역에 의성 허준이 있다는 것을 깊이 인식하여야 한다.

• 영남학파와 기호학파

위 지도의 한반도를 보듯 대한민국에는 임진강 문화권(臨津江 文化圈)의 기호학파(畿湖學派)와 낙동강 문화권(洛東江 文化圈)의 영남학파(嶺南學派)가 존재한다. 이 두 곳이 대한민국 인재의 산실이다. 그러나 이곳의 인재는 특성이 다르다. 낙동강 문화권 영남학파의 특성은 높은 경지의 형이상학적 학문(形而上學的 學文)을 구가하는 반면 임진강 문화권의 기호학파는 실사구시적 실학사상(實事求是的實學思想)이 깊은 곳이다.

개체적으로 보면 영남학파의 학설이 결국 임진강 문화권에서 꽃을 피우게 되는 것이 역사의 진실이다.

▲ 임진강과 낙동강의 유사성과 인물 배출 현황

영남학파의 인물을 보면,

포은(圃隱) 정몽주(鄭夢周), 야은(冶隱) 길재(吉再), 점필재(佔畢齋) 김종직(金宗直), 퇴계(退溪) 이황(李滉), 남명(南冥) 조식(曺植), 문경(文敬) 김굉필(金宏弼), 서애(西厓) 유성룡(柳成龍), 학봉(鶴峯) 김성일(金誠一), 일두(一蠹) 정여창(鄭汝昌), 여헌(旅軒) 장현광(張顯光), 망우당(忘憂堂) 곽재우(郭再祐), 백곡(栢谷) 정탁(鄭琢), 수우당(守愚堂) 최영경, 내암(萊庵) 정인홍(鄭仁弘), 한강(寒岡) 정구(鄭逑) 등 대한민국을 대표하는 출중한 인물들을 배출하였다.

영남학파의 위 인물들의 특성은 천지의 섭리와 이치에 따라 창의적이고 혁신적인 사상을 가지고 있다는 것이다. 그런데 아쉽게도 이분들에게는 이론을 현실화하는 데는 부족함이 있다는 것이다.

• 기호학파(畿湖學派)의 서인(西人) 계열

율곡(栗谷) 이이(李珥), 우계(牛溪) 성혼(成渾), 구봉(龜峯) 송익필(宋翼弼), 사계(沙溪) 김장생(金長生), 우암(尤庵) 송시열(宋時烈), 수암(遂庵) 권상하(權相夏), 수몽(守夢) 정엽(鄭曄), 동담(東潭) 한교(韓嶠), 묵재(默齋) 이귀(李貴), 중봉(重峰) 조헌(趙憲), 추포(秋浦) 황신(黃愼),

• 기호(畿湖)의 도학(道學) 실학(實學) 계열

화담(花潭) 서경덕(徐敬德), 토정(土亭) 이지함(李之菡), 초당(草堂) 허엽(許曄),

수암(守庵) 박지화(朴枝華), 모재(慕齋) 김안국(金安國), 사재(思齋) 김정국(金正國), 사암(思菴) 박순(朴淳), 봉래(蓬萊) 양사언(楊士彦), 석봉(石峯) 한호(韓濩),구암(久菴) 한백겸(韓百謙), 전우치 등 내로라하는 인재들이 있었고,

• 기호(畿湖) 남인의 실학(實學) 계열에는

미수(眉叟) 허목(許穆)을 필두로, 반계(磻溪) 유형원(柳馨遠), 매산(梅山), 이하진(李夏鎭), 송곡(松谷) 이서우(李瑞雨), 성호(星湖) 이익(李瀷), 연암(燕巖) 박지원(朴趾源), 다산(茶山) 정약용(丁若鏞), 풍석(風席) 서유구(徐有榘) 등으로 이어져 대한민국 실학의 산실로 키워졌다.

• 임진강 문화권에 인재가 많은 이유?

예로부터 지역 어르신들이 전하시는 말씀이 있다.

임진강을 낀 파주, 장단, 연천 지역에 인물이 많은 이유는 "개성 송악산과 파주의 감악산, 파평산으로 이어지는 정기가 있어 출중한 인물들이 많이 탄생한다"라는 것이다.

대한민국에는 2개의 학파가 존재하는데 영남지역에는 낙동강 유역의 영남학파가 형성되고, 기호지방에는 임진강을 낀 기호학파가 형성되어 있다.

이 두 강의 특성은 타 강들에 비해 휘휘 감아 도는 정도가 강하다는 것이다. 다시 말해서 강이 휘몰아 돌아가는 곳에서 많은 인재가 탄생한다고 전해진다.

인재가 탄생하는 삼각의 땅

인재가 탄생하는 삼각의 땅

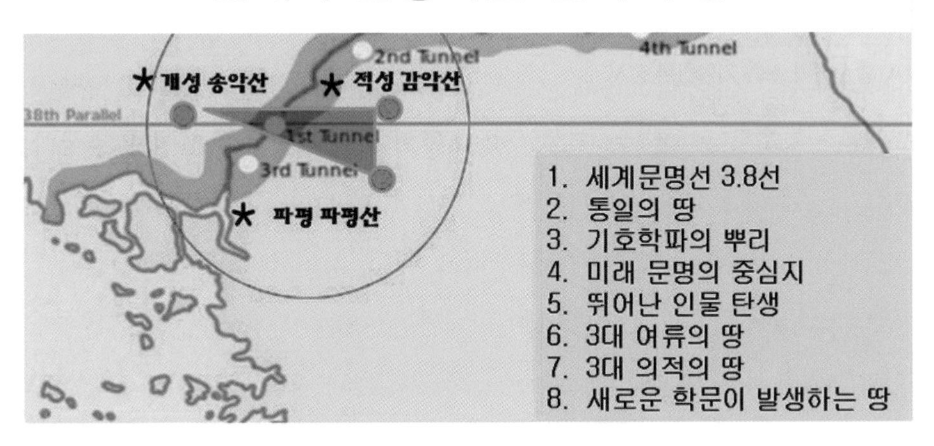

이 도표에서 보듯 임진강을 사이에 두고 송악산과 감악산, 파평산의 3각의 정기가 형성되어 수많은 역사적 인물이 탄생하였다고 어르신들께서 전해주셨으며, 이 전통이 미래에도 이어져 출중한 인물들이 이곳에서 새로운 인물 즉 제2의 허준이 탄생할 것이다.

우선 의성 허준의 위대한 『동의보감』은 어떻게 탄생한 것일까? 그것은 대한민국의 위대한 도가사상(道家思想)에서 비롯된 것이다. 한국의 한의학은 중의학의 모방이나 대물림이 아니라, 우리 민족의학으로서 도가정신에 입각한 '동의학'이다.

▲ 황진이의 스승 기일원론 창시자 화담 서경덕

의성 허준에게는 가까이는 화담 선생의 영향이 가장 크다. 화담 선생으로부터 종중의 교산 허균의 부친 초당 허엽 선생이 직접 사사를 하셨고, 미수 허목의 부친 포천공 허교는 수암 박지화 선생으로부터 사사하셨고, 허목 미수공의 증조부 동애공 허자는 김안국 선생으로부터, 허준 선생은 박지화 선생으로부터 화담사상을 전수받아 임진강 문화권의 사상형성에 큰 영향을 미쳤다고 양천허씨 대종회 허찬 회장께서 조언해 주셨다.

• 모재 김안국·사재 김정국 형제

▲ 사재 김정국 선생 신도비

우선 허준 선생의 당숙뻘 되시는 모재 김안국, 사재 김정국 선생이 화담 서경덕 선생의 직계 제자로서 종중에 끼친 도가적인 영향이 컸을 것으로 본다. 특히 이 두 분은 장단군 대강면 우근리 양천허씨 종중에서 출생하셨다. 특히 이분들은 양천허씨의 족보를 저술하신 분들이고 종중 발전에 지대한 영향을 주셨고, 정치활동도 하셨으나 한의학 서적을 저술하기도 하셨다. 그 영향과 함께 양천허씨 종중에도 전해져 오는 한방 비술이 있으니 허준 선생은 종중과 외가의 영향을 함께 받았다고 볼 수 있다.

우연히도 형님이신 모재 김안국 선생의 묘는 양천허씨 종중묘역(장단군 대강면 우근리)에 모셔져 있고, 아우 사재 김정국 선생 묘는 장단군 진동면 하포리 현재 허준 선생 묘역 바로 건너편에 모셔져 있다.

• 초당 허엽과 오문장가

초당 허엽 선생은 이지함 양서헌 등과 함께 화담 서경덕 선생으로부터 직접 학문을 사사하신 분이다. 슬하에 4남매를 두셨는데 모두 현달하여 일명 조선의 오문장가 집안으로 유명세를 떨치기도 하였다.

초당 허엽의 본관은 양천(陽川)이고 시조로부터 20세로 허준 선생과 같은 문중의 같은 항렬이며 10촌 간이고, 나이는 허준 선생보다 22세 위다. 1517년 출생하고 1580년 별세했다.

개성 화담학당에서 이지함, 박지화, 양사헌, 김안국 등과 동문수학하였다. 허엽의 자는 태휘(太輝), 호는 초당(草堂)이며 조선 중기의 문신이다. 1546년(명종 1) 식년문과에 갑과로 급제, 1551년 부교리가 되고, 대사간에 올라 향약의 시행을 건의하였으며, 동인·서인의 당쟁 시 동인의 영수가 되었다. 30년간 관직 생활을 하였으며, 청렴결백하여 청백리에 녹선되었다. 장남 성과 차남 봉, 삼남 균, 딸 난설헌과 함께 중국·일본에도 잘 알려져

▲ 강릉의 허엽 초당, 허난설헌, 허균 생가

있다. 저서에 『초당집』, 『전언왕행록(前言往行錄)』 등이 있다.

초당 허엽은 화담 선생으로부터 이수한 도가정신(道家精神)을 자손들에게 전수하여 뛰어난 인재들로 성장시켜 동북아의 유명 가문으로 성장시켰다.

정신적인 측면에서 볼 때 허준 선생께서 『동의보감』에 심으신 이타정신이나 허균의 『홍길동전』, 딸 허난설헌은 신선계를 오가며 8세에 쓴 「광한전백옥루상량문(廣寒殿白玉樓上梁文)」을 지어서 세상을 놀라게 했는데, 이분들의 공통점은 신선계를 오가는 신선하고 깨끗한 심성(心性)으로 이타정신을 구현했다는 데 공통점이 있다.

3. 최장기 정승 방촌 황희와 세종대왕

방촌(厖村) 황희(黃喜)는 임진강 문화권의 대표적 인물로서 조선 전기에 태종과 세종조를 이으면서 우의정, 좌의정, 영의정부사 등을 역임한 문신이다.

방촌 선생은 본관은 장수(長水)이며 1363년(공민왕 12)에 개성 가조리(可助里)에서 출생하셨고 1452년(문종 2)에 사망하셨으며 대표 저작으로는『방촌집』이 있다.

▲ 세종대왕을 도와 조선 500년의 기틀을 세운 방천 황희정승

• 업적 요약문

황희는 고려가 멸망하자 불사이군을 외치며 두문동에서 은거하다가 선배 학자들과 태조의 적극적인 출사 요청에 응하여 관료가 되었다.

태종과 세종 재위기까지 관직 생활을 하며 국방 강화, 예법 정비, 외교 문물 제도의 정비, 농업 진흥, 집현전을 중심으로 한 문물 진흥의 지휘 감독 등 뛰어난 업적을 남겼다.

세종대에 영의정부사에 오른 뒤 18년 동안 국정을 총괄하면서 세종대의 성세를 이룩한 인물로, 조선왕조 전체를 통틀어 가장 명망 있는 재상으로 칭송되었다.

• 일화 '누렁소와 검은 소'

황희정승께서 과거에 급제하여 처음 관직에 들어선 곳이 당시 적성현(현 파주시 적성면)이었다. 집에 갈 때는 강정나루(현 적성면 주월리)에서 배를 타고 가는데 하루는 적성현에서 배를 타러 강정나루로 가는 길에 밭에서 누렁소와 검은 소가 일하고 있기에 농부에게 어떤 소가 일을 잘하는지 물었다.

그러자 농부는 귀엣말로 누렁소가 일을 잘하는데 검은 소가 들으면 서운해 하니 말을 조심해야 한다고 일러주었다. 바로 '누렁소와 검은 소' 이야기다.

▲ 적성현에서 있었던 '누렁소와 검은 소' 이야기

황희 그는 미물조차 제 험담하는 소리는 알아듣는다고 두려워한 농부의 마음가짐을 한평생 실천하여 일인지하 만인지상에서 청백리 정승으로 이름을 남겼다. 이것이 도가적인 정신이며 의성 허준의 마음과 일치하는 정신이다.

황희정승이 18년 동안 영의정으로 재임할 수 있었던 것은 청렴한 생활과 관용, 모나지 않은 성숙한 인격 수양이 큰 버팀목이 된 것은 아닌지 싶다.

• 황희정승의 디지털을 향한 꿈

필자는 황희정승의 묘소를 3차례 다녀왔다.

황희정승은 659년 전에 출생하신 분이다. 그러나 묘소의 형상이 특이하고 이채롭다. 산소의 모양이 거북이가 엎드려 기어가는 듯한 형상이다. 그리고 거북이가 향하는 방향이 임진강과 한강이 교하(交河)에서 만나 서해바다로 나가는 모습을 하고 있는 것이다. 이것을 어떻게 해석해야 할 것인가?

주역의 선천팔괘와 후천팔괘는 아날로그 시대의 유산이고 아날로그적 사고로서 정치, 경제, 철학, 사상 등 모든 사회적 제도로 구현된 사회였던 것이다.

그리고 시대의 흐름에 따라 아날로그 시대가 종식되고 디지털 시대로 진입된다는 것을 황희정승은 이야기하고 있는 건 아닐까?

역사에는 시와 때가 있고 절기도 있다. 1918년을 선후 분기점이라 하며 하도 낙서의 시대는 강의 시대라 하여 하(河)의 시대라고도 한다. 그러나 미래 디지털 시대는 양(洋)의 시대라 하여 바다의 시대라고도 하는데 하(河)의

▲ 황희정승의 묘는 특이하게 직사각형으로 만들었고 앞에 거북이 다리가 있다.

시대가 저물고 디지털 시대를 양(洋)의 시대라고 한다.

그런데 황희정승께서는 659년 전 하(河)의 시대가 가고 양(洋)의 시대인 디지털 시대가 온다는 것을 예지하였다고 생각하니 대단한 어른이라고 다시 한번 생각하게 된다.

황희정승은 상주의 옥동서원(玉洞書院)과 장수의 창계서원(滄溪書院)에 제향되고, 파주의 반구정에 영정이 봉안되었다. 저서로는 『방촌집』이 있으며, 시호는 익성(翼成)이다.

[출처: 한국민족문화대백과사전(황희(黃喜))]

4. 율곡 이이의 유비무환

율곡 이이(李珥 : 1536~1584, 중종31~선조17)는 조선 중기의 학자이며 정치가로서, 자는 숙헌(叔獻)이고 호는 율곡(栗谷 : 경기 파주 파평면 율곡리의 이름)이며, 관향은 덕수이씨다. 이원수(李元秀)와 평산신씨(平山申氏)의 4남 3녀 중 3남으로 외가인 강릉에서 태어났다. 이이의 집안은 요절했던 조부를 제외하면, 대대로 관직에 나갔다.

율곡 선생은 허준 선생과 3살 차이로 동시대에 활약했다. 모두 임진강 문화권 출신으로서 성리학과 도학, 역리에 출중한 인물들이시다.

천재 율곡 선생이 선조에게 제안한 10만 양병설이 받아들여졌다면 임진왜란의 비극은 없었을 것이다. 유비무환의 정신을 망각한 군왕의 무능, 대신들의 당리당략에 의해 수많은 백성들이 도륙당하였고 국가적으로는 많은 것을 잃어야 했다. 이러한 비극에 대해 아무도 책임을 지지 않았다.

그러나 후세인들은 이 시대를 두고 별들의 시대였다고 말한다. 유성룡, 권율, 곽재우, 이순신, 허준, 이항복, 이원익, 이덕형 등 기라성 같은 스타들이 어려움에 빠진 대한민국을 구했다. 통치력 함량 미달의 모자란 선조에 의해 무너질 수밖에 없었던 위기를 애국심에 불타는 민초들과 뛰어난 인재들에 의해 국가를 보위했다. 그래서 이 시대를 별들의 시대였다고들 말한다.

▲ 율곡 이이 선생 영정

5. 허준 선생 묘역 성역화 및 관광자원화 사업

목 차

• 허준 선생 묘역 성역화 제안

00. 허준 선생 묘역 개요

1) 이유 : 대한민국 3대 성인(聖人) 중의 한 분인 의성 허준 선생은 임진강 문화권인 파주·장단 출신으로서, 많은 사람을 살린 허준 선생님은 지역의 자랑으로서 우리 지역을 대표 할 문화, 경제, 의학의 요람으로서 성장시켜야 할 충분한 이유가 있다.

2) 현황 : 의성 허준 선생 묘역은 경기도문화기념물 제128호로서 50평이 지정되어 있다.

3) 뿌리 : 의성 허준 선생은 양천허씨 20세로서 고려창업과 함께 조상대대로 파주·장단 지역에서 대를 이어 살아온 집안 출신이시고 21세 아들 허겸도 파주목사를 역임하였고, 후손들이 일제시대까지 이 지역에서 살았으나 이후 황해도로 이주하여 현재는 직계 손이 남한에는 없다.

4) 토지 : 6·25동란 이후 문중 소유 지역의 절반 이상은 북한이 되고 남한에 속해 있어도 민통선 지역이라 토지를 찾을 길이 없었는데, 그 사이에 문중 토지의 절반 이상이 북한 땅으로 편입되고 일부는 남한의 국방부 등 정부 소유가 되었고, 일부는 과거 토지특별조치법으로 인해 타인에게 부당하게 넘어간 사례도 상당하다.

01. 허준 묘 인근 민통선 일부 추진 필요

1) 이유 : 관람인들이 상시 출입할 수 있도록 민간인 출입여건 조성. 또한 묘역 주변에 문화관 또는 전시관 등의 시설물을 건설하려면 민통선이 필수적으로 전방으로 추진되어야 한다.

2) 민통선 추진범위(안) :

1안 : 하포리 김정국 선생 묘 입구 ~ 동파리 해마루촌 입구 전

초소를 2군데만 설치하면 되므로 군부대 협조 편리하다.

2안 : 하포리 김정국 선생 묘 입구 ~ 통일촌

임수 이북지역의 발전을 위해 좋지만 군부대의 경계업무가 부담스러울 수 있다.

3) 해제 추진 :

파주시에서 1사단에 민통선 추진안을 파주시장 명의로 신청하면 1사단은 상부기관과 협의하여 해제할 수 있다(파주시 의지 중요)

– 민통선 일부해제 제안 –

• 제안이유 : 육군 1사단의 파주시 지역 관할 민통선은 6·25전쟁 이후 한 번도 조정된 일이 없다. 그러나 시대변화에 따라 민통선을 조절해야 할 필요가 있기에 제안한다.

• 개 요 : 파주시에서는 파주시의 문화발전과 경제발전, 일자리 창출을 위해 의성 허준 선생 묘역의 성역화 사업을 적극 추진하고 있으며, 이 사업 추진을 위해 주민들은 적극 환영하고 있고, 파주시도 역량을 다해 적극 추진하고 있기에 임진강문화연구회에서도 사업 성공을 위해 적극 협조하고 있다.

그러나 이 사업을 가로막는 장애 요인이 바로 민통선이라는 것이다. 허준 선생님의 묘역이 민통선 안에 위치해 있고 고향도 이곳인 것이다. 따라서 이 민통선 지역이 성역화되기 위해서는 민통선 조정이 필연적으로 반드시 추진되어야 하겠기에 아래와 같이 제안한다.

- 아 래 -

1) 1사단 이웃인 주변 25사, 28사, 5사, 6사, 3사단 등은 모두 철책 가까이 민통선 조정을 이미 오래전에 하였다. (25사단 경우 과거에 적성면 틸교에 있던 검문소를 해제하였고, 이후 2~3차에 걸쳐 더 해제하였는데 이제는 남방한계선에 붙어있는 경순왕릉까지 완전히 해제하였고, 5사단 지역 화살머리고지는 군사분계선 철책선까지 뚫어서 남북 통로까지 만들었다)

2) 평창 동계올림픽 때 북한의 김영철 일행이 판문점을 통해 들어왔을 때 통일대교가 막히자 전진교로 돌아서 입경한 일이 있었다. 이 일로 나중에 국회에서 대정부질문이 있었는데, 이때 정부에서는 이 도로는 군사도로가 아니고 일반도로라고 해명한 바 있고 이 도로의 명칭도 '허준로'로 지정되어 불리고 있다.

3) 현재 민통선 산책로도 만들어 운영하고 있으므로 철책으로부터 2km 이상 떨어진 이곳 허준 선생 묘역을 꼭 민통선으로 묶어 둘 이유가 없다.

- 민통선 범위 : 민통선을 전체 해제하자는 것이 아니고 허준 선생 묘역 도로 축선을 파주시와 협의하여 북쪽으로 조금 밀자는 것이다.

02. 문산·허준역 명칭 함용

1) 이유 : 한국의 3대 의성의 한 분이 의성 허준 선생님의 고향이라는 자부심과 지역의 위상과 지역경제 발전을 위해서도 대중교통의 최고이자 허준 선생 묘소와 가까운 문산역을 문산·허준역으로 병용(竝用)해서 사용한다면 종횡무진으로 발전할 수 있것이라고 생각되며, 2021년 말 파주시 스마트과와 문산읍내 노인회 주민자치회 등 단체들과 허준역 명칭병용에 대해 상의한 결과 지역발전을 위해 좋은 일이라며 모두 환영했다.

2) 진행사항 : 이의 추진을 위해 박정 국회의원과 파주시장이 철도청과 협의 중 다소 정체된 사항이나, 지역발전을 위하여 이 업무는 조속히 재추진해야 할 사항이다.

03. 진동면을 허준면으로 개칭

1) 진동면은 본래 장단군에 속하였으나 6·25동란 이후 현재는 파주시의 행정구역 중 하나다. 현재는 장단면사무소에서 관리 중이다. 파주시 지역발전 정책개발연구회 김영래 회장께서 본 안을 제안하셨다. 파주시 진동면(津東面)을~ 허준면(許浚面 : 동파리, 서곡리, 하포리, 초리, 용산리)으로 명칭을 변경하자는 제안인 것이다. 진동면의 유래는 장단군청 소재지에서 동쪽에 위치한 임진강가에 위치하였다 하여 진동면(津東面)이라고 쓰여왔다. 그러나 시대변화에 따라 이제는 면 이름을 발전할 수 있도록 하자는 의견에서 제안하는 것이다. 그 사례를 아래 3)항에서와 같다.

2) 목적 : 유네스코 세계기록유산 중 최초의 의학서이자, 유일한 의학서 『동의보감』의 저자 의성 구암 허준 선생의 정신을 더욱 높이 선양하기 위함이며 나아가 파주시의 위상을 함께 드높이며 파주시의 무궁한 발전을 도모하고 후세에 영원히 보전 계승코자 함에 있다.

3) 행정면 변경 사례

① 강원도 영월군(寧越郡) 하동면을 2009년에 **김삿갓면**으로 변경.

② 강원도 양구군(楊口郡) 남면을 2021년 **국토정중앙면**으로 변경.

③ 경기도 여주시(驪州市) 능서면을 2021년 **세종대왕면**으로 변경.

④ 경북 경주시(慶州市) 양북면을 2021년 **문무대왕면**으로 변경.

04. 파주삼현(坡州三賢)을 파주사현(坡州四賢)으로

1) 임진강 문화권에는 대한민국을 대표하는 수많은 인물들이 있다. 그중

에서 파주의 대표적인 인물은 방촌 황희, 율곡 이이, 윤관 장군 이렇게 3분을 파주의 대표 인물인 파주삼현으로 부른다.

2) 그런데 대한민국 3대 성인 중의 한 분이자 『동의보감』의 저자로서 세계 유례상 의서가 세계 최초로 유네스코 세계문화유산으로 등재되었다.

3) 늦었지만 지금이라도 『동의보감』의 의성 허준 선생을 파주의 4번째 현인으로 추대하여 파주삼현이 아닌 파주사현으로 지정함이 타당하다고 본다.

05. 허준 선생 영정 변경

〈大匡輔國崇祿大夫(대광보국숭록대부) 醫聖(의성) 許浚(허준) 선생 影幀(영정)〉

▲ 조선시대부터 내려오던 허준선생 표준영정이 지금은 사라지고 없다.

▲ 각종 문헌과 자료를 참고하여 새로 그린 허준선생 영정.
(작가 김대년/중앙선거관리위원회 18대 사무총장)

1) 이유 : 허준 선생 영정은 선조 당시, 그리고 조선 후기에도 다시 그린 영정이 있었으나 현재는 전해지지 않고 있어 이를 안타까이 여겨 근대에 들어 한의사이신 (고) 최광수 선생께서 서양화로 그리면서 현재에 이르렀다. 그러나 현재의 허준 선생 영정은 표정이 날카롭고 무서우며 무인의 골격을 닮아있으며 양천허씨 일가의 영정이나 후손들의 골격도 현재의 영정과는 다르다. 의성(醫聖)의 표정은 자애롭고 성스러워야 한다.

2) 변경 안 : 조선시대 양천허씨의 영정은 모두 동양화풍으로 그렸고 그 골상(骨相)도 현 후손들의 골격과 닮아있다. 그러므로 서양화풍인 현재의 허준 선생 영정을 허씨 집안의 영정을 참조하여 그릴 필요가 있고 또한 조선 선조 시절 정안옹주의 남편인 분서 박미 선생께서 허준 선생님의 외모에 대한 글을 분서집에 남기셨으니 이를 근거로 그리면 될 것이다. 분서 박미 선생은 허준 선생의 얼굴상(象)에 대하여 **"허준은 비택**(肥澤 : 살이 도톰하고 윤기가 흐른다)**하여 마치 불교의 승려와 같고, 입가에는 항상 옅은 미소를 지었다"**고 기록하고 있다. 따라서 이 기록과 양천허씨 골격, 의성으로서의 품격을 가미하여 모두가 긍정할 수 있는 품격 있는 영정으로 다시 그려야 한다.

3) 진행사항 : 임진강문화연구회에서는 양천허씨 대종회와 협의하여 새로운 영정 작업을 전문 화가와 추진 중에 있다. 보다 근접한 영정 제작을 위해 양천허씨 선조들의 표준영정과 그 후손들인 현재의 양천허씨 임원들의 사진을 디지털 합성화하여 표준을 만들고 분서집에 나와 있는 허준 선생의 얼굴에 대한 기록을 토대로 제작할 것이다.

4) 석상(石像) : 의성 허준 선생의 표준영정이 완료되면 이를 토대로 대한민국 최대의 석상을 설치한다. 대한민국에는 3인의 성인이 있다. 성군(聖君) 세종대왕, 성웅(聖雄) 이순신, 의성(醫聖) 허준. 이 3분 중 세종대왕, 이순신 장군의 석상은 서울 광화문에 있으나 의성 허준 선생의 석상은 대한민국

의 중심인 38문화권에 설치함으로써 민족중흥의 계기를 마련한다.

5) 캐릭터: 허준 선생 표준영정이 완료되면 이를 토대로 허준 선생의 신선한 캐릭터를 만들어 모든 분야에서 활용토록 한다.

06. 의성 허준 선생 묘역 성역화 사업

1) 이유 : 허준 선생의 위상과 여건을 고려하여 현재의 묘역을 재조성해야 하겠다는 의견을 제시한다.

2) 묘소 : 현재의 묘소는 1991년 도굴로 인해 파헤쳐진 상태로 발견되었고, 양천허씨 족보에 기록된 것 같이 쌍분으로 조성하였다. 그러나 묘역조성 당시의 상황으로 보아 작고 왜소하게 조성된 것으로 현재의 봉분보다는 조금 키워서 조성하는 것이 타당하다.

3) 봉분 둘레석 : 지금까지 산돼지로부터의 공격으로 여러 차례의 묘지 손상이 있었다. 그래서 관리자는 봉분에 망을 씌우고 철못을 박아놓은 상태다. 이와 같이 산짐승의 피해방지를 위하여 12지신 상이 새겨진 둘레석을 세워야 산돼지로부터의 훼손을 막을 수 있고 묘역품위도 높일 수 있다.

4) 비석복원 : 현재 허준 선생 묘소의 비석은 원래 그대로인데 비석 절반이 잘려져 나갔고 앞뒷면의 글씨가 흐릿해 잘 보이지도 않는다. 따라서 현재의 비석은 그대로 두고 한편에 새 비석을 글자를 있는 그대로 새겨 넣어 세워야 내방객들이 허준 선생의 비석 내용을 볼 수 있다.

5) 장명등 : 혼(魂)이 드나들 수 있도록 불을 밝히는 것인데 지금은 사라지고 없으니 다시 세우는 것이 바람직하다.

6) 동자석 : 현재 세워져 있는 문인석 옆에 동자석이 없다. 허준 선생의 시중을 들 동자석을 세워야 한다.

7) 망두석 : 허준 선생 묘역에는 망두석이 사라졌다. 이 망두석을 다시 조성하여야 한다.

8) 묘역정비 : 문인석이 비스듬하고 경계석도 들쑥날쑥하며 바닥이 파인 곳도 있는데 이 모든 현상을 재정비해야 한다.

9) 계단 : 묘역에 오르내리는 계단이 가파르고 위험하여 재작업이 필요하다. 다만 묘역 순환로가 조성되면 현재의 계단은 그대로 두고 옆으로 드나들게 할 수도 있고, 묘역에 장애인들도 다닐 수 있도록 하는 것이 바람직할 수도 있다.

07. 아들 '허겸' 묘소 복원

1) 이유 : 의성 허준 선생은 양천허씨 20세조이시고 그 선조님들의 묘소는 모두 현재 북한지역인 장단군 대강면 우근리에 모셔져 있고, 허준 선생님의 후손은 29세를 빼고 30세까지 모두 현재의 하포리에 모셔져 있다. 그중 허준 선생님의 아드님이신 파주목사 허겸의 묘는 현재 묘역 하단 석축 아래에 있는 중건비 서 있는 자리가 허겸의 묘소 자리다.

2) 허겸 목사 묘역조성 : 2001년 허준 선생 묘역 조성 중 현재 한의사회 중건비를 세워놓은 자리에서 유골이 발견된 바 있다. 이 묘에서 허겸 파주목사와 부인이신 청주한씨가 합장되어 있는 것으로 족보에 기록되어 있다. 그러나 공사 중 발견된 유골을 화장하여 처리했다고 한다. 따라서 허준 선생 묘역을 성역화함에 있어 그 아드님이신 허겸 파주목사의 묘는 반드시 복원하되 위령지위인 혼백석을 모시고 봉분으로 묘역을 조성하여야 한다. 그리고 비석, 상석, 장명등, 문관석, 동자석, 망두석 등도 설치한다.

3) 기타 묘소 : 허준 선생 후대의 묘역이 모두 허준 선생 묘역 일원에 산재하여 있는 것으로 기록되어 있다. 그러나 묘소의 좌향은 알고 있으나 정확한 위치를 알 수 없으므로 향후 **"의성허준묘역성역화사업단"**(파주시, 양천허씨 종중, 경희대학교, 한국디지털문화진흥회)을 구성하여 정밀조사를 통해

묘소를 찾아 반드시 성역화해야 할 것이다. 그리고 허준 선생의 후손은 31대 이후 황해도 지방으로 이주하여 남한에는 직계 손이 전무하다.

08. 허준기념관과 박물관 건립

1) 이유 : 의성 허준 선생 사상의 뿌리가 파주·장단 지역이므로 우리의 문화와 전통, 한의학의 학문적 뿌리, 사상과 철학을 후대에 전해야 한다.
2) 뿌리 : 임진강 문화권 인물들의 사상적 뿌리는 도학(道學)에 있다. 의성 허준 선생의 『동의보감』도 도학에 뿌리를 두고 있다. 도학을 이해하면 옛날 선현들의 정신을 이어 갈 수가 있다. 그러기에 방촌 황희정승, 화담 서경덕, 율곡 이이, 교산 허균, 사재 김정국, 미수 허목, 풍석 서유구 선생 등의 철학과 사상을 모두 담아 국가발전의 토대를 만들 수 있다.
3) 구성 : 허준기념관과 박물관에는 의성 허준 선생의 학문체계와 한약의 전통, 한방의 세계화와 우주관 등을 구성하여 한방의 세계화에 기여할 수 있도록 건립한다.

09. 제실 구암재(龜巖齋) 보완

1) 이유 : 허준 선생의 영정을 모신 구암재가 신축한 지 오랜 세월이 흘러 목조들이 비틀리고 갈라지고 변형이 생겨 보수를 해야 하므로 이에 대한 대안을 제시한다.
2) 보수 : 변형이 생긴 부분들을 상세 조사하여 복원한다.
3) 단청(丹靑) : 구암재가 검게 변하여 흉물같이 변형되어 있으므로 단청을 새롭게 해야 한다.
4) 보완 : 전기와 조명을 설치하고 수도와 편의시설을 보완하여 참배객들이 불편하지 않도록 조성한다.
5) 영정교체 : 영정이 새로 완성되면 구암재의 영정도 교체한다.

6) 별채 : 별도의 관리사를 신축하여 제례물품 보관 및 제관들 대기실로 활용하며 관리인의 사무실 겸 관리사로 활용한다.

7) 안내 : 관리인은 참배를 하고자 하는 분들을 위해 편의를 제공하고 역사와 유래 등을 설명하도록 한다.

10. 신도비(神道碑) 건립

1) 이유 : 큰 덕을 쌓은 분들의 묘소에는 신도비를 세운다. 신도비란 고인의 신령이 다니는 길 입구에 설치하는 것이다. 의성 허준 선생님의 묘역에 신도비가 없어 이를 제작하여 세우는 것이 바람직 하다.

2) 신도비문은 양천허씨 대종회 허찬 회장께 의뢰하여 문안을 작성한 후 제작한다.

3) 위치는 주차장에서 묘역으로 들어가는 입구 우측에 비각(碑閣)과 함께 조성한다. (영문, 중문, 일어 안내판도 함께 건립한다)

11. 대형주차장 조성과 다리 증축

1) 이유 : 앞으로 많은 관광객이 내방할 것으로 대비하여 대형주차장을 설치하고 입구 다리가 협소하므로 2차선 다리로 조성하여야 한다.

2) 만남의 장소: 현재 화장실과 안내판이 있는 좁은 주차장은 향후 주차를 금지하고 벤치 등을 설치하여 휴식 및 만남의 장소로 활용함이 좋다.

3) 대형주차 : 다리를 건너기 전에 대형주차장 자리확보가 필요하다.

12. 중건비 이전

1) 이유 : 중건비는 1차로 침구사협회에서 건립한 것과 2차로 한의사회에서 건립한 것 등 2건이 존재한다.

2) 위치 : 1차 중건비는 구암재 뒤편에 있고, 2차로 한의사회에서 건립한

곳은 아드님이신 허겸 내외분의 묘소 터에 세워져 있으므로 부득이 옮겨야 한다.

3) 보완사항 : 한의사회 중건비의 거북이 목이 한쪽으로 돌아가서 거북이는 다시 만들어야 한다.

4) 이전장소 : 허준 선생 묘소 입구 좌측에 두 중건비를 함께 나란히 이전하여 모셔야 한다.

13. 묘역 일원을 약초공원으로 조성

1) 이유 : 의성(醫聖)의 예우에 따른 문화재의 성역화를 위해서는 고전(古傳)스러움과 중후한 묘역조성이 필요하다.

2) 잡목제거 : 윤관 장군, 황희정승, 율곡 선생 등 묘역은 모두 묘역 아래부터 위까지 한눈에 보이는데, 허준 선생 묘역은 중간에 잡목으로 막혀서 답답하기도 하고 바람이 통하지 않아 잔디가 잘 자라지 못하는 환경이므로 적당한 경계를 두고 잡목을 제거하고 잔디 조성을 새로 해야 한다.

3) 제례와 참배 : 의성에 대한 제례는 조선조의 제례의식에 따라 경기도 주관으로 실시하고, 의성 허준을 존경하는 국·내외의 모든 이들이 추모할 수 있는 환경으로 조성한다.

4) 묘역보행로 : 현재 묘역을 올라가는 계단이 가파르고 위험하다. 그리고 모친의 묘소는 올라가는 길이 없어 위험하며 산신제를 지낼 때도 힘겹게 오르내리는 실정이다. 따라서 순환산책로를 조성함으로써 묘역 전체를 순환하면서 참배할 수 있도록 조성하고 산책길에는 조선의 고전음악 또는 건강에 도움이 되는 힐링음악을 들려줌으로써 모든 참배객들이 건강과 함께 만족할 수 있는 환경을 조성한다.

5) 보행·차로 : 주차장에서 묘역까지의 보행로는 현재는 도보로 걷는 도

로만 있으나, 향후 차량 1대가 지나갈 차로(행사 및 작업차)와 보행로를 나란히 조성하는 것이 좋다.

5) 행사참여 및 휴식공간 조성 : 제례의식 때에는 국내외의 많은 참석자들이 넓은 공간에서 함께 제례를 올리고 제례 후에는 함께 식사도 하고 환담과 휴식도 할 수 있는 제례 참가와 휴식 공간을 넓은공원으로 조성한다.

14. 허준 전문시설물 설치 및 공원 확보

1) 이유 : 모든 일을 추진함에 있어 부대시설이 요구된다. 허준 선생 묘역 건너편은 파주시 진동면 하포리 산125번지 일원인데. 군부대가 주둔했던 빈 부대 터가 있다.

2) 이 토지를 활용하여 허준 선생 성역화 사업을 위한 관련 시설물을 세울 수 있어야 한다.

15. 제례

1) 이유 : 전통과 명분과 타당성을 갖춘 명랑하고 경건한 제례로 구성한다.

2) 제례형식 : 조선조 전통 종묘제례에 준하여 실시한다.

3) 행사시기 : 매년 4~5월에 실시

4) 행사주최 : 경기도 파주시

5) 행사주관 : 허준문화진흥재단

6) 헌관배정 : 각 1명 또는 2명으로 협의하여 정함

6) 행사참여 : 경기도, 파주시, 문화원, 양천허씨 대종회, 경희대학교, 한의사회, 자운서원, 반구정, 윤관 장군 등 행사 관련 각 사회단체 참여

16. 문화활동 및 환경조성

1) 이유 : 허준 선생 활동 시기가 조선시대인 만큼 모든 종사자는 당시의 복색을 표준으로 하고 전통의 인·의·예·지·신(仁·義·禮·智·信)을 바탕으로 종사한다.

2) 환경 : 조선시대와 같은 한약방, 약령시장, 싸전, 전통농업, 전통공예와 연날리기 제기차기, 씨름 등도 재연하여 관람객들의 흥미를 돋운다.

3) 참여 : 〈허준 한방 의료 산업 관광자원화 클러스터 구축〉 사업의 성공을 위해 민관군이 하나가 되어 허준 축제를 세계적 문화제로 승화시켜 우리 파주가 세계의 중심이 되어 경제적, 문화적, 의학적, 정신적으로 중심에 서기를 기원해 본다.

17. 허준 세계한방대학교, 대학원 및 한방병원설립

1) 설립목적: 대한민국의 의서 허준 동의보감의 애민정신과 이타정신을 전 세계에 널리 알리고 세계 최초로 유네스코 세계기록유산의 정신을 기리고자 허준세계한방대학교와 대학원설립 및 한방병원을 설립하여 대한민국의 자긍심을 높이고자 하며, 한국의 한방을 전 인류에 보급하는데 있다.

2) 설립장소: 경기도 파주시 허준선생의 묘역근처 성역화 및 관광지원화 사업부지(예정)

3) 캠퍼스 조성: 최첨단 의료시설 및 자연과 조화를 이룰 수 있도록 설계

4) 기숙사: 입학생 전원 기숙사 이용

5) 기타: 별도 세부 시행 계획 용역 예정

6. 허준의 스승은 서경덕 제자, 선인(仙人) 박지화였다

필자소개

이상곤 박사

1965년 경북 경주 출생
現 갑산한의원 원장.
대한한의사협회 외관과 이사, 한의학 박사
前 대구한의대 안이비인후피부과 교수

저서 : 『콧속에 건강이 보인다』, 『코 박사의 코 이야기』

『허준의 스승은 서경덕 제자 선인(仙人) 박지화였다』 글을 쓴 이상곤 박사가 적절한 표현을 하였기에 이곳에 인용한다. 우선 이런 글을 써준 이상곤 박사께 감사드린다. 필자가 할 말을 대신 해주었기 때문이다.

다만 허준의 출생과 활동 영역에 대하여 확실히 기록하지 못한 것이 아쉽기는 하나, 이 역시 허준의 출생에 관한 기록이 없기 때문임을 잘 알고 있다. 이제라도 허준의 출생과 사상의 뿌리가 확실해져서 대한민국의 무궁한 발전을 기원할 뿐이다.

한류 드라마 '허준' 방영 이후 많은 사람이 구암 허준(1539~1615)의 스승을 '유의태'라고 알고 있다. 또 일군의 『동의보감』 연구가들은 허준의 전임 어의(御醫)였던 ‘양예수’가 그의 스승이라고 주장한다. 하지만 필자는 『동의보감』의 사상적 기반과 처방의 특징, 이에서 비롯된 인간관계를 중심으로 허준의 스승이 화담 서경덕 학파의 맥을 이어받은 수암 박지화라고 주장한다.

2006년 일본 한의학 연구의 메카인 도야마대학을 방문했을 때의 일이다. 식사 도중 일본 교수 한 분이 느닷없이 이런 질문을 던졌다.

▲ 중국 상하이대 약대에 세워진 구암 허준의 동상.

“『동의보감』 드라마에 나온 허준의 스승 유의태 스토리가 참 감명 깊었습니다. 그분은 도대체 어떤 분입니까.”

한국을 넘어 일본 의사의 감성까지 송두리째 뒤흔들어 놓은 한류 드라마의 위력에 크게 놀랐지만 필자는 곧 걱정에 사로잡혔다. 드라마의 내용이 전혀 사실(史實)과 관련 없는 내용일뿐더러, 질문을 받았으므로 어떻게든 진실을 말해줘야 했기 때문이었다. 그들은 유의태가 허준의 실제 스승이 아니라는 말에 적잖은 충격을 받은 눈치였다.

유의태와 유이태

사실 우리의 사정도 별반 다르지 않다. 허준의 스승이 누구라고 생각하느냐고 물으면 대부분의 사람이 유의태라고 답할 게 뻔하다. 유의태라는 이름이 처음 기록에 등장한 것은 1965년 9월1일 대한한의학회보에 게재된 논문을 통해서였다. 집필자 노정우 선생은 논문에서 "허준의 할아버지가 경상도 우수사를 오래 역임하였고 허준의 할머니는 진주 출신의 류씨인 점으로 미루어 그의 어렸을 때의 생장은 역시 경상도 산청이라고 생각된다.(중략) 당시 산청 지방에 유의태라는 신의(神醫)가 있었는데 그가 바로 허준의 의학적인 재질과 지식을 키워준 스승이었다는 것이 여러 각도로 미루어 보아 부합하는 점이 있다"고 밝혔다.

하지만 허준이 젊은 시절 유의태로부터 의학수업을 받았다는 설(說)은 노정우 선생의 논문이 처음이자 마지막이다. '소설『동의보감』'의 저자 이은성 씨는 바로 이 논문을 근거로 허준의 삶을 소설로 재구성했다. 드라마 종영 이후 유의태는 한의학의 큰 스승으로 받들어졌다. 심지어 허준이 극중에서 유의태를 해부한 장소인 밀양 얼음골이 관광지로 급부상하는 해프닝도 있었다. 이에 놀란 학자들은 '류의태(柳義泰)'라는 인물에 대한 검증에 나섰지만 그 어느 문헌과 기록에서도 그의 이름 석 자를 찾지 못했다.

학자들은 그 대신 경남 산청 출신의 '유이태(劉以泰·?~1715)'라는 인물을 들춰냈다. 그는 조선 숙종 때 사람으로 어의로 천거되기도 한 인물. 문헌에는 그가 어의도 아니면서 숙종의 진료에 참가했다는 기록이 곳곳에 보인다. 그는 왕이 아프면 내의원에서 재촉을 해 모셔올 정도(숙종 39년 12월16일 사헌부가 올린 보고)로 유명했으며, 결국 숙종의 어의가 돼 왕의 종기를 치료한 후에야 고향인 경남 산청으로 내려갈 수 있었다고 전한다. 그는 홍역과 전염병에 대한 연구서인 '마진경험방'을 저술했으며(1931년 한역 출간) 이재수의 한국한의학사에는 신이 내린 탕으로 알려진 '유이태탕'이 소개돼 있기도 하다. 그러나 유이태의 이런 명성에도, 그가 허준의 스승일 수 없는 치명적 이유가 있다. 유이태가 산 시대가 허준(1539~1615 ·선조 말, 광해군 때 어의)이 죽은 지 한참 후인 숙종 때이기 때문이다. 결국 드라마의 기초가 된 노정우 선생의 논문은 유이태의 전설적 명성을 재구성해 만든 설화에 불과했고, 실재가 아닌 가공의 사실일 뿐이다.

그렇다면 과연 허준의 스승은 누구인가. 『동의보감』 연구자 중 일부는 드라마에서 허준을 괴롭히는 인물로 그려진 내의원 상관이자 어의인 하음 양예수(?~1597·명종, 선조 초기의 어의)가 실제 스승이라고 주장한다. 그들은 그 근거로 양예수와 허준이 선임, 후임 어의였으며 『동의보감』 편찬에 참여하고 처방에도 영향을 끼쳤다는 사실을 들고 있다. 허준은 선조의 스승이자 대문인이었던 미암 유희춘(1513~1577)의 천거로 내의원에 들어갔는데 유희춘이 쓴 '미암일기'에는 양예수가 매월 유희춘을 방문해 진료한 기록이 남아 있다. 허준도 평생 그의 후원자였던 유희춘의 집에 드나들면서 치료를 했는데, 이런 점으로 미뤄 허준은 내의원에 들어가기 전 양예수와 서로 알고 지냈을 가능성이 높다.

양예수는 허준의 스승 아니다

각종 설화를 담은 '어우야담'에 따르면 양예수는 도가(道家)의 '옥추경'과 '운화현기'를 되풀이해 읽은 후 장한웅이라는 도인을 만나 의술을 전수받았다고 하는데, 실제 그가 저술한 '의림촬요'를 사람들은 '장씨의방'이라고도 불렀다. 이는 허준의 『동의보감』이 정기신(精氣身·精髓와 氣分, 心身을 아울러 이르는 말)이라는 도가적 논리를 바탕으로 저술된 점과 일맥상통하는 점이 있다. 지금은 전해지지 않지만 양예수가 저술한 '향약집험방'은 "중국 약재 대신 우리 향약재료로 할 수 있는 처방을 만들라"는 선조의 지시에 의해 만들어졌는데 이런 정신 또한 『동의보감』의 민간처방과 조약 등에 스며들어 있음을 확인할 수 있다.

그러나 양예수가 허준의 스승이라고 하기에는 근거가 너무 미약하다. 우선 허준과 양예수가 만났던 때가 유희춘을 함께 진료했던 시점, 즉 이미 둘 다 의사로 성장한 시기이므로 누가 누굴 가르쳤다고 보기엔 힘든 측면이 있다. 더구나 허준 의학의 정신적 뿌리가 양예수의 의학이라고 말하기는 더더욱 어렵다. 『동의보감』의 중심사상은 황정경과 참동계 등 도가사상이고, 그 핵심은 정기신론의 관점인데 양예수가 쓴 '의림촬요'에는 그 점에 대한 언급이 전혀 없다.

더욱이 그들이 진정한 의학적 사제 간이었다면 약물을 쓰는 방식이나 진료 스타일에서 유사점이 발견돼야 하는데 둘은 그런 점에서 오히려 상극이다. 양예수가 인삼을 위주로 효과는 빠르지만 부작용이 큰 극한 온성(溫性) 약재를 선호한 반면, 허준은 서늘하고 차가운 기질을 가진 한성(寒性) 약물에 치중해 안전한 처방을 구사했다. 1608년 광해군 즉위년에 선조의 죽음을 두고 사간원에서 올린 상소에는 "허준이 망녕되이 찬 약을 써 마침내 선왕께서 돌아가셨으니 청컨대 다시 국문해 법에 따라 죄줄 것을 명하소서"라고 쓰여 있다.

알아낸 사실보다 경험칙에 더 큰 신뢰를 보이는 한의학에선 스승의 경험은 처방에 있어 중요한 선택의 기준이 된다. 이런 점에서 허준과 양예수는 진료 방식도 다르고 학맥에도 큰 차이가 있음을 알 수 있다.

양예수가 『동의보감』 편찬에 동참했기 때문에 사제 간일 가능성이 있다는 논리도 이상하긴 마찬가지다. 선조는 1596년 『동의보감』 찬집을 명하는데 그 책임자를 당시 어의였던 허준으로 정했다. 그 외에 학자이자 유의(儒醫)였던 고옥 정작(1533~ 1603), 태의(太醫) 양예수 등 6명이 공동작업에 참여한다.

양예수가 허준의 스승이거나 그에 버금가는 가르침을 줬다면 허준이 『동의보감』 편찬 책임자로 임명되지는 못했을 터. 당시 유교적 질서에선 사제 간에 상하관계가 뒤바뀌는 것은 용납되지 않았고, 설사 임명됐다 할지라도 제자가 양보하거나 양보하는 청을 올리는 게 관습이었다. 그러나 허준은 선조의 명을 군말 없이 그대로 따랐다.

더욱이 1597년 정유재란이 일어나고 허준은 『동의보감』의 단독 집필에 나서게 되는데 당시 내의원의 우두머리였던 양예수는 이 역사적인 편찬 작업에서 제외되는 수모를 겪게 된다. 기실 양예수의 저서로 알려진 '의림촬요'의 실제 저자는 조선 전기의 의학자이자 '향약제생집성방'을 쓴 정경선이며 양예수는 그 감수자에 불과했다. 『동의보감』을 단독 저술한 허준과 비교하면 양예수는 오히려 중량감이 떨어지는 게 사실이다.

허준과 박지화의 만남

여러 가지 설이 있지만 허준이 태어난 곳은 경기도 양천(지금의 서울 강서구 가양동)이라는 게 정설이다. 양천허씨는 조선시대 한강 어귀로부터 임진강을 따라 한강 상류로 집성촌을 이뤄 살았다. 그의 묘소가 경기도 파주군 진동면에 있다는 점은 활동무대가 그 인근이었음을 방증한다. 허준의 아버지는 허논, 어머니는 전남 담양 출신인 일직손씨. 그러나 그는 소실의 자식, 즉 서얼 출신이었다. 허준의 젊은 시절 유일한 기록은 미암 유희춘의 일기에 잠깐 등장하지만 그마저 건조한 관찰자로서의 방문기록이 전부다.

역사를 기술하는 일은 과거의 문화와 인식론적 구조에서 당대의 맥락을 밝히는 작업이나 다름없다. 허준의 출생 후 젊은 시절에 대한 기록이 이처럼 전무한 현실에서 그의 스승을 찾는 작업 또한 허준의 사상과 인식의 구조를 밝히는 데에서 출발해야 한다. 그 핵심 열쇠가 바로 『동의보감』이다. 『동의보감』은 기존 한의학 서적과는 전혀 다른 몇 가지 특징을 가지고 있다. 첫째 정기신론에 의한 한의학 이론의 재구성이고, 둘째는 민족의학의 재발견이다. 이 같은 의학적 특색은 지역에 그 기반을 두고 있다. 한강과 임진강을 배경으로 활동한 일군의 유불선(儒佛仙) 통합학자들이 바로 그들이다.

이런 조건들을 모두 만족하면서 허준과 개인적 인연이 있는 사람은 단연코 수암 박지화(1513~1592)밖에 없다. 그가 허준의 스승이라는 게 필자의 주장이다. 박지화는 화담 서경덕의 문인으로 유불선에 모두 조예가 깊었고 특히 기수학에 뛰어나 명종 때 으뜸가는 학자로 인정받는다. 임진왜란 때 산에 들어가 시 한 수를 남기고 죽은 후 수선(水仙), 선인(仙人), 도사가 됐다는 설까지 있는 인물. 허준을 포함해 『동의보감』의 초기 편찬위원은 유

▲ 2005년 3월 허준의 고향인 서울 강서구
가양동에 세워진 허준박물관과 당시 개원식 광경.

의 정작, 태의 양예수, 김응탁, 이명원, 정예남 6인으로, 이중『동의보감』의 정기신론을 주도한 사람은 정작이었다. 정작은 유학자로선 유일하게 참여하는데 그가 바로 박지화의 제자다.

정작은 온양 정씨이며 정순붕의 6남 가운데 다섯째로 태어났다. 그의 형은 북창 정염(1506~1549·혜민서 교수 역임)인데 도가류 저술뿐만 아니라 의학에 조예가 깊었다. 조선 중기의 대학자 미수 허목(1595~1682·기호 남인의 선구)

이 지은 정작의 행적에는 "고옥(정작)은 일찍 백씨로부터 진결을 받았고 후에 수암 박지화를 따라 금강산에 들어가 여러 해 수련하였다"라고 밝히고 있는데, 이는 정작이 형인 정염과 박지화로부터 도가 수업을 받았음을 뜻한다. 그의 형 정염은 의서인 '정북창방'과 '북창비결' '용호비결' '단학지남'과 같은 민족색 짙은 양생(養生論) 저서를 남겼다.

허준의 사상적 토대 서경덕 학파

『동의보감』은 특이하게도 유학적 음양오행론을 언급하지 않았다. 한의학의 발전기제와 이론구조에는 음양오행의 계통론 도식이 자리 잡고 있으며, 한의학은 또 그것을 인체의 생리와 진료의 설명 도구로 선택했다. 음양오행과 오운육기 등은 유학과 철저하게 밀착됐다. 당대 최고의 명의인 남·북의는 모두 유학과 밀접하고 음양오행의 논리를 축으로 의학이론을 설명했다. 유학과 음양오행의 관념을 기반으로 한 북의와 남의의 한의학을 해체하고 정기신의 새로운 관점을 도입한 세력이 바로 동의(東醫)였다. 정기신론은 중국 한의학 서적에서는 보기 힘든 논리구조로 이들은 정기신을 증상과 처방으로 직접 연결했다. 이는 그에 앞서 충분한 실천적 경험이 있었다는 방증이다. 허준은 "우리나라는 동쪽에 치우쳐 있고 의학과 약의 도가 끊이지 않았다"고 말한 바 있다. 정기신론은 바로 우리 한의학의 뿌리이면서 면면히 흘러온 전통의학일 가능성이 크다. 그런데 이 같은 논리를 주도한 인물은 유의인 정작이었으며 그의 스승이 박지화였다.

이는 16세기 중·후반 서울을 중심으로 경기 이북지역의 사상적 분위기와 무관하지 않다. 조선의 통치기반은 성리학이 중심이었지만 당기 경기

이북지역에선 도가, 불교, 양명학 등이 서경덕을 조종으로 널리 퍼졌다. 서경덕의 제자 중 서얼이었던 박지화는 도가 양생법에 매우 해박했으며 유의 정작의 스승이었고, 그의 형인 정염과 절친한 사이였다. 즉 정작의 뿌리는 박지화이며 그는 『동의보감』의 이론을 형성하는 데 큰 영향을 끼친 셈이다.

『동의보감』 초기편찬위원회가 정유재란으로 무산되고 난 후 허준은 단독으로 저술 작업을 계속한다. 전체적인 기획만 하고 구체적인 논리와 질병의 고리가 없는 상황에서 도가적인 논리를 유지한 것은 허준 자신이 정작에 못지않게 도가적 소양이 있었음을 방증한다. 미암일기에는 '1568년 30대 초반의 허준이 노자, 조화론 등의 책을 그에게 선물했다'고 적혀 있다. 이 같은 점은 그의 정신적 토양을 가늠할 수 있는 좀 더 구체적인 증거라 할 수 있다. 정작에 못지않은 의학 실력과 도가 양생사상을 연마한 사람은 정염이나 박지화 서화담뿐이다. 정염(1506~1549)은 일찍 세상을 떠났고 서경덕(1489~1546)은 연배가 맞지 않는다. 박지화(1513 ~1592)만이 허준에게 사상적 의학적 가르침을 줄 여건이 되는 인물인 셈이다.

허균과 허준의 관계

사대주의 성향이 강한 조선시대 중반, 허준의 민족적 성향은 나름의 의미를 갖는다. 『동의보감』의 민족적 색채 또한 박지화와 관련이 깊다. 선조는 『동의보감』 편찬을 하교하면서 "요즈음 중국의 의학서적을 보니 모두 조잡한 것들을 모아 볼 만한 것이 아니다"라고 지적했다. 중국에서 수입한 한의학은 금·원 시대 의학 4대학파인 금원사대가의 의학이었다. 금원시대는 중국의학사에서 의학 학설이 가장 왕성하게 쏟아졌던 시기. 하지만 선조는 그런 중국의 의학을 '조잡한 것'으로 '볼 만한 것이 아니다'라고 조롱했다.

선조의 그런 자신감은 어디에서 비롯된 것일까. 문화는 시대상황과 밀접한 관련이 있다. 조선은 세종 때 이미 왕명으로 중국 한의학을 모두 수집해 동양 최대의 의학사전인 의방유취를 편찬했고, 향약집성방을 통해 토종약물에 대한 분석을 마쳤다. 이에 더해 서경덕을 위시한 경기북부 일군의 학자들은 양생, 도학, 단학에 입각한 민족 선도(仙道)의 축적된 학문적 역량을 토대로 우리만의 조선의학을 완성했다.

미수 허목은 초기 『동의보감』 편찬에 허준과 함께 참여했던 정작(박지화의 제자)의 행장을 지었는데, 그는 허준과 같은 양천허씨였으며 송시열과 예송논쟁을 벌인던 대표 유학자였다. 그런데 그의 아버지 허교(포천 현감) 또한 정작과 함께 박지화에게 의술과 도가수업을 받은 제자였다. 허목은 후일 동사(東史)를 지었는데 단군문화 정통론을 내세워 단군세가 등 상고사 계통을 확립했다. 일화에 우암 송시열은 허목과 대립했지만 심하게 병이 나자 의술로 이름이 높은 허목에게 처방을 부탁했다. 허목은 비상이든 약을 처방해 주변 사람을 펄쩍 뛰게 했으나 우암은 결국 그 약을 먹고 쾌차했다. 허목은 유학자 였지만 민족사학과 뛰어난 의술을 겸비한 아버지 허교의 영향을 받지 않을 수 없었던 것.

서화담으로부터 비롯된 민족적 성향과 도선사상은 박지화, 허교로 이어졌고, 이는 허준의 사상과 『동의보감』에 반영됐다. 허교의 아들 허목(1595~1682)의 집안은 양천 허씨의 다른 문중인 허균(1589~ 1618) 집안과도 밀접했다. 허균의 아버지 초당 허엽은 박지화와 함께 서화담의 제자이자 문인으로 오랫동안 함께 수학한 바 있다. 허균은 허준과 11촌간으로 집안 친척뻘이다. 따라서 허준은 허균을 통해 허목의 아버지인 허교와 스승인 박지화를 만났을 가능성이 크다. 허균은 허준보다 10여 세 아래지만 허준을 내의원에 추천하며 평생 도와준 미암 유희춘의 제자였다. 적서(嫡庶)의 구별이 뚜렷한 시대 상황을 반영하더라도 서얼철폐를 주장한 허균과 실제 서얼인 허준이 서로 어울렸을 가능성은 작지 않다. '홍길동전'으로 이름을 떨친 허균은 대역죄로 죽기 직전 50여 가지의 양생법이 실린 한정록 20권을 완성했는데 이 중에는 남성의 불알을 만지는 회교(이슬람) 건강법이 실려 있다. 그런데 이렇듯 외신을 만지는 양생도인법은 『동의보감』 정기 신편에도 유사한 방식이 실려 있다.

허준은 『동의보감』을 집필하면서 전대의 학설을 널리 흡수하고 자신의 의견은 간략히 개진하는 술이부작(述而不作)의 논리전개 방식을 사용했다.

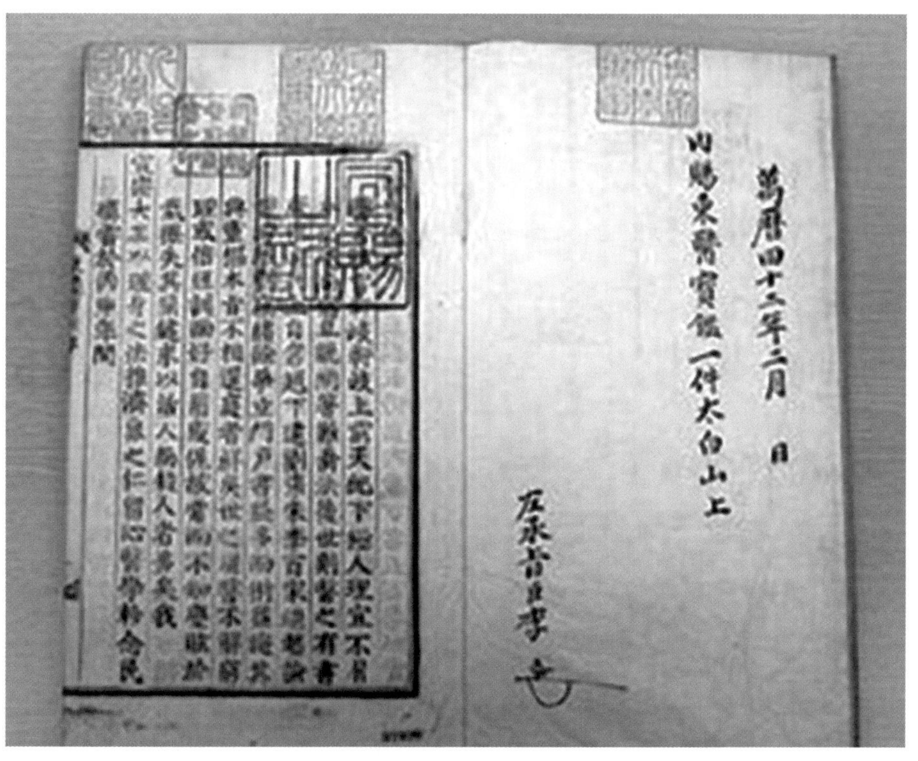

보물로 지정된 『동의보감』(서울대 규장각).

그런데 이런 방식은 서경덕 학파의 대표적 특징이다. 서경덕의 학문적 경향은 궁리(窮理)와 격치(格致)를 중시하고 전대의 학설을 널리 흡수하면서 자신의 견해를 간략히 개진하는 술이부작 방식이었는데 『동의보감』 또한 같은 논리전개 방식을 채택한 것. 서경덕의 논리전개 방식이 박지화를 거쳐 허준에게 그대로 이어졌음을 알 수 있다.

박지화를 똑 닮은 허준

박지화는 허준과 같이 서얼 콤플렉스를 가지고 있던 사람이다. '홍길동전'에도 나오지만 당시는 서얼은 아버지를 아버지라 부르지 못할 정도로 차별을 강요 받던 시대였다. 이 같은 동병상련은 그들 사이에, 비록 외부로 드러낼 순 없지만, 깊은 연대감과 친밀한 관계를 형성시켰다. 당대의 시인 정지승은 박지화가 지은 부마 광천위의 만사를 읽고 "이 사람의 문벌은 낮으나 시인들의 세계에서 지위는 최고"라고 평했다. 그러나 그는 이이나 이황과 교유하면서 서신을 주고받는 등 당시 지식인이 갖추어야 할 소양과 인격을 구비했음에도 웅지를 펼 자리를 얻지 못한 채 아웃사이더로서 삶을 마감했다.

1611년 11월21일 허준은 『동의보감』을 완성해 광해군에게 바쳤다. 크게 감탄한 광해군은 그의 노고를 위로하는 차원에서 그에게 서족의 불명예를 씻어줬다. 특별교지로 '이후 양천 허씨에 한해서는 영원히 적서의 차별을 국법으로 금한다'라고 발표한 것. 그의 서얼 콤플렉스는 유교에 대한 반발로 이어졌다. 그의 책 전반을 살펴보면 비슷한 시대의 의학서적에 단골메뉴로 들어갔던 역대명의(名醫)란이 사라지고 없다. 역대명의 편에는 유의가 맨 앞에 나오는데 그는 그게 꼴 보기 싫어 아예 난 자체를 없애 버렸다. 사상의학을 창안한 이제마가 사단칠정론이나 태극도설 등 성리학적 원리를 바탕으로 의서를 만든 반면 허준은 철저히 유학을 배격하고 도가사상을 그 중심이론으로 의서를 편찬했다. 『동의보감』은 그 바탕 위에 서술됐다.

『동의보감』의 의학적 논리의 핵심은 정기신론. 그중에서 정(精)의 개념은 무엇보다 중요했으며 박지화의 논리와 맞닿아 있다. "정은 몸의 근본이고 기는 신을 주관한다"로 시작하는 상호관계는 정을 삶의 뿌리물질로 파악한다. "정을 남에게 베풀면 아이가 생기고 내 몸에 머물면 나를 살린다. 정이 소모되어 흩어지면 질병이 생기고 죽게 된다"고 풀이한다. 우리가 남성의 생식능력을 흔히 정력이라고 표현하는데 정은 바로 씨앗이며 또 다른 내가 자손을 번식하게 하는 물질이다. 정을 태워서 신을 발현하게 한 것이 정신이며 이는 마음을 밝히는 것이다. 현대의학으로 말하면 신경, 면역, 호르몬이라고 하는 것들이 바로 정인 셈이다.

연구자들은 『동의보감』의 핵심논리를 정으로 파악하고 그 뿌리에 주목한다. 서경덕의 제자인 박지화는 "인간의 정(精)이 곧 자연의 수(水)로 생성의 시작을 알리는 일(一)임"을 강조했다. 자연의 생명은 물에서 시작된다. 여기서 천(千)은 자연이고 일은 자연의 근원적 물질로 물이 된다. 쉽게 말하면 인체의 근원적 물질은 정이란 뜻이다. 『동의보감』에서도 '남녀가 만나 교합하여 형체를 이루는데 항상 몸이 생기기 전에 정이 만들어진다. 정은 몸의 근본이다'라고 강조하고 있다. 이 글은 이황이 박지화의 저술에서 느낀 바를 퇴계집에 수록한 것이며 원문은 전하지 않는다. 『동의보감』의 기본정신과 박지화의 사유가 서로 관통하고 있음을 극명하게 보여

주는 증거다.

허준의 스승을 찾는 작업은 단순한 지적 호기심의 일환이 아니다. 한국 한의학의 특질과 『동의보감』 집례에 전재된 민족의학의 뿌리를 찾는 일이다. 허준은 서경덕, 박지화, 정작, 정염, 이수광, 허목, 허균, 곽재우, 남사고 등과 깊은 인연을 맺고 있다. 『동의보감』은 이 일군의 유학자들과 민족의학이 어우러진 지적 산물이다. 정기신 이론과 단학, 이를 넘어선 우리 고유의 철학과 의학은 좀 더 세밀한 연구 작업을 통해 재조명되어야 한다.

(신동아, 2008년 12월호)

藥
藥

summary

1. 국회 허준 특강 및 오늘이 있기까지의 역사

2. 추향제 모심

3. 허준 선생을 흠모하는 사람들 이야기
티눈으로 눈물 흘리던 아주머니, 티눈을 고쳐주신 '허준 선생'께 감사

05

‘허준의 본향은 파주’ 국회 특강

1. 국회 허준 특강 및 오늘이 있기까지의 역사

▲ 국회 한방클로스터 사업 심포지엄에서 '허준은 파주'라는 특강을 하고 있는 필자

2021년 6월 29일 파주시(시장 최종환)에서는 허준 한방클로스터 사업의 일환으로 국회에서 '파주와 허준! 한방의료관광 1차 심포지엄'을 개최하였다.

이 자리에서 필자 허현강은 「허준의 본향은 파주다」라는 주제로 20여 분에 걸쳐 PT 강의를 실시했다.

이날 행사에서 필자는 허준 선생의 본가에서 피난 나와 파주에서 거주하는 유일한 사람이라는 것을 토대로 허준과 파주·장단에 관한 강의를 하여 지금까지 '허준 묘소가 왜? 파주에 있지?'라며 궁금해하는 사람들에게 확실한 근거로 궁금증을 해소해 주는 역할을 하게 되었다.

▲ 이날 행사에서 패널로도 참가해서 필자는 미수 허목 선생의 선구자적 의술을 이야기했다.
(좌측에서 두 번째가 필자)

특강 전 필자 중상 - 허준 선생께서 살려주시다

필자는 이 특강이 있기 전인 2022년 4월 19일 아침, 건물 계단에서 거꾸로 떨어져 5번 경추가 깨지고 부러지는 중상을 입고 강남베드로병원에서 대수술을 하게 되었다.

그런데 대수술을 받던 4월 19일 오전 11시에 허준 선생 묘소에 가셨던 박수영 님과 배병호 선생께서 평소에 볼 수 없었던 백구렁이가 눈에 띄어 동영상을 촬영했는데, 그 시간이 필자가 응급수술을 하게 된 시간이었다.

이 수술 전 당시 강남베드로병원 윤강준 원장께서 귓속말하셨는데, “좋은 일을 많이 하셔서 사신 것 같다”라고 하시며 이 정도까지 다쳤으면 60%가 현장에서 사망하고, 수술 후에도 60%는 마비가 온다고 하셨는데,

▲ 허준 선생 묘소 바로 앞 석축에 나타난 백구렁이. 길이가 약 2~3m에 달한다.

수술하고 1년이 지난 지금도 마비는 오지 않았으니 천만다행이다.

병원장님 말씀대로 하늘과 허준 선생님의 도움으로 필자가 죽지 않고 살게 된 것 같아 항상 고마운 마음으로 살아가고 있으며 앞으로도 허준 선생님의 마음과 같이 만인의 고통을 줄이고 모두가 행복하게 하는 세상을 만들기 위해 노력하겠다는 다짐을 다시 하며 그 은혜에 보답하기 위해 이 책을 쓴것이다.

필자는 허준 선생 묘에 30년을 다녔는데, 구렁이는커녕 작은 뱀도 한 번 보질 못했는데 참으로 기이한 일이다. 이렇게 큰 구렁이가 나타나다니! 필자는 '허준 선생께서 살려주셨다'라고 굳게 믿고 있다.

이 덕에 필자는 6월 29일 국회 허준 한방클로스터 심포지엄에 참가하여 『한의학의 본향 파주·장단 의성 허준 역사 바로 세우기』에 대하여 특강을 할 수 있었다.

이날의 특강 내용은 ① 허준 묘 그간 관리 내용 설명 ② 허준 선생의 본향이 파주·장단이라는 사실 확인 ③ 잘못된 역사 바로 세우기 ④ 허준 사업 성공을 위한 대안 등에 대하여 특강을 실시하여 허준 사업 성공을 위한 초석을 다졌다고 자부할 수 있다.

※ 유튜브에서 아래를 검색하시면 동영상을 볼 수 있다.

파주시 허준한방클로스터 심포지엄 특강(1)
https://youtu.be/VDYshMkCses?si=WWtBOfOt-7QlAjui

파주시 허준한방클로스터 심포지엄 특강(2)
https://youtu.be/lsdbX7p5yfg?si=R_uSdAKet0rfqlSs

2. 추향제 모심

1991년 묘소를 찾은 후 시제는 양천허씨 대종회와 허준기념사업회에서 번갈아 모셔 오다가, 현재는 양천허씨 대종회에서 시제를 모시고 있다.

〈의성 허준 선생 추향제〉 실시

- 일시 : 2021. 10. 10. 일요일 11시
- 장소 : 의성(醫聖) 허준 선생 묘역(파주시 진동면 하포리 산 129번지)
  우천으로 제실 안에서 제례 모심
- 주최 : 양천허씨 대종회. 공동주최 : 허준문화원
- 참석 : 허준문화진흥재단(가칭) 임원 참석

▲ 대광보국숭록대부 양평군 의성 구암 허준 선생 묘. 경기도지정문화재 제128호.
위 산소는 어머니의 묘이고, 앞의 좌측 묘가 허준 선생이고
우측이 부인 안동김씨 묘이다. 아드님 허겸의 묘는 아래쪽에 있었다.
(파주시 진동면 하포리 산129)

▲ 양천허씨 종중 제례 모습

▲ 영정앞 제물과 제례 모습

▲ 허준재단 이민일 이사 4헌관 집례

▲ 양천허씨와 허준재단의 단체사진 촬영

▲ 2021년 10월 10일 가을비가 촉촉이 내리는 날 우천 관계로 제실에서 시제를 올렸다.

허준 선생 2021년 시제 고유문

20세 양평군 휘(諱) 준(浚) 시제 봉행

2021년 10월 10일 경기도 파주시 진동면 구암로 205 양평군 선영에서 양천허씨 대종회 종친 30여 명과 재단법인 허준문화원(이사장 허현강) 회원 10여 명이 함께 참석하여 시제를 봉행하였다.

2020년에는 코로나 전염병으로 인하여 대종회 사무실에서 소수 인원으로 시제를 모셔왔으나 이번에는 코로나 예방 시책이 일부 완화되어 선영에서 봉행키로 결정하고 인근에 거주하고 있는 약 30여 명의 제관을 선별하여 시제 당일 대종회 사무실 앞에서 집결 관광버스를 타고 파주시 전진교 앞 검문소에 도착하자 비가 내리기 시작하였다. 미리 도착하여 기다리고 있던 허현강 종친이 반갑게 인사를 나누고 검문소 통행 절차를 마친 후 약 10분간 민통선 지역을 지나 할아버지 선영에 도착하였다.

일부 종친들은 처음 방문하는 곳이라 감회가 새롭게 느껴져 비가 내리는 속에서도 선조님의 산소를 우러러보며 잠시 묵념을 올렸다.

비는 계속 내리고 있어 재실에서 제례를 모시기로 하고 제례 준비에 들어가자, 대종회 부녀회 배창애 고문과 김명희 회장, 이희숙 이사, 허말희 이사, 황귀남 감사께서 제물을 차려 올리고 제관 모두는 제복을 갖추고 재실 마루와 재실방 안에 모두 40여 명의 제관이 도열하였다.

제례가 시작되자 헌관에 제일 먼저 초헌에는 허찬 대종회장, 아헌에는 허운욱 대종회 부회장, 3헌에는 허평환 대종회 고문, 4헌에는 허준문화원 이민일 이사. 종헌에는 허말희 대종회 부녀회 이사 등이 각각 맡아 잔을 올렸다.

제례가 끝나고 현지에서 뷔페 음식으로 중식을 하며 코로나로 인한 어려운 여건에서 참석해 주신 모든 분들께 감사 인사를 전하면서 행사를 마무리하였다.

고 유 문

서기 2021년 10월 10일 陽川許氏大宗會長(양천허씨대종회장) 34世(세) 燦(찬),

할아버지 영전에 삼가 고합니다.

顯(현) 20世(세) 祖考(조고) 醫聖(의성) 忠勤貞亮(충근정양) 扈聖功臣(호성공신)

大匡輔國崇祿大夫(대광보국숭록대부) 陽平郡(양평군) 府君(부군).

顯(현) 20世(세) 祖妣貞敬夫人(조비정경부인) 安東金氏(안동김씨).

계절은 어느덧 백과가 무르익은 추수의 계절이 돌아오고 머지않아 서리 내리는 추운 겨울이 오려 하고 있습니다. 할아버지께서 잠들어 계시는 봉분을 우러러뵈오니 한없는 사모의 념(念)이 그치지 않습니다.

생각건대 할아버지께서는 질병에 허덕이는 만백성을 구제하시고자 갖은 어려움 속에서도 의서 『동의보감』을 편찬하시었고 그것은 지금 대한민국의 국보로 지정되고 나아가서는 세계인의 문화유산으로 등재되어 우리 허문을 빛내심은 물론 우리 민족의 우수성을 온 세계에 과시하시었습니다.

저희들은 할아버지 후손 됨을 자랑으로 여기며 가르침을 받들어 세상을 바르고 깨끗하게 살아가려 노력하고 있사오니 시름 거두시옵소서!

한 가지 아뢰올 것은 34세손 허말희가 할아버지 저서인 『동의보감』에 바탕하여 국민건강에 이바지되는 각종 건강식품을 제조 보급하고 할아버지 선양 사업에도 열심히 뛰고 있으며, 또 37세손 허현강은 파주시와 손잡고 할아버지에 대한 여러 가지 거대한 추숭선양 사업을 추진 중에 있사오니, 이 모두가 좋은 결실을 맺을 수 있도록 보우해 주시옵소서!

요즈음 온 지구촌을 휩쓸고 있는 코로나19 감염병으로 해서 나라방침에 따라 많은 후손들이 부복하지 못하고 가까이의 소수 후손만이 머리 숙여 추모하옵고 여기 맑은술과 찬을 올리오니 영령께서는 흠향(歆饗)하시옵고 천세만세(千歲萬世) 많은 명복을 누리시옵소서. 삼가 고유하옵나이다.

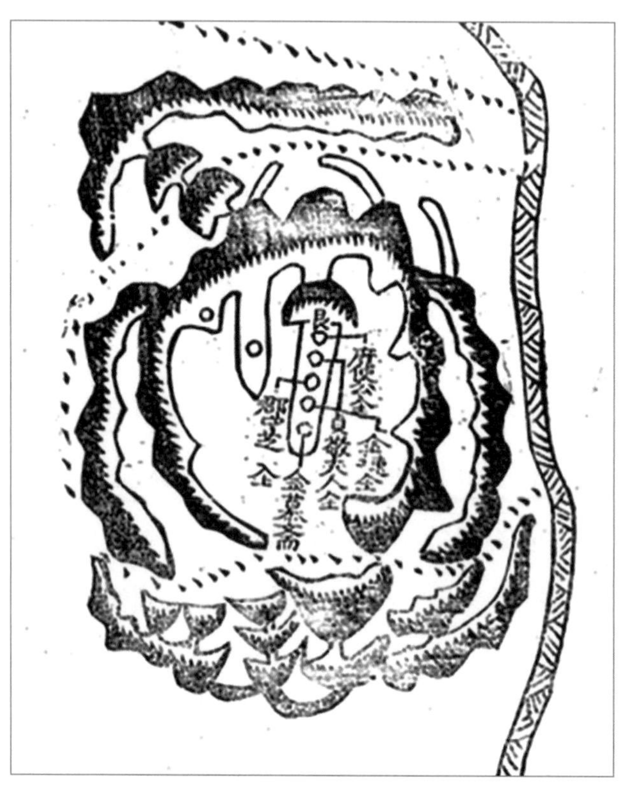

▲ 고조부 16세 허비(扉) 양양부사 묘. 고조모 정경부인 전의이씨
증조부 영월군수 허지(芝). 부인은 아산이씨 합장
당고모부 김련 묘. 김안국, 김정국의 아버지 당숙 문찬성, 모재 김안국의 묘

고려 초기부터 장단 우근리에 거주해 오면서 전통을 이어 오던 양천허씨 종중에서 살던 가구 수는 약 120여 호인데, 반도 안 되는 종인들이 공산 치하를 피해 남한으로 피난을 나왔으나, 고향을 잃고 제례도 모실 수

없는 아쉬움에 피난 나온 종인들이 고향이 가까이에 보이는 파주시 적성면에 1982년 종중산소를 조성하고 매년 봄가을로 시향(時享)을 모셔 왔다.

필자는 이때부터 종중과 종중 전통에 관심을 갖고 종중 발전에 노력해 왔다.

3. 허준 선생을 흠모하는 사람들 이야기

티눈으로 눈물 흘리던 아주머니,
티눈을 고쳐주신 '허준 선생'께 감사

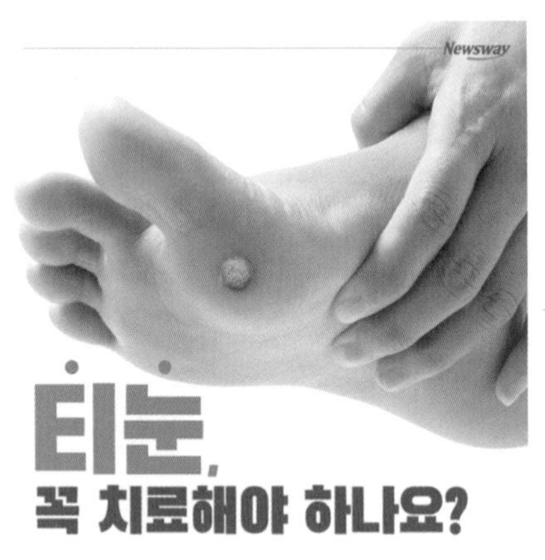

▲ 발바닥에 생긴 티눈

▲ 잘 익은 대추

허준 선생의 본향은 1천여 년 전부터 이곳 파주(장단)였으나, 조선조 말에 직계 후손들이 사화에 연루되면서 부득이 모두 고향을 뒤로하고 황해도 해주와 재령으로 떠났고, 산소조차 남북분단으로 민간인 출입통제선에 위치하여 관리를 못 하니 모두의 기억에서 잊혀질 수밖에 없었다.

1991년 허준 선생 묘역이 발견되었고, 1994년에 묘역은 복구되었으나 이후에는 아무도 묘역 금초를 하지 않아 잡풀이 한길이 넘게 우거져 있어서 우리 임진강문화연구원 회원들과 함께 7년간 금초를 해 드린 일이 있었다.

• 사연 속으로~

2000년경 가을, 우리 (사)임진강문화연구원(원장 허현강)에서 의성 허준 선생 묘역을 금초하고 파평면 덕천리에 위치한 사무실로 돌아왔을 때의 일이다.

우리 회원들은 안성근 단장과 이진우, 송필진, 이태건, 한갑수 등의 회원들이 함께 금초를 했고, 사무실에 돌아와서 짐을 정리하면서 커피 한 잔 하는데 서울 미아리에서 자전거대리점을 운영하시는 이양모 사장님과 최금순 내외분이 업무차 내방하셨다.

우리 회원들이 허준 선생 금초를 이야기하니까 아주머니께서 깜짝 놀라시며 "허준 선생 묘소가 여기에 있습니까?"라며 물으시기에 "그렇습니다"라고 하니까, 아주머니께서 남편분과 함께 급히 차를 타고 나가시더니 허준 선생님께 올릴 제사 제물을 사가지고 오셔서 막무가내로 허준 선생 묘소에 데려다 달라고 하셨다.

이분들은 허준 선생 묘역이 민통선 안에 있어 갈 수 없다는 걸 모르시고 아무나 갈 수 있다고 생각하셨기에 이런 부탁을 하신 것이다. 그래서 필자가 "거기는 민통선 지역이라 아무나 출입할 수 있는 곳이 아닙니다" 라고 말씀드렸음에도 막무가내로 가야 한다고 하셨다.

그래서 여쭤보았다. "도대체 거기를 가야 하는 이유가 무엇입니까?" 하고 물었더니, 이 아주머니께서 울먹이시며 "허준 선생이 나를 살려주셨습니다" 하시면서 아주머니께서 발바닥에 티눈이 난 지가 오래되었는데 얼마나 아픈지 길을 가다가도 앉아서 울기를 밥 먹듯 했고, 하도 아파서 수술도 여러 번 했는데 수술 후에도 잠시 괜찮다가 또 재발하기를 여러 번 하였다고 하셨다.

▲ 미아리 매장의 이양모·최금순 님 부부

그런데 이렇게 고통스러운 시기에 허준 드라마가 한창 나왔는데, 극 중에서 허준 선생이 왕자의 병을 고치지 못해 '작두에 손목이 잘릴 위기'에 처했었는데, 이때 허준 선생께서 말씀하시길, "나는 반위(암)를 보았다"라고 하며 위장의 크기는 얼마고 창자의 길이는 얼마이며 등등을 계속 이어나갔는데 이때 "티눈은 대추로 고치며"라는 대사가 나왔다는 것이다.

이분이 대단하신 건, 필자와 우리 회원들도 모두 드라마를 같이 보았지만 티눈에 대해서는 보지도 듣지도 못했고 기억조차 없는데, 이분은 이 대사를 듣고 또 그 말을 믿고 실행해서 불치에 가까운 티눈을 고쳤다는 것이다.

그래서 아주머니는 즉시 잘 익은 대추를 구해다가 절반을 잘라내 속의 씨앗은 빼내고 씨앗 자리에 꿀을 넣은 후 티눈에 붙이고 랩으로 감싼 후

3일 있다 떼어보니 티눈이 분리될 듯싶어 한 번 더 붙였다 떼니 티눈이 쏙 빠졌다고 하시며 한숨을 돌리셨다. 그러더니 이렇게 "나를 살려주신 분인데 여기에 산소가 있다는 걸 알았는데 어떻게 그냥 돌아가느냐?"고 하시며 애원하시기에 이분의 소원을 풀어드리기로 하였다.

당시 임진강에 전진교는 없었고 리비교를 통해 들어가는데 필자도 출입증이 없어서 마을 주민에게 부탁하여 동행하게 되었다. 당시 전방 길은 모두 비포장이고 길도 험했다.

묘소에 도착하신 아주머니는 너무도 감격해하시었고 남편분과 함께 제사상을 차려놓고 감사의 절을 올리시고, 제사 후에는 너무도 행복해 보이셨다.

• 필자의 다짐!

의성 허준 선생은 이미 400여 년 전의 인물이나, 과거의 것이라고 지나치기에는 너무도 큰 감동을 안겨주었다.

이후 필자는 허준 선생에게 더 관심을 갖게 되었고, 허준 선양사업을 해야 하겠다는 생각을 가지고 오늘에 이르러 허준 선생의 도학정신(道學精神)과 애민정신(愛民精神)을 계승하게 되었다.

• 20년이 지나고…

2023년 1월, 서울에 볼일이 있어서 갔다가 우연히 미아리를 가게 되었다. 그리고 '20년이 지나서도 이분들이 잘 계시나?' 하고 궁금하여 직접 운영하시는 가게(자전거대리점)에 들렀더니 두 내외분께서 필자를 보더니 아주 반갑게 맞아 주셨다.

근황을 여쭈어보았더니 그 이후에는 “티눈 재발도 되지 않아 잘 지낸다”라고 하시며 지금 이곳 강북구에서는 ‘티눈에는 대추’라는 치료법을 주민들에게 전파하여 다 알고 있다고 하셔서 너무 감동적이었다. 그리고 차 한 잔 하고 돌아 나오려는데, 그때 고마웠다고 하시며 선물을 주시기에 마다하였더니 “그러면 화낼 거야”라고 하셔서 마지못해 고맙게 받아 왔다.

• 우리의 자세

의성(醫聖) 허준(許浚) 선생은 만고에 존경받을 분으로서 『동의보감』이 세계문화유산으로 등록됨이 부족함이 없고 이 정신을 계승 발전시켜야 할 책무가 이 시대를 살아가는 모든 이들에게 있다고 본다.

우리 모두는 지역과 학통과 사상의 여부에 관계 없이 인류의 질병을 해소하겠다는 허준 선생의 사상이 만방에 펼쳐지고 우리 모두에게 좋은 일이 있기를 기원해 본다. 그리고 우리가 이 일을 추진해 옴에 있어 애써주신 모든 분들께도 깊은 감사를 드린다.

20년 전의 감동적인 일을 기록으로 남기며, 허준 선생의 업적을 선양하기 위해 평생을 살아가기로 다짐하는 계기가 되었다.

summary

1. 예언서 해인도(偕仁道)

2. 삼팔문화권의 특성

3. 삼국통일, 고려와 조선왕조 탄생시킨 임진강 문화권

4. 구국의 거북선 탄생의 땅!

06

삼팔문화권 三八文化圈, 세계문화의 중심

…

임진강 문화권은 세계 38도선 문화권의 출발점이자 인류문화 발전의 시원지다.

임진강 문화권은 지난 80여 년간 남북분단의 이데올로기와 군사적 무력 충돌 지역이자 냉전의 냉혹한 현장으로서 여전히 존재하고 있고 임진강 역시 유유히 흐르고 있다. 마치 침묵의 땅 같다.

그런 임진강 문화가 서서히 깨어나고 있다.

1. 예언서 해인도(偕仁道)

아래의 예언서 해인도를 주목해 보자.

偕 仁 道

聖人安住 天地家
凡夫爲天 衣食住
近世亂立 人爲道
右往左往 自重亂
萬有事物 唯不足
充滿乾坤 光音波
究甚根本 生命欲

餘數化神 紅一點
無所不在 無不知
無所不至 無不能
無所不爲 偕仁事
漸入佳境 人人王(佺)

이 글은 역사적으로 중요한 진인(眞人)께서 필자에게 전수해 주신 글이다.

해인도
偕仁道 (모두가 어질게 사는 도)

의성 허준 선생께서 이 시대에 존경받고 존중받는 이유는 자신의 안위나 이익을 위해서 『동의보감』을 쓰신 것이 아니고, 고난 속 민중들의 아픔을 해결해 주기 위해 쓰신 글이라 후대의 모든 이들이 존경하고 사랑하는 이유일 것이다.

『동의보감』 자체가 홍익인간 이념에 의한 이타정신으로 쓰였고, 앞에 기술한 바대로 단군성조와 화담 서경덕 선생과 박지화 선생, 그리고 허준으로 이어지는 한민족의 상고정신을 전하기 위해 이 글을 쓴다.

이 글을 소개하며

단군성조의 홍익인간 정신은 나보다는 남을 위해 사는 이타정신으로서 인터내셔널 글로벌(international global) 우주시대(宇宙時代)를 살아가야 할 미래

사회에서는 현재와 같이 남을 죽이고 내가 사는 사회가 아니고, 남을 살려야 내가 살 수 있다는 사고로의 전환이 절실히 요구되는 시대다.

이 글은 일반 사회적으로 전혀 알려지지 않은 글로서 필자가 진인(眞人)으로부터 전수받은 것을 외람히 공개하는 것이다.

이 글에서 전반적으로 깊이 있는 이야기까지 할 수는 없으나 대략적 이야기만 전하도록 하겠다.

우리 민족의 상고정신이 얼마나 뛰어나고 세계 제일의 문명을 가지고 있다는 것은 이 글 하나만 가지고도 알 수가 있다. 이러한 정신문명이 미래의 디지털 문명을 창조하게 되는 것이다.

현실사회가 너무도 어렵고 무질서하며 도덕성이 피폐되고 있는 시점에서 이 글을 소개하는 이유는 국민들에게 희망을 주기 위함이다.

문장의 구성 : 1~5번까지는 현실사회의 어려움과 난관을 의미하는 글이며 6번부터는 미래시대의 비전을 주는 글이다.

해인도
偕仁道

1) 聖人安住(성인안주) 天地家(천지가)

성인이란 수천 년 만에 한 번씩 탄생하는 하늘이 낸 큰 인물이라는 의미로서, 성인은 천지가 집이므로 별도로 안주할 집이 필요치 않다.

범부위천 의식주
2) 凡夫爲天 衣食住

그러나 하늘은 국민들이 의식주를 해결하고 생활의 안정과 삶을 유지할 방법을 제시해 주고 있다.

근세난립 인위도
3) 近世亂立 人爲道

근세에 들어 윤리와 도덕은 깨지고 다방면에서 인위적인 도가 무질서하게 성행하므로 백성들이 살아갈 방편을 잃어버린다.

우왕좌왕 자중란
4) 右往左往 自重亂

그러므로 질서는 파괴되고 도덕이 사라지고 자충수를 두어 자중지란에 빠져 모두가 삶의 방향과 희망을 잃고 침몰하는 난파선과 같은 처지에 놓이게 되었다.

만유사물 유부족
5) 萬有事物 唯不足

이러다 보니 자연환경과 사람이 사용할 모든 사물이 부족해져 백성들 모두가 공동으로 침몰하는 시대가 되었다는 의미를 담고 있다.

충만건곤 광음파
6) 充滿乾坤 光音波

그러나 하늘은 인간이 멸망하지 않도록 하기 위하여 새로운 비전을 제시하며 우주에서도 새로운 시대를 위한 빛과 음의 새로운 파장이 지구에 도래하여 전혀 새로운 디지털 문명의 시대가 온다는 희망적인 메시지를 주는 글이다.

구심근본 생명욕
7) 究甚根本 生命欲

인간이 살아가는 데 있어서 근본적으로 가장 필요하고 욕구하는 문제는 "먹고 살아가야 한다"라는 기본 철칙을 의미하는 말로서 인간이 추구하는 가장 원초적인 생명욕을 말하는 것이다.

8) 餘數化神(여수화신) 紅一點(홍일점)

시대의 흐름과 대세는 거역할 수가 없다. 이것은 시대의 진운(盡運)인 것이다. 디지털 문명의 중심은 점(·)이다. 주역(周易)에서 "수는 즉 신이다"라는 말을 수즉귀신야(數卽鬼神也)라 하였다. 디지털이란 수(數)를 의미하며 이타정신으로 투명한 사회가 된다는 것을 의미하는 것이며 점(·)의 사회 즉 디지털 사회가 도래한다는 깊은 의미를 담고 있다.

9) 無所不在(무소부재) 無不知(무부지)

점을 사용하는 디지털 사회에서는 장소에 구애됨이 없고, 능히 알지 못할 바도 없으며

10) 無所不至(무소부지) 無不能(무불능)

디지털의 유용함은 인간이 이르지 못할 것도 없고, 사통팔달(四通八達) 상하좌우(上下左右) 능히 이루지 못할 것도 없다.

11) 無所不爲(무소불위) 偕仁事(해인사)

또한 인간 상호관계에 있어서도 상하좌우의 관계도 수직적인 가치가 아니고 더불어 사는 사회를 의미하는 수평적 가치로서 이렇게 변하면 모두가 어질게 사는 사회가 될 것이라는 말이다.

12) 漸入佳境(점입가경) 人人王(인인왕)(佺(전))

위와 같이 우리의 미래사에는 점점 더 아름다운 사회가 되는 경관이 펼

쳐질 것이며 '사람 왕이 되는 귀한 사회가 될 것'이라고 상고성인(上古聖人)께서 예지하신 것이다.

전(佺)이란 신선이름 전(佺) 자로서 동양학의 사법동(四法動)의 법칙에 의하여 시대가 변하고 있는데, 흔히들 유불선(儒佛仙)은 말하면서 전(佺)은 사용하지 않는 것은 역사가 감추어져 있었기 때문이다.

2. 삼팔문화권의 특성

3·8 문화권과 기류

하늘과 바다에도 38선이 존재한다. 홍수, 조수간만, 지각충돌, 인삼

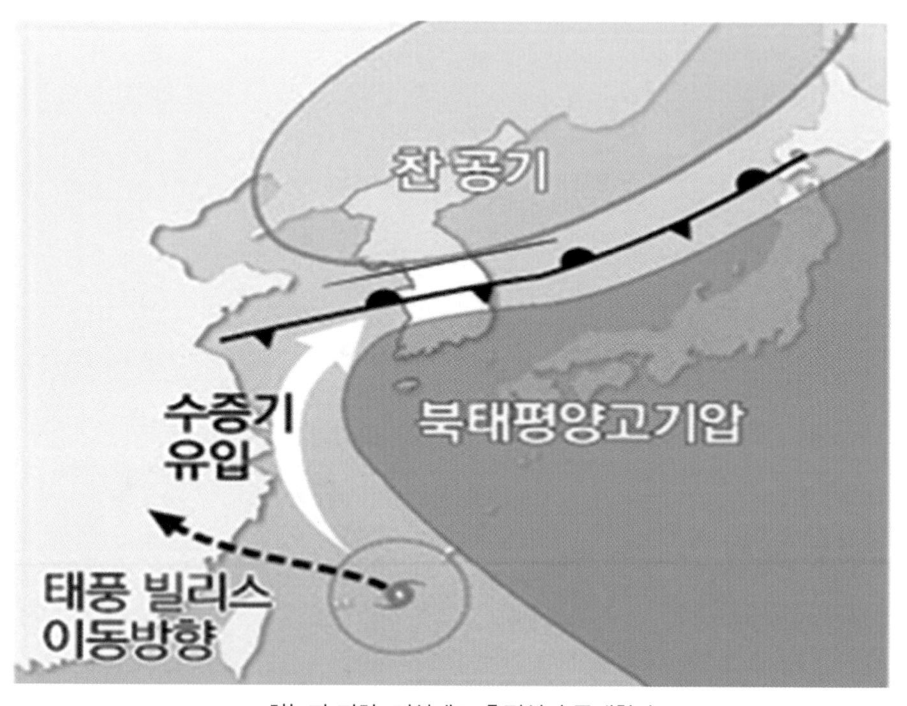

▲ 하늘과 지하, 지상에도 휴전선이 존재한다.

현재 휴전선이 위치한 지역의 지하에는 또 다른 선이 있다. 바로 지진충돌대가 바로 이 지하에 있는 것이다.

필자가 20여 년 전 철원군청에서 강의할 때 이 지진충돌대를 이야기하면서 이곳에서 다이아몬드가 나올 것이라고 이야기한 적이 있었는데, 얼마 전 뉴스에서 다이아몬드가 발견되었다고 나왔다. 필자가 이런 이야기를 한 이유는 지진충돌대에서 다이아몬드가 나오기 때문이다.

그리고 하늘에도 선이 있다. 바로 고기압과 저기압이 충돌하는 곳이 이

곳이다.

그래서 지난 100여 년간 총 16회의 대홍수가 이 지역에서 일어났다.

그 대표적인 것이 1925년 을축년 대홍수고 1996년과 1999년에 연이어 벌어진 대홍수가 있었다.

역사란 공평한 것이다. 우리 지역에 이러한 천재지변의 아픔과 이데올로기 피해가 만연했었지만, 앞으로는 냉전의 시대를 끝내고 축복의 땅으로 변모하게 되고 세계문명의 중심으로 변모하게 될 것이다.

대한민국의 중심 임진강문화권

▲ 임진강 문화권의 구역도 [그림 1]

가로 중간의 붉은 선이 38도선이다. 그리고 붉은 점선으로 그려진 휴전선이 있는데, 38도선과 휴전선이 만나는 곳이 있다. 이곳은 태극의 중심점이라고 하는 곳인데, 이곳이 임진강의 서해 밀물이 마지막으로 영향이 미치는 고랑포 나루이다. 이곳에 신라 마지막 왕인 경순왕릉이 있다.

필자가 왜? 이 태극의 중심점을 중요하게 생각하는 것일까?

38도선은 일직선이었지만 휴전선은 태극의 형상으로 바뀌었기 때문이다. 개성은 원래 38 이남이었으나 6·25전쟁 후 빼앗겨서 북한 땅이 되었고, 철원 양구 지방은 원래 북한 땅이었는데 6·25전쟁 후 남한 땅이 되었다.

결과적으로 휴전선이 태극의 형상을 닮게 되었고, 북한은 적황색을 신망하는 공산주의 정치를 함으로써 태극의 적색이 되었고, 남한은 태극 아랫부분의 청색이므로 자연스럽게 태극의 형상이 되었다.

이 태극의 중심점은 우연하게도 임진강 문화권 기호학파의 중심점이다. 즉 대한민국 문화의 중심지인 곳이다. 또한 고려조와 조선조도 모두 이곳에서 창업하였다. 그리고 남북분단 사상투쟁의 격전의 터전으로서 피나는 민족상잔의 아픔이 서려 있고 수많은 피가 뿌려지면서 지켜온 땅이다.

그리고 이 도표의 가운데 파란 원형은 바로 임진강 문화권의 중심으로서 파주, 연천, 장단, 개성이 되는 곳이다. 이곳에서 피어났던 수많은 인물들의 명멸은 앞「04. 허준의 철학과 사상의 뿌리를 찾아 DMZ로 가다」편의 인물난을 참조하시길 바란다.

이어서 붉은 큰 원형은 임진강 문화권을 말한다. 남양주와 서울을 낀 동쪽과 안산과 하남을 낀 남쪽 지역, 인천·강화·김포를 낀 서쪽 지역, 평강·철원·평산을 잇는 북쪽 지역 등을 임진강 문화권이라고 한다.

이와 같이 대한민국을 대표하는 지역이 임진강 문화권이고 그 중심에 의성 허준 선생도 큰 몫을 차지하고 있다.

대한민국의 역사를 이야기하자면 4등분으로 구분을 할 수 있다.

즉 단군시대 2,300여 년의 전도시대(佺道時代)와 4국시대(신라·백제·고구려·가야), 1천여 년의 선도시대(仙道時代)를 거쳐 고려 500년의 불도시대(佛道時代)를 거쳐 조선 500년의 유도시대(儒道時代)를 지나며 4,300여 년의 역사를 이어왔다.

이것은 사법동(四法動)의 법칙에 의하여 역사가 순환함을 말하는 것이다.

이제 대한민국은 유구한 역사의 부침 속에 대전환의 과정을 거쳐 국운상승(國運上昇)의 기회를 맞이하였다.

대한민국의 이승만 정권의 탄생과 함께 6·25동란을 잘 이겨내고, 4·19민주항쟁에 이어 박정희 대통령의 5·16혁명과 산업화로 급속한 국운상승의 기회를 탔고, 88올림픽과 2002월드컵을 거치면서 국제영화제 수상, 차범근·박지성·손흥민으로 이어지는 축구스타들의 발전과 LPGA에서의 여성 프로골퍼들의 부상, 강남스타일과 BTS 등으로 이어지는 연예인들의 발전, 세계 최고를 자랑하는 초고속인터넷과 ICT 등은 세계를 리드하기에 충분한 역량을 갖추고 있다.

이제 마지막 남은 것은 정치개혁이다. 아무리 사회 인프라가 잘 갖추어졌다고 하더라도 썩고 무능한 정치로는 아무것도 이룰 수가 없다.

정치 역시 허준 정신으로 이타적으로 바뀌어야만 세계 최고가 될 수 있고 세계의 선도국가가 될 수 있다.

그리고 대한민국은 이 모든 난관을 거쳐 세계의 중심국가로 발돋움하게 될 것이다. 대한민국의 운명이 그렇다는 것이다.

세계문명의 선, 3·8문화권

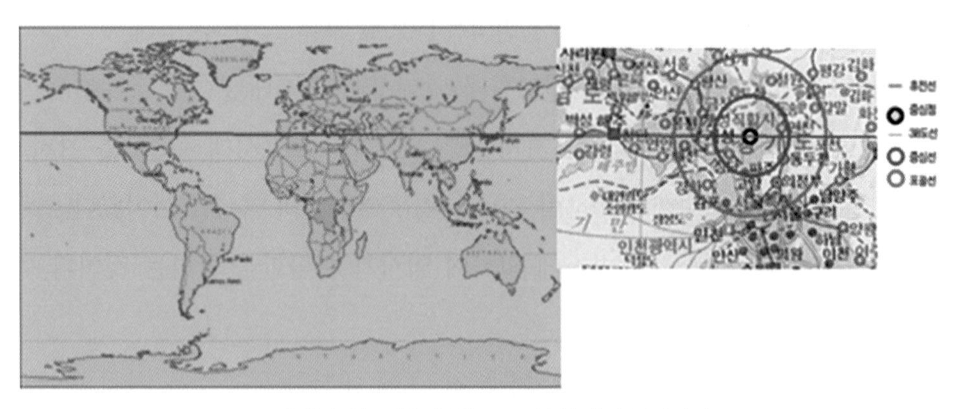

▲ 세계의 신문명은 북위 38도선 상에서 일어난다.

위 [그림 1]에서 봤던 그림이 오른쪽 그림이다.

지구에 38도선은 남위 38도선과 북위 38도선이 있는데, 남위 38도선에는 문명이 없으나 북위 38도선 상에는 문명이 있다.

한반도로부터 서진하며 황하문명, 인더스문명, 티그리스문명, 로마문명, 그리스문명, 이집트문명, 그리고 북아메리카에는 뉴욕과 워싱턴을 지나 로스앤젤레스와 샌프란시스코를 잇는 현대문명이 자리 잡고 있고, 또 서진하면 일본 역시 도쿄와 교토를 잇는 현대문명의 발전을 가져왔다.

남반구와 북반구에는 회전의 차이가 있다. 남반구의 욕조 배출구를 열면 물이 좌선하며 빠져나가지만, 북반구의 욕조에서는 물이 시계방향으로 우선(右旋)하며 물이 빠진다.

한 가지 예를 들자면 만일 남반구에서 시계를 만들었다면 시계를 좌회전으로 돌게 만들었겠지만, 시계를 북반구에서 만들었기 때문에 우회전하게 만든 것이다. 이것이 남반구와 북반구의 차이점이자 인류사에서 북반구의 역할을 반증하는 것이다.

북반구와 남반구의 자장작용, 동서양의 습관 관습 행동

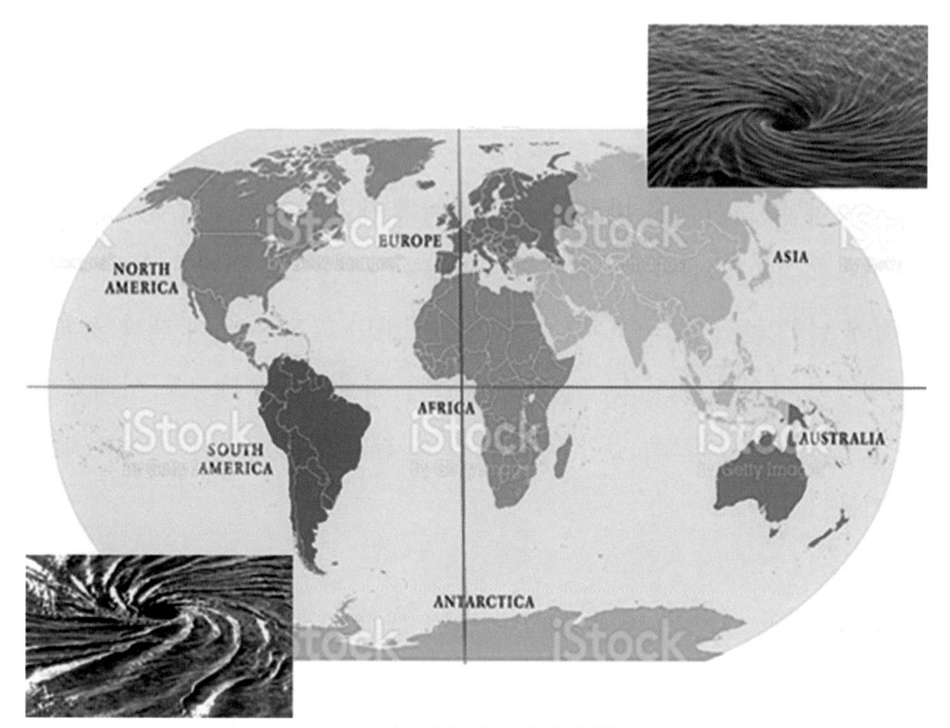

▲ 남반구와 북반구의 자장작용

6·25 이전 남한과 북한의 군사분계선을 39도선으로 만들려고 하였다

여기에 대한 일화를 소개한다.

"아니야! 휴전선(線)은 바로 이곳에 그어야 해."

전략 회의를 소집한 에이브 링컨 장군은 색연필로 한반도 북위 38도 지점에 남북 분단선을 그었다. 어리둥절해하던 참모 가운데 앤디 굿패스트 대령이 나섰다. "39도선이 가장 적당한 해결책인데 왜 1도 아래로 내려가야 합니까?"라고 물었다. 링컨의 답은 간단했다. "니콜라스 스파이크만 때문이지."

남북분단의 계기가 된 38도선 획정에 대한 새 목격담이 당시 회의에 참석했던 인사에 의해 나왔다. 맥아더 장군의 극동군사령부 당직장교로 6·25 발발을 가장 먼저 대면보고 한 에드워드 로우니(97세·예비역 중장) 장군이다.

그에 따르면 일본의 제2차 세계대전 공식 항복일(1945년 9월 2일) 직전 링컨 장군의 상관인 조지 마셜 장군은 남북분단선 설정안을 건의토록 지시했다. 회의에서 딘 러스크 대령은 평양 바로 아래쪽 39도선에 긋자고 주장했다. 한반도에서 가장 폭이 좁은 곳이라 군사분계선 방어에 많은 병력이 필요치 않다는 이유였다.

하지만 링컨 장군은 예일대 지리학과 교수인 스파이크만이 1944년 저술한『평화의 지리학』이란 책을 인용하면서 38선을 주장했다. 스파이크만은 세계문학 등에서 38도선 북쪽이 우위를 점하고 있다는 학설을 제기한 인물이다. 링컨 장군은 자신의 지리학적 박식함을 자랑한 뒤 "많은 사람들이 38도선에 대해서는 알고 있지만 39도선은 전혀 모를 거야"라고 말했다고 한다. (중략)

만일 39도선을 군사분계선으로 하였으면 경계도 쉬웠을 것이고, 현재와 같이 수도 서울이 위협받는 일은 생기지 않았을 것이다.

그러나 이것이 대한민국의 숙명이다. 링컨 장군으로 인해 문명선인 38도선으로 분계선이 바뀐 것이고, 또 전쟁 후 이 38도선 상에 태극 형상의 휴전선이 만들어진 것이 운명이라고 해야 할까? 아니면 대한민국이 극상 발전하는 계기를 만들어 준 숙명이라고 해야 할까?

대한민국은 세계의 중심국가로서 세계 문명을 리드해 나갈 문명국가의

한반도 생명과 문명탄생의 비밀

▲ 세계문명의 중심 한반도는 생명, 문명 창조의 비밀을 안고 있다.

운명을 가지고 있다.

그것은 바로 디지털 시대의 디지털 문명인 것이고 그 바탕은 의성 허준과 같은 이타정신을 갖고 디지털적 사고로 우주시대의 문명을 창조해 나갈 것이다.

필자가 여기서 말하는 것에 이의를 제기하실 분이 많을 것이다. 그러나 시간이 지나면 밝혀질 것이니 지켜봐 주시길 바란다.

인류학자들은 인류가 아프리카에서 탄생했다고 주장한다. 그러나 이건 틀린 주장이다. 인류 최초의 생명 탄생은 한반도의 남부로부터 생명체가 탄생했다.

생명체가 탄생하기 위해서는 엽록체와 미생물의 결합으로부터 시작된다.

그 결합이 시작된 땅이 한반도이고 식물과 동물의 탄생도, 공룡의 최초 탄생지도, 인류의 탄생도 한반도로부터 시작되었다.

이 비밀들은 앞으로 20~30년이면 모두 밝혀질 것이다. 그러니 지금은 맞다 틀리다 하는 논쟁은 덮어두고 시간을 가지고 지켜봐 주기 바란다.

그리고 인류 최초의 물질문명, 과학문명도 한반도로부터 시작되었다. 이 문명의 현상도 20~30년이면 밝혀질 것이다.

• 미래의 과학/문명기술

필자는 상고진인(上古眞人)의 가르침에 따라, 동양과학의 이론에 따른 신기술은 우리 인류를 디지털 문명의 복지시대로 안내하게 된다. 에너지, 식량, 교통, 교육, 철학, 사상, 세계언어 문자통일, 우주시대 개막 등 신문명의 시대로 조만간 다다른다.

이러한 문명의 기본은 이타정신에 있다. 그래서 의성 허준 선생의 이타정신을 실행해야 가능하다.

중국의 의서는 음양오행(陰陽五行)을 기반으로 발전해 왔다. 그러나 허준 선생의 『동의보감(東醫寶鑑)』은 도가적 사상(道家的 思想)과 학술로 저작(著作)하였다.

과학기술과 문명발전은 현대적인 이기정신이 아닌 이타정신이야말로 인류를 진정한 디지털 문명사회로 인도하게 된다.

3. 삼국통일, 고려와 조선왕조 탄생시킨 임진강 문화권

임진강 문화권 연천 대진산성에서 통일하다

▲ 조선민족이 한나라로 통일하다.

4,400여 년 전, 한 민족으로 2천여 년 이상 세계문명을 이어오며 고도의 문명사회를 이루며 최장수 문명을 일궈오던 단군조선이 그 운명을 다해 신라, 백제, 고구려, 가야 4국으로 갈라졌다.

그리고 500여 년을 이어오다 먼저 멸망한 가야를 제외하고 신라가 당나라를 끌어들여 백제 고구려를 차례로 무너트렸다.

그러나 당나라는 여기서 물러서지 않고 신라를 복속시키려 하였으나 김유신(흥무대왕) 장군과 태종무열왕 김춘추의 굳은 의지와 신라의 화랑정신으로 임진강 문화권인 한탄강 유역의 경기도 연천군 청산면 대전리에 위치한 매초성(買肖城)에서 당나라군을 물리

▲ 매초성 전투에서 삼국을 통일하다.

치고 조선 민족의 대통일을 이루어 낼 수 있었다.

• 임진강 문화권에서 고려왕조와 조선왕조가 탄생하였다

신라·가야·백제·고구려의 4국은 500여 년의 운명을 끝으로 신라가 4국을 통일하였고, 통일신라가 500여 년을 이어가며 1천여 년의 4국 시대는 종료되었다.

4국 시대 1천여 년이 될 무렵 통일신라는 그 운명을 다할 때 궁예, 견훤 등의 후삼국이 격돌했으나 임진강 문화권에 뿌리를 둔 왕건이 후삼국을 하나로 모아 고려 500년의 불도(佛道) 정치가 시작되었다.

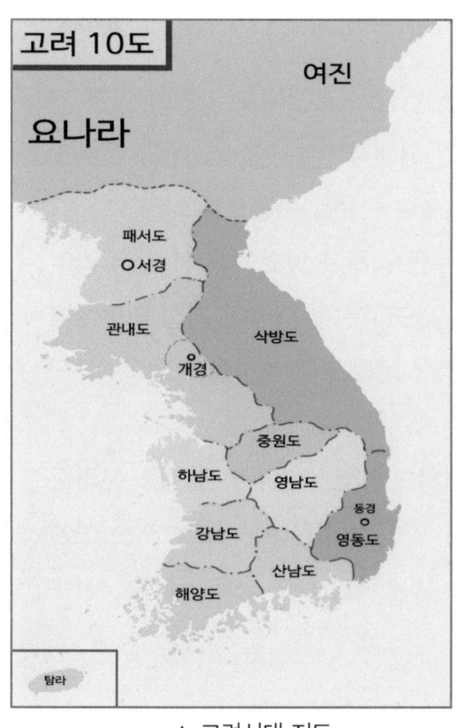

▲ 고려시대 지도

▲ 조선시대 지도

4. 구국의 거북선 탄생의 땅!

임진왜란이 발생하기 180여 년 전 3·8문화권의 중심 임진강 임진나루(파주시 화석정 앞)에서 거북선 운행을 한 기록이 태종실록에 실려 있다.
그리고 이 거북선이 나라를 살리는 역사적인 결정적 역할을 하였다.

이 기록 이후 180여 년이 지나 임진왜란 당시 조정에 보관되어 있던 거북선의 도면을 징비록(懲毖錄)의 저자인 서애 유성룡(西厓 柳成龍)이 이순신 장군에게 거북선 설계도면을 전해줌으로써 전쟁을 반전으로 이끌었다.
유성룡 대감은 당시 정승이자 병조판서를 겸하고 있었기에 이 같은 일이 가능했고, 이순신 장군이 급병에 걸린 것도 유성룡 대감이 의성 허준에게 받은 처방을 이순신에게 전해주어 나라를 살리는 큰 역할을 하였다.

필자가 화석정에 서면 거북선을 시험하는 모습, 선조가 개시를 살려준 일, 화석정이 불타는 모습, 임진나루의 모든 배를 불태운 모습, 허준 선생이 의서를 지고 임진강 건너 일월성을 지나 피난 가는 모습, 서명응·서유구 등이 저술하는 모습이 연상된다.

※ 이 거북선에 관한 글은 신문에 기사가 상세히 올라 있어 그대로 인용한다.

조선시대 최초 '임진강 거북선' 임진강에 띄운다… 복원사업 박차

중앙일보 | 입력 2022.02.12 08:00

조선시대 최초의 거북선인 '임진강 거북선'이 실물 복원돼 임진강에 띄워질 예정이다. 파주시는 "조선시대 초기의 첫 거북선인 임진강 거북선을 당시 모습 그대로 재현, 실물 건조해 임진강에 띄울 방침"이라고 11일 밝혔다.

최종환 시장 '임진강 거북선' 복원해 임진강에 전시할 방침

최종환 파주시장은 "임진강 거북선 복원을 위한 최근 실시설계용역을 완료하면서 임진강 거북선을 실물 건조하는 등의 복원 기반을 마련했다"고 밝혔다.

▲ '임진강 거북선' 복원 이미지. 파주시 제공

최 시장은 "용역 결과를 바탕으로 우선 증강현실(AR) 콘텐츠를 비롯해 메타버스·프로젝션 맵핑 등의 방법을 통해 임진강 거북선이 파주의 대표적인 역사문화자원으로 발돋움할 수 있도록 추진 중"이라고 설명했다. 그는 "향후 임진강 거북선 실물을 복원 건조해 임진진 주변 임진강에 띄워 '역사적 기념물'로 전시하는 방안을 강구할 방침"이라고 밝혔다.

▲ '임진강 거북선' 복원 이미지. 파주시 제공

파주시가 임진강 거북선 복원에 나선 것은 조선시대 최초의 거북선을 재현하기 위해서다. 파주시는 역사 기록을 근거로 이 사업을 추진 중이다. 조선 선조(1592년) 때 왜군이 왜선을 타고 대규모로 침입했던 임진왜란 당시 이순신 장군이 왜적을 격퇴했던 거북선보다 180년 앞선 시기에도 임진강 거북선이 임진강에서 왜적의 침입을 막았었다는 기록이 그것이다.

파주 임진진, 임진왜란보다 180년 전 거북선 훈련

조선왕조실록에는 1413년(태종 13년) 2월 '태종이 탕목(湯木·목욕) 행차를 세자인 양녕대군과 함께 가는데 임진도(현 임진나루)를 지나다 거북선과 왜선이 서로 싸우는 상황을 구경하였다'라고 상세하게 기록돼 있다. 임진진은 조선 선조 때보다 180년이나 앞선 태종 때 조선 최초의 거북선이 훈련했다는 기록이 있는 임진강 거북선 훈련장이다.

▲ '임진강 거북선' 측면 복원도. 파주시 제공

파주시는 임진강 거북선 복원을 위해 지난해 12월 말 실시설계 용역을 완료했다. 이 과정에 역사, 조선공학, 전통 선박 등 다양한 전문가들로 자문위원회를 구성해 사료 고증 등에 대해 조언을 받았다. 앞서 파주시는

2015년 임진진의 진서문터와 잔존 성벽을 살펴 문헌과 고지도를 통해 전해져오던 임진나루와 임진진터의 실제를 확인한 바 있다.

조선 초기 임진강 거북선은 수도방위용 2층 구조 특수 군선

파주시가 의뢰한 임진강 거북선 복원을 위한 이번 실시설계 용역 과정에서는 흥미로운 역사적 사실도 확인됐다. 조선 최초 '임진강 거북선'은 길이가 이순신 장군의 거북선보다 약 6m 작은 61자(약 19m, 1자는 약 0.3m) 규모였던 사실이 밝혀졌다. 또 60명이 탑승하는 중선 규모로 용두가 설치된 수도방위용 2층 구조 특수 군선이었다는 연구 결과도 나왔다.

임진강 거북선 복원 실시설계 용역을 맡은 중소조선연구원의 손창련 박사는 '임진강 거북선의 구조' 논문을 통해 "임진강 거북선은 주요 치수로

◀ '임진강 거북선' 내부 복원 이미지. 파주시 제공

전장 61자 외에도 저판(배 밑판 길이) 40.3자, 저판요광(중앙부분너비) 11.5자, 저판미광(뒷부분 너비) 8.4자 등이며 상장장(선체 길이) 52자, 선두고(배 앞부분) 7.7자였다"고 밝혔다.

손 박사는 "평저형 선형의 임진강 거북선은 쌀 등 곡식 운반선인 조운선의 선형과 비슷해 복원력을 유지했으며 노가 좌우 각각 5개, 돛대 2대, 귀선(龜船:거북선)을 뜻하는 깃대 1개"라며 "귀 배판에는 철침이 아닌 송곳을 설치했다"고 설명했다.

"임진강 거북선은 고려 말에서 조선 초 태종 때까지 활동"

제장명 순천향대 이순신 연구소장은 '조선 초 거북선 출현 배경과 형태 및 기능' 논문에서 "임진강 거북선은 고려 말에서 조선 초 태종 때까지 활동하면서
수도방위를 위해 임진강 등에 배치됐다"고 밝혔다.

그는 "외부는 판자로 장갑하고 못과 칼을 꽂아 적의 등선을 막았고, 활을 쏠 수 있는 외부 구조를 갖추고 화통과 화전류 등 기본 화기류를 발사했으며 충돌에 대비해 선체를 견고하게 만들었다"고 설명했다.

전익진 기자
ijjeon@joongang.co.kr

• 거북선과 임진강

과학의 모든 것

거북선!

조선이 건국된 지 200년이 되던 해에 최대 위기에 빠진 왜국의 임진왜란 도발에서 이순신 장군은 그 누구도 흉내 낼 수 없는 애국 호국의 정신으로 조선을 구하여 500년을 지속하도록 하여 이 나라에 살고 있는 사람뿐만 아니라 전 세계적으로 충신의 표상이 되어 존경받고 있다.

이순신은 침략한 왜국으로부터 조선을 지키기 위하여 세계 조선사에서 유래를 찾아볼 수 없는 거북선을 만들어 수적 열세를 극복하여 나라를 구할 수 있었다.

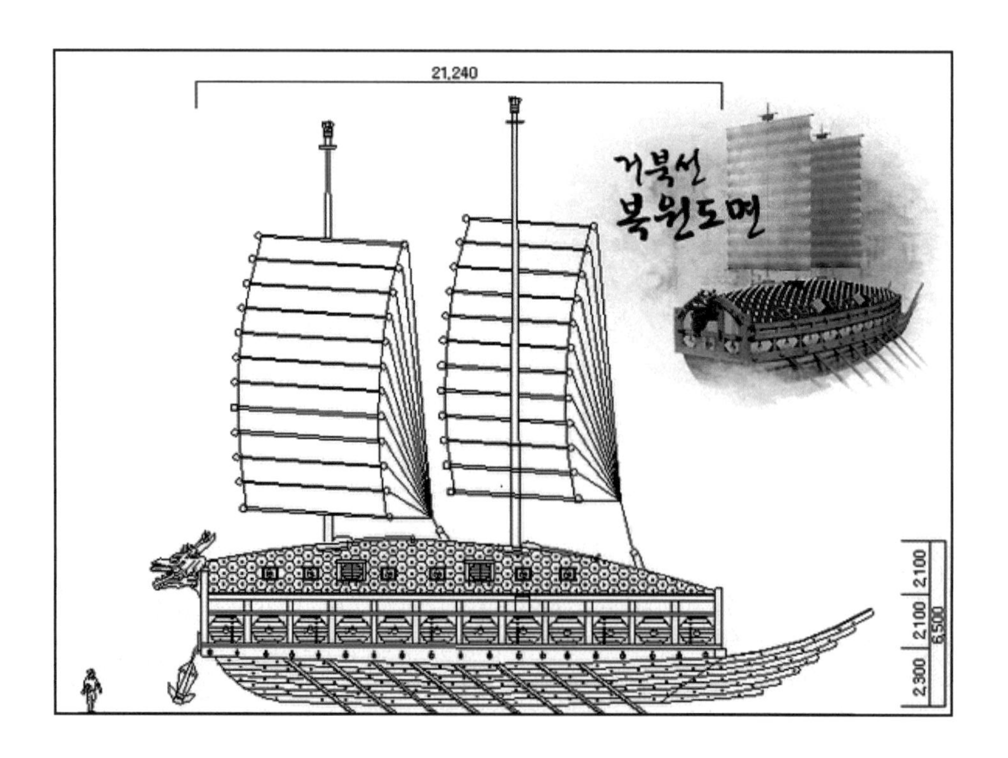

이 거북선은 세계 배 발달사에서 돌연변이라고 할 만큼 특별한 것으로 우리의 발명품으로 영원히 기려 계승 발전시켜야 하는 자랑스러운 문화 유산이다.

충무공 전서

정의

임진왜란 당시 수전에서 활약한 거북 모양의 전투선.

개설

정식 명칭은 귀선(龜船)이다. 거북선은 조선 수군의 주력 전선인 판옥선(板屋船)의 상체 부분을 개량해서 덮개를 덮은 구조이다.

판옥선은 바닥이 평평한 선체 위에 그보다 폭이 넓은 갑판을 2층 구조

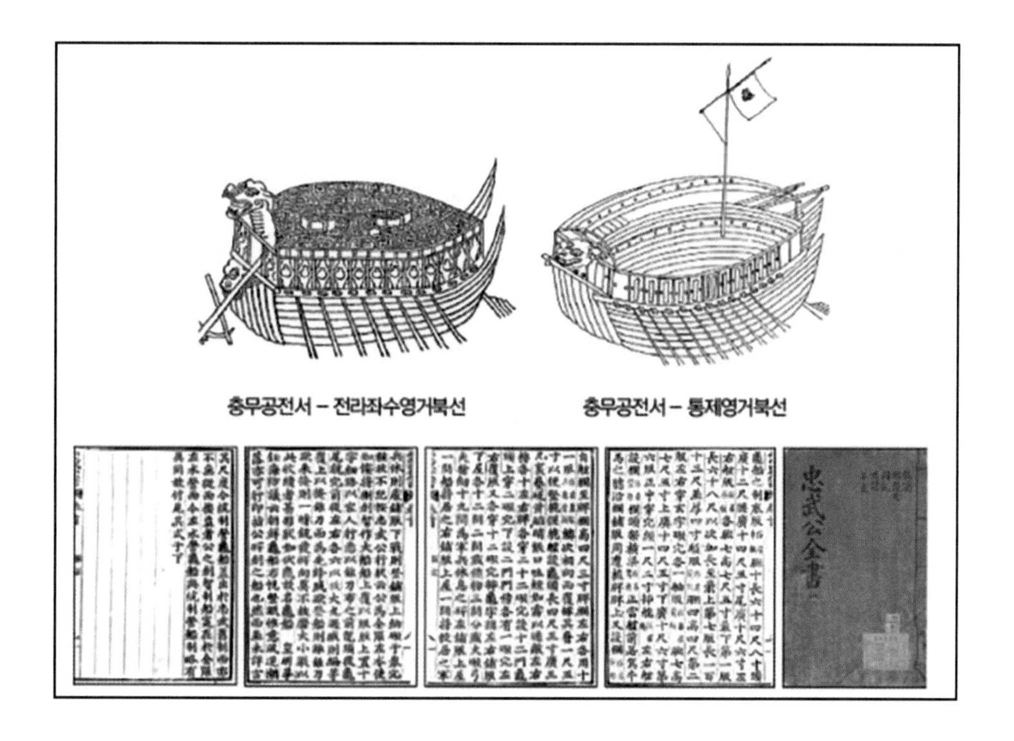

로 만든 전선이다. 1층 갑판에는 한국식 노를 설치하여 격군들 이 노를 젓고, 2층에는 사령부가 위치하는 '장대'를 설치하고, 갑판 둘레에는 방패를 두르고 각종 화포를 장착하였다.

'상장'의 1층은 노역 공간, 2층은 전투 공간이었던 셈이다. 거북선은 바로 이와 같은 판옥선의 상장 부분을 개량해 덮개를 만든 구조였던 것이다.

연원 및 변천

1. 기원

우리나라 전선의 구조와 형식은 주로 해적선과의 싸움을 통해 발전되었다. 고려 때부터 여진 해적이나 왜구와의 싸움에서 우리가 주로 사용한 전술은 배를 부딪쳐 해적선을 깨뜨리는 방법이나 화포를 사용하여 적선을 소각시키는 것이었다. 반면에 해적들은 상대방의 배에 접근한 후 배로 뛰어들어 싸우는 육박전을 주로 사용하였다. 이것을 막기 위해서는 적이 우리의 배에 뛰어들지 못하게 해야 했다.

그러한 생각에서 나온 것이 이른바 '거북선(龜船)'이었다.

『태종실록(太宗實錄)』의 기록에 따르면, 1413년(태종 13)에 임금이 임진(臨津) 나루를 지나다가 거북선과 왜선(倭船)이 서로 싸우는 상황을 구경하였다고 한다. 또 1415년 탁신(卓愼)은 국방 문제를 논하면서 "거북선[龜船]의 법은 많은 적과 충돌하여도 적이 능히 해를 입히지 못하니 가히 결승(決勝)의 좋은 계책이라고 하겠습니다. 다시 견고하고 교묘하게 만들게 하여 전승(戰勝)의 도구를 갖추게 하소서"라는 의견을 제시하였다. 이를 통해서 알 수 있듯이 거북선의 제도는 이미 조선 초기에 갖추어져 있었다. 그러나 태종 때 만들어진 거북선은 그 후 적극적으로 활용되지 않았던 것 같고, 이것이 임진왜란 때 이순신에 의해 다시 등장하게 되었던 것이다.

2. 제작

거북선과 관련하여 임진왜란의 와중에 이덕홍(李德弘)이 제작을 건의한 '귀가 보선(龜甲船)'이 주목된다. 그는 왜적들의 장기가 조총으로 대표되는 '철환(鐵丸)'에 있다고 지적하면서, 왜적들이 성세를 올리는 것이 바로 이것 때문이라고 하였다. 이덕홍이 생각하기에 왜적의 '철환'을 막는 방법은 왜적들이 육지에 올라서지 못하도록 하는 것이 최선책이었다. 이를 위해 그는 두 가지를 고안하였다.

하나는 왜적의 배가 육지에 접근하지 못하도록 포구에 '침수진목전(沉水眞木箭)'을 설치하는 것이었고, 다른 하나가 바로 '귀가 보선'의 제작이었다.

이덕홍이 생각한 '귀가 보선'의 제도는 다음과 같았다. "귀갑 선의 제도는 등 부분에 창검(鎗劍)을 부착하고 머리 부분에 쇠뇌[伏弩]를 숨겨 두고, 허리 부분에 작은 판옥(板屋)을 만들어서 사수(射手)가 그 가운데 들어갈 수 있게 한다. (판옥의) 곁으로는 쏘는 구멍[射穴]으로 통하고, 아래로는 배의 중심부에 통하게 한 다음, 가운데에 총통(銃筒)과 큰 도끼[大斧]를 싣는다. 그리하여 때려 부수거나 포를 쏘아 대고, 쏘거나 들이치면 적들이 비록 많이 몰려오더라도 반드시 (우리 편을) 어찌하지 못할 것이다." 이순신의 거북선과 상당히 유사한 내용임을 알 수 있다.

거북선은 뛰어나고 독창적인 배임에는 틀림없다. 그러나 그것이 어느 날 갑자기 만들어진 것은 아니었다. 거북선은 그 이전의 배무이 기술의 바탕 위에서 출현한 것으로 보아야 한다. 오랜 시간에 걸쳐 축적되어 온 배무이(선박건조) 기술이 거북선의 탄생을 가능하게 했던 것이다. 통일신라 시기의 장보고의 해상 활동이나 고려 왕조의 활발한 무역 활동은 모두 훌륭한 배의 존재를 전제로 가능한 일이었다. 고려시기 배무이의 전통이 조선왕조에 계승되어 판옥선과 거북선을 출현하게 하였던 것이다.

조선의 싸움배는 판옥선이 주축이었다. 그것은 배 위 갑판을 덮어 다시 그 위에 누각이나 다른 건조물을 세운 구조를 가진 배였다. 즉 2층 구조로 이루어져 1층에서는 노를 젓고, 2층에서는 전투를 하게 만든 것이었다. 갑판 아래서 노를 젓는 노 군들을 적의 화살이나 화포로부터 직접 공격당하지 않게 지붕을 덮은 것이었는데, 거북선은 이러한 판옥선 위에 다시 덮개를 씌운 것이었다. 적들이 아군의 배에 뛰어들어 발을 붙이지 못하게 고안된 것이었다.

내용

임진왜란 당시 거북선의 구조적 특징을 알 수 있는 기록으로『선조수정실록(宣祖修正實錄)』의 1592년(선조 25) 5월 1일의 기사를 들 수 있다. "이에 앞서 (이)순신은 전투 장비를 크게 정비하면서 자의로 거북선을 만들었다. 이 제도는 배 위에 판목을 깔아 거북 등처럼 만들고 그 위에는 우리 군사가 겨우 통행할 수 있을 만큼 십자(十字)로 좁은 길을 내고 나머지는 모두 칼·송곳 같은 것을 줄지어 꽂았다. 그리고 앞은 용의 머리를 만들어 입은 총구멍[銃穴]으로 활용하였으며, 뒤에는 거북의 꼬리를 만들어 꼬리 밑에 총구멍을 설치하였다.

좌우에도 총구멍이 각각 여섯 개가 있었으며, 군사는 모두 그 밑에 숨어 있도록 하였다. 사면으로 포를 쏠 수 있게 하였고 전후좌우로 이동하는 것이 나는 것처럼 빨랐다. 싸울 때에는 거적 나 풀로 덮어 송곳과 칼날이 드러나지 않게 하였는데, 적이 뛰어오르면 송곳과 칼에 찔리게 되고, 덮쳐 포위하면 화총(火銃)을 일제히 쏘았다. 그리하여 적선 속을 횡행(橫行)하는데도 아군은 손상을 입지 않은 채 가는 곳마다 바람에 쓸리듯 적선을 격파하였으므로 언제나 승리하였다."

여기서 확인할 수 있는 사실은 ①기존의 배[판옥선] 위에 판목을 깔아 거북 등처럼 만들었다,

②군사가 통행할 수 있는 십자로를 만들고 나머지는 칼과 송곳을 줄지어 꽂았으며, 싸울 때는 거적이나 풀로 덮어 배 위에 올라타려는 적군에게 상처를 입혔다, ③배의 앞에는 용의 머리를 만들어 그 입을 대포 구멍으로 활용했으며, ④배의 뒤에는 거북의 꼬리를 만들고 그 밑에 총구멍을 설치했다,

⑤배의 좌우에 총구멍을 여섯 개씩 설치하였다, ⑥사면으로 포를 쏠 수 있게 하였다, ⑦전후좌우로 이동하는 것이 빨랐다는 점 등이다. 아군의 병력을 보호하고 적의 접근을 원천적으로 차단하면서 적진을 휘젓는 돌격 섬으로 서의 거북선의 모습을 확인할 수 있다.

특징

임진왜란 당시의 기록 가운데 거북선의 모습과 규모에 대해서『선조수정실록』의 기록보다 더 상세한 내용은 없다. "크기가 판옥선만 하다"라는 언급을 통해 거북선의 규모를 짐작할 수 있지만 판옥선의 정확한 규모 역시 자세히 알 수 없다. 다만 격군(格軍)과 사수를 합쳐 125명이 승선했다는 기록은 확인할 수 있다. 현존하는 기록 가운데 거북선의 규모와 특징에 대해 가장 자세하게 기록한 문헌은 정조 19년(1795) 정조의 명에 의해 편찬된『이충무공전서(李忠武公全書)』이다. 이순신의 사후 그를 왕조에 충성을 다한 충신으로 추대하는 움직임은 정조대에 이르러 절정에 달했다.

『이충무공전서』의 편찬은 그와 같은 사업의 일환이었다. 당시 규장각 문신인 윤행임(尹行恁)이 편찬 책임을 맡았던『이충무공전서』에는 이순신의 일기·장계와 그를 예찬하는 여러 사람들의 시문, 비명 등이 수록되었다. 이 책의 권수(卷首) '도설(圖說)' 부분에는 임진왜란 당시 거북선의 구조를 추

정할 수 있는 두 장의 거북선 그림과 그에 대한 설명문이 기재되어 있다. 두 개의 거북선은 통제영 거북선과 전라좌수영 거북선인데, 이 가운데 통제영에 있던 거북선이 임진왜란 당시 거북선에서 유래한 것이며, 다만 치수에 가감이 있다고 하였다.

『이충무공전서』에 수록된 통제영 거북선의 구조는 다음과 같다.

1) 밑바닥 판[底版]은 10쪽을 이어 붙였다. 그것의 길이는 64척 8촌이다. 머리 쪽 폭은 12척, 허리 쪽 폭은 14척 5촌, 꼬리 쪽 폭은 10척 6촌이다.
2) 오른쪽과 왼쪽의 현판(舷版, 배의 외판, 바깥판)은 각각 7쪽을 아래에서 위로 이어 붙였다. 높이는 7척 5촌이다. 맨 아래 첫 번째 판자의 길이는 68척이지만 차츰 길어져서 맨 위 7번째 판자에 이르러서는 113척이 된다. 판자의 두께는 모두 4촌씩이다.
3) 오판(艣版, 배의 전면부)은 배 앞쪽에 4쪽을 이어 붙였다. 높이는 4척이다. 두 개의 판이 왼쪽, 오른쪽에 있는데 현자(玄字) 구멍을 내어 각각에 박열(礟穴, 돌로 쇠 구멍)을 두었다.
4) 주판(舳版, 배 뒤쪽 고물)에도 7쪽을 이어 붙였다. 높이는 7척 5촌이다. 위의 폭은 14척 5촌이고 아래쪽 폭은 10척 6촌이다. 6번째 판 가운데에 구멍을 뚫고 둘레 1척 2촌의 키를 꽂았다.
5) 좌우 뱃전판[舷]에는 난간[欄]이 설치되어 있다. 난간머리에 서까래가 세로로 가로질렀는데, 바로 뱃머리 앞에 닿게 된다. 마치 소나 말의 가슴에 멍에를 메인 것과 같은 모습이다.
6) 난 간을 따라 판자를 깔고 그 둘레에는 패(牌, 네모 방패)를 둘러 꽂았다. 방패 위에 또 난간을 만들었다. 현의 난간에서 패의 난간에 이르는 높이는 4척 3촌이다.
7) 방패의 난간 좌우에는 각각 11쪽의 판자가 비늘처럼 서로 마주 덮고 있다.

8) 배의 등에는 1척 5촌의 틈을 내어 돛대를 세웠다 뉘었다 하는 데 편하게 했다.

9) 뱃머리에는 거북 머리[龜頭]를 설치했다. 길이는 4척 3촌, 넓이는 3척이다. 그 속에서 유황 염초를 태워 벌어진 입으로 안개처럼 연기를 토하여 적을 혼미하게 한다.

10) 좌우의 노는 각각 10개이다.

11) 왼쪽과 오른쪽 22개의 방패에는 각각 박열(礮穴)을 뚫었고, 12개의 문을 두었다.

12) 거북 머리 위에도 두 개의 박열(礮穴)을 냈다. 그 아래에 두 개의 문을 냈다. 문 옆에는 각각 박열(礮穴) 한 개씩을 두었다.

13) 왼쪽과 오른쪽의 덮개 판목[覆版] 12개에도 각각 박열(礮穴)을 뚫었으며 '귀(龜)'자가 적힌 기를 꽂았다.

14) 왼쪽과 오른쪽의 포판(鋪版, 갑판)에는 방이 각각 12칸이다. 그 가운데 두 칸에는 철물을 넣어두고, 세 칸에는 화포, 활, 화살, 창, 칼 등을 넣어두고, 나머지 열아홉 칸은 군사들의 휴식처로 쓴다.

15) 왼쪽 갑판 위에 있는 방 한 칸은 선장이 거처하고, 오른쪽 갑판 위의 방 한 칸은 장교들이 거처한다.

16) 군사들은 쉴 때는 갑판 아래에 있고, 싸울 때는 갑판 위로 올라와 모든 대포 구멍에 대포를 대놓고 쉴 새 없이 쟁여 쏜다.

이상의 내용을 통해 통제영 거북선의 대체적인 형태를 그려볼 수 있다. 그것은 판옥선의 갑판 주위에 둘러쳐진 여장을 제거하고 갑판 위에 바로 거북 뚜껑을 덮은 모양이다. 노는 현의 난간 부근에 좌우 각각 10개를 설치하였다. 거북선의 대포 구멍[礮穴]은 배 양쪽의 22개, 앞쪽 거북 머리의 위아래 4개, 배 위의 거북 등에 12개가 설치되었다. 전방위 포격이 가능하도록 구상했음을 알 수 있다.

summary

1. 국민이 의성 허준에 열광하는 이유는 무엇일까?

2. 의성 허준과 주변인과의 관계

3. 허준 드라마에 국민이 열광한 이유

4. 허준 관련 구전되고 있는 설화의 내용들

07

의성 허준에 열광하는 민중! 그 이유는?

1. 국민이 의성 허준에 열광하는 이유는 무엇일까?

국민들의 의식 속에 허준에 대한 반감이나 거부할 이유가 단 1도 없다.
반면 허준의 살신성인의 희생정신에 일관한 평생을 고마워한다.

필자가 생각하기에 허준의 일생에서 그의 몸과 마음에 배인 도가적인 사상과 이타적인 홍익인간 이념에 따른 행동과 헌신적인 실천이 인간승리의 원인이다. 또한 긍휼(矜恤)스러움의 극치가 아닐까 생각한다.

과거 우리네 할머니들께서 손주들이 다치거나 잘못될까봐 걱정하시며 전전긍긍 어쩔 줄 몰라 하시던 할머니들의 모습을 기억하시리라 생각한다.
바로 허준의 마음이 그러했으리라!
자신의 이익을 위하지 않고 오로지 힘없는 병자들을 위해 헌신한 허준의 그 마음의 한켠에는 이타정신(利他精神)과 해인사상(偕仁思想)이 있었던 건 아닐까?

국민 드라마로 불리며 시청률 64.8%의 기록적인 이 결과의 뿌리는 어디에서 기안한 것일까?
그리고 국민이 환호했던 유명한 장면들을 다시 한번 되돌아보고자 한다.

2. 의성 허준과 주변인과의 관계

어떤 큰 인물이 탄생하기까지 많은 인물들의 도움을 받게 마련이다. 많은 인물들 중 특히 의성 허준이 있기까지 큰 역할을 해주신 분들을 기록한다.

1) 김안국, 김정국 선생과의 관계

김안국의 호는 모재(慕齋)요, 자는 국경(國卿), 시호는 문경(文敬), 본관은 의성(義城). 예빈시(禮賓寺) 참봉 련(璉)의 아들이다. 김안국은 조광조(趙光祖 : 1482~1519), 기준(奇遵 : 1492~1521) 등과 함께 김굉필(金宏弼 : 1454~1504)의 문인으로 도학(道學)에 조예가 깊어 지치주의(至治主義)를 지향하였던 사림파(士林派)의 선도자로 평가받는 인물이다. 예조판서, 대사헌, 병조판서, 대제학 등을 역임하였다. 어머니는 양천허씨로 허지(許墀 : 허준의 증조)의 여식(女息)인데 허준의 할아버지 허곤(許琨)과는 친남매지간이다. 따라서 김안국의 어머니는 허준 아버지 허론의 친고모이자 허준의 고모할머니로 김안국과 허준은 5촌 간이다. 김안국은 허준이 7살 때 돌아가신 후, 미암 유희춘을 제자로 두었기에 허준에게까지도 영향을 미쳤을 것으로 본다.

김안국은 중종 37년(1542) 5월 하순에 여러 의서 가운데 실시하기 쉬운 약방과 비치하기 쉬운 약재를 골라 구초(舊抄) 60여 방에 다시 40여 방을 더하여 진양(鎭禳), 불상전염(不相傳染), 복약(服藥), 노복(勞服) 등 4문(門)에 나누고, 이어 약명과 채취법을 더하여 모두 한글로 번역한『분문온역이해방(分門瘟疫易解方)』을 출판하는 등 의학적 지식을 갖고 있음을 보여준다.

〈 허준과 김안국과의 관계도 〉

									허지 許芝
	녀女 김련 金璉						곤 琨	숙 琡	연 珚
김정국 金正國	김안국 金安國					론 碖	연 碾		
		서자 庶子 징瀓	서자 庶子 준俊	녀女 손욱 孫昱	녀女 권광택 權光澤	자옥 子沃			

또한 동생 사재(思齋) 김정국(金正國 : 1485~1541) 역시 『촌가구급방(村家救急方)』을 중종 33년(1538) 6월에 의방약서 중에서 민간이 쉽게 얻을 수 있는 약방 또는 향촌부로(鄕村父老)에서 효력을 본 사람을 채집하여 전라도 남원에서 1권으로 편집하였다. 이러한 지식이 자연히 유희춘에게도 전수되었을 것이며 또한 허준에게까지도 자연스럽게 이어졌을 것이다.

『미암일기(眉巖日記)』를 보면 유희춘은 11년 동안 조정에서 김안국의 경륜을 실천하고자 노력하였을 뿐만 아니라 제삿날에 정성스럽게 제물(祭物)을 챙기는 애제자였다. 특히 모재 김안국이 후학의 교육에 심혈을 기울였다는 점을 생각하면 그의 사상이 유희춘을 통해 허준에게 전수되었을 가능성이 매우 크다.

2) 미암 유희춘과의 관계

유희춘(柳希春)의 자는 인중(仁仲)이요, 호는 미암(眉巖) 시호는 문절(文節), 본관은 선산(善山)으로 호남이 낳은 위대한 유학자 가운데 한 사람으로 1569년 허준을 어의로 추천한 장본인이다. 전라도 해남에서 태어나 그곳에서 살았으며, 아버지 계린은 벼슬하지 않았지만 학식이 풍부했고, 어머니는『표해록(漂海錄)』의 저자로 유명한 금남(錦南) 최부(崔溥 : 1454~1504)의 여식이었다.

미암은 신재(新齋) 최산두(崔山斗 : 1483~1536)에게 가르침을 받았으며 나중에는 김안국에게 가르침을 받았다. 그는 중종 대에 문과를 거쳐 성균관, 예문관,세자시강원, 홍문관 등에서 벼슬을 했다. 중종 38년(1543)에는 어머니의 봉양을 이유로 무장현감에 제수되어 2년 동안 외직에 있기도 하였다. 명종 대에는 을사사화(乙巳士禍 : 1545년)로 파직되어 향리로 물러나 있었으나 이른바 양재역벽서(良才驛壁書 : 1547년)사건에 연루되어 다시 절도안치 명을 받아 처음에는 제주도로 유배되었다가 해남과 가깝다는 이유로 평안북도 종성으로 유배지를 옮겨가 19년 동안 유배생활을 하면서 학문 연마에 힘쓰고 후진 양성에 노력했다.

선조가 즉위한 뒤에 사면 복권되어 조정에 들어가 죽을 때까지 11년간 사헌부, 대사헌, 사간원, 승지, 육조의 참판직 등을 역임했다.

유희춘과 허준과의 인연은 모재 김안국과의 사제지간의 인연도 있겠지만 미암 유희춘이 몸이 쇠약하여 평생 섭생에 조심하는 중에 의학에도 조예가 깊었던 점과 밀접한 관련이 있다.

유희춘이 갖고 있는 의학 지식이 어떠하였는가는『선조실록(宣祖實錄)』을 보면 알 수 있는 대목이 있다.

"신이 외람하게도 경연에서 모시며 상의 증세를 살펴보고는 염려됨을 견디지 못했습니다. (중략) 비위를 조리하는 법에 관한 다섯 가지 해설을 뽑아 열거하여 올립니다." (중략) 상이 비망기로 답하기를, "경의 서계를 살펴보니 충성이 지극하다. 치료에 도움이 있을 것이므로 진실로 아름답고 기쁘게 여긴다."

또한 앞서 올린 식료단자를 보완하여 올린 내용을 보면, "신이 앞서 올린 비위 조리에 관한 해설이 미진한 데가 있으니…" (중략) 꿀은 오장을 편하게 한다는 것 등의 조목을 첨입하여 다시 올릴 단자를 정서한 다음 입계하니 알았다고 전교하였다.

그리고 또한 같은 달 1월 21일자에 보면 부재학 유희춘이 나아가 비위(脾胃)에 금기되는 음식물에 관하여 아뢰고, 이이(李珥 : 1537~1584)가 아뢰기를,

"병 치료는 단지 약이(藥餌)와 음식물로만 하는 것이 아니라 반드시 마음을 다스리고 원기를 양성한 다음에야 병을 고치게 됩니다. (중략) 어떻게 양생(養生)할 수 있겠습니까."

조선실록에 이런 내용들이 들어 있다는 것은 유희춘이 의학에도 상당한 지식을 갖고 있다는 것을 알 수 있다.

『미암일기』에 보면, 유희춘은 자기 식구는 물론 친척의 치료를 위해 허준과 끊임없이 의논했던 기사가 많다. 허준에게 이종형인 나사선을 찾아가 그의 병을 진찰하게 한다든가, 미암 부인이 '설종병(舌腫病 : 혀가 붓는 병)'을 앓고 있어 설종병에 관한 상의를 한다든가, 미암이 얼굴의 왼쪽에 종기가 생기자 '지용즙(地龍汁 : 지렁이즙)'을 바르는 등 허준의 도움을 받고 있다.

7월 초에는 허준이 미암댁에 와서 신흔(申昕 : 남원 거주)의 병이 중하기는 하나 나을 것이니 걱정하지 말라고 위안한다. 그리고 그날 미암은 허준에게 면앙정(俛仰亭) 송순(宋純 : 1493~1582)의 병을 봐달라고 부탁하였다.

9월에 미암은 허준과 소토사원약재(小菟絲圓藥材)의 제조법을 의논하기도 하였다.

1570년 5월에는 허준이 찾아와 미암의 부인이 복용할 약에 관하여 의논하고 갔고, 이날 허준이 다시 와서 미암의 이종(姨從)인 나사침(羅士忱)의 아들에게 처방할 습약위령탕(濕藥胃苓湯)을 의논하니 미암은 허준에게 위령탕 값으로 백미(쌀) 3말을 보냈다.

9월에는 허준이 미암의 부인이 복용할 이황원(二黃元) 8냥을 지어서 미암을 찾아갔다. 12월에는 허준이 지어준 약 이황원 8냥을 미암은 부인에게 보내어 복용하도록 하였다. 선조 4년(1571)에 허준이 찾아와서 미암에게 전라도에서 보낸 우황약재(牛黃藥材)가 무사히 내의원에 도착했다고 보고했고, 미암의 종손자(從孫子) 광룡의 병을 진찰한 뒤에 약을 지어주고 갔다.

이렇듯 허준은 내의원에서 의원으로서 활동하면서 유희춘과는 각별한 관계를 유지해 나갔음을 알 수 있다. 결국 허준은 유희춘과 사제 간이기도 하지만 그의 가족들의 건강을 돌보는 의사와 환자의 관계이기도 하며, 약재와 처방 그리고 약제조법 등을 같이 의논하는 동료의 관계이기도 하였다. 허준과 유희춘과의 나이 차이는 24세로 사제와 부모의 관계와도 같았다.

이 시기 두 사람의 사상적 편린을 엿볼 수 있는 대목이 『미암일기』에 나온다. 선조 1년(1568) 2월 초의 일기에서 허준은 미암에게 『천지만물조화론(天地萬物造化論)』과 『문칙(文則)』 그리고 『노자(老子)』를 주니 매우 기뻐했다는 기사이다. 이는 두 사람의 사상을 이해하는 데 있어서 노자 혹은 도가사상을 빼놓을 수 없는 단서가 되며, 16세기 주자학 세계를 넘어 도학의 여유로움을 볼 수 있는 대목이기도 하다.

3) 정렴(鄭𥖝) 및 정작(鄭碏)과의 관계

북창(北窓) 정렴(1505~1549)과 고옥(古玉) 정작(1533~1603)은 형제로 정렴이 형이며, 아버지가 을사사화의 장본인이었던 정순붕(鄭順朋)이란 이유로 세인들에게 비난의 표적이 되었다. 그는 박지화의 제자로 도학사상을 전수받았다.

정작은 선조 때 벼슬이 이조좌랑(吏曹佐郞)에 이르렀으나 아버지로 인해 술로 세월을 보내며 시를 즐겨 주선(酒仙)이라는 칭호를 얻기도 했다. 정작은 포천 현감을 지낸 형 정렴과 함께 의술에도 뛰어나 선조 28년(1596)에는 허준과 함께 『동의보감』 편찬사업에 참여하기도 했다.

정작의 형 정렴은 어려서부터 천문, 지리, 의술, 수학, 복서 등에 두루 밝았으며 특히 약리에 밝았다고 한다. 중종(中宗)과 인종(仁宗)의 병환이 깊었을 때는 내의원(內醫院) 제조(提調)의 추천을 받아 입진하였다. 관상감(觀象監), 혜민서교수(惠民署教授), 포천 현감 등을 역임한 후 관직에서 물러나 은둔생활을 하며 내단수련(內丹修練)에 전념하여 조선조 내단사상(內丹思想)의 선맥(仙脈)을 계승하여 유불선(儒佛仙) 삼교(三教)에 능통한 인물로 칭송을 받기도 하였다. 정렴은 일상에서 경험한 처방을 모아 『북창경험방(北窓經驗方)』을 저술하였으나 현재는 전하지 않고 있다. 다만 양예수의 『의림촬요(醫林撮要)』에 인용되어 있을 뿐이다.

정광한(鄭光漢)이 편찬(編纂)한 『북창선생묘기(北窓先生墓記)』를 보면, 정작의 말을 인용하여 "공(公)은 타고난 바탕이 탁월하여 삼교(三教)에 박통(博通)하였으며, 수양(修養)하고 섭생(攝生)함은 선도(仙道)에 바탕한 것이었고, 해오(解悟)함은 선불(禪佛)에 바탕하였고, 인륜강상(人倫綱常)에 떳떳함은 우리 유학(儒學)에 바탕하였다"라고 전하고 있다. 즉 정렴은 도교적 수련과 불교적 깨달음, 유교적 인륜강령을 실천하는 삼교융합(三教融合)의 인물이었다. 이처럼 정렴의 내단사상은 그의 동생 정작을 통하여 『동의보감』 내경편 정기신(精氣神)의 연원이 되었다고 볼 수 있다.

4) 양예수와의 관계

양예수는 언제 태어났는지 정확한 연도는 알 수 없고 1597년 정유재란이 일어나는 해에 운명하였다. 본관은 하음(河陰)이며 자는 경보(敬甫), 호는 퇴사옹(退思翁)이다.

학식이 풍부하여 의술에 뛰어났으며 내의로서 명성을 얻기도 했다. 특히 명종의 총애를 받아 통정대부에 오르고 1580년 가선대부, 1590년 동지중추부사가 되었으며, 1596년에는 태의로서 허준과 함께 『동의보감』편찬 사업에 참여하기도 했으나 정유재란을 당해 『동의보감』 사업에서는 빠졌다. 한편 박세거(朴世擧), 손사명(孫士銘) 등과 함께 『의림촬요(醫林撮要)』를 저술하였다.

『소설동의보감』을 편찬한 이은성 작가에 의해 허준과의 관계를 경쟁자로 혹은 정쟁의 적으로 묘사하였기에 일반 사람들은 적대적인 관계로 인식하고 있다.

그러나 사실은 동지적으로 매우 밀접한 관계였음을 실록을 통해 확인할 수 있다. 또한 유희춘의 『미암일기』를 보면 양예수가 매월 유희춘을 방문해 진료했다는 기록이 있다. 허준은 내의원에 들어가기 전부터 이미 양예수를 알고 지냈을 가능성이 매우 크다. 단지, 스승과 제자 사이가 아니라는 것과 의술에 있어서 치료의 방법 등이 서로 달랐다는 것에서 잘못 인식되지 않았나 생각한다.

3. 허준 드라마에 국민이 열광한 이유

• 궁중에는 희언(戲言)이 없다

"큰 뜸은 약을 다 먹은 후에 본격적으로 떠야 할 것이나 우선 첫 뜸은 잠시 후 시행코자 합니다."벌컥 방문이 열리며 김병조가 달려 나왔다.

"너 지금 무어라 했느냐? 뜸이라니! 이자가 정말 갈수록 태산인 자가 아닌가!"

"병자는 오랜 위병이 있습니다. 차제에 그 병도 고치지 아니하면 진실로 완쾌했다 할 수 없습니다."

▲ 암을 치료하기 위해 뜸 뜨는 허준

“누님, 이자의 말을 들었습니까! 이자가 상감께서 성려를 기울여 주시고 누님께서 지켜보시니 병 고칠 자신이 없어져서 점점 엉뚱한 말로 사람을 못살게 합니다. 도대체 구안와사에 침이란 말은 들어봤어도 침에 약에 뜸까지 뜬단 말 들어나 보셨습니까!”

공빈의 아름다운 눈이 문득 허준을 의심하는 쪽으로 흔들린 듯했다.

“허 의원은 듣소.”

“예.”

“내야 의술에 관해 아는 바 없는 사람이오만 처음 구안와사를 낫게 해달라 청한 터에 이제 와선 청하지도 않는 위병까지 운운하니 나 또한 허 의원 말에 현혹함을 느끼오.”

“현혹이다 뿐입니까? 이자가 처음 지어낸 약부터 도시 쓰기만 할 뿐 이상했는데 이젠 이도 저도 자신이 없어 횡설수설하는 겝니다. 물으나마나 올시다.”

“허 의원!”

“분부하소서.”

“좋소. 다른 사람 아닌 내가 직접 허 의원을 청한 장본인인 터 이제 와서 허 의원을 믿는다, 못 믿는다 하진 않겠소. 그러나 병자인 당사자도 이토록 불신하고 나 또한 영문을 짚어 보지 못하겠으니 다짐을 둘 수 있소?”

“다짐이라 하오면?”

“구안와사와 위병을 언제까지 확실히 고치겠다, 분명한 약조를 둘 수 있소?”

“의원은 병을 두고 다짐은 않는 법이올시다.”

“발명하려 말고 대답해라!”

“정 믿는 바 있는 일이라면 날짜에 다짐을 못 둔다는 것도 우습지 않소. 다짐을 둘 수 있소 없소?”

미사도 이명원도 주위의 모두가 숨을 삼키고 있었다. 김병조의 얼굴에 조소가 어렸다.

"왜 못하느냐! 그토록 자신만만하던 자가 왜 갑자기 못해!"

"할 수 없거든 아니해도 되오. 못 고치는 병 억지로 고쳐내란 말은 아닌즉."

허준이 호흡을 가다듬었다. 그리고 말했다.

"소인의 의견을 반드시 지킨다면 다짐을 두오리다."

"물론 그건 내가 지키게 할 것이오. 의견이란 무엇이오?"

"아까 보니 이 방에서 물러가는 상에 국수 그릇이 보였습니다. 면이란 풍병에는 기피하는 것이오니 음식 또한 일일이 제 지시를 받고 지킨다면 완쾌까지 사흘로 다짐을 두오리다."

"사흘?"

"위병까지?"

"그러합니다."

공빈이 말했다.

"궁중에는 희언이 없는 법이오."

"아옵니다. 만일 향후 사흘 소인의 지시와 처방으로 완치가 아니 됐을 경우 제 목을 내놓겠습니다."

"오냐. 네 입으로 나온 그 말 명심하여라. 그리고 누님 여기 계신 모두는 이자의 다짐에 증인이 되어주시오…."

승리자처럼 김병조가 소리쳤다. 허준도 말했다.

"굳이 증인 필요 없습니다. 만일 병을 못 낫게 해 마마를 기망했다면 그 죄 소인이 아오니."

"좋소. 나도 믿으오. 사흘 손꼽아 허 의원의 장담이 이루어지기를 나 또한 기다리리다."

말은 부드러웠으나 공빈의 눈빛은 차고 엄정했다.

"이젠 돌아가 보오."

• 궁중에는 희언이 없는 법, 작두에 손목이 잘릴 위기!

허준이 위암을 치료하는 기적이 일어난다.약조한 시간까지 위암 환자에겐 아무 변화가 일어나지 않는다.

허언을 했다 하여 허준의 손이 작두로 손목을 잘리려는 아찔한 순간에 "병자가 나았소!"라는 극적인 전환이 일어난다.

겉으로 보기에 병자한테서 아무 변화가 없자 공빈은 처벌을 명한다. "마마를 능멸한 것을 저 또한 분개하던 차 엄중히 조처하겠습니다." 양예수는 허준을 정청으로 끌고 간다. 허준을 도와 같이 치료했던 의녀 소연과 예진이는 살려달라고 애원하다가 같이 끌려간다.

▲ 희언으로 작두에 손목이 잘릴 위기

잠시의 시간도 두지 않고 즉시 작두를 갖다가 허준의 손을 작두 위에 올려놓는다. "침을 놓고 뜸 뜨던 오른손을 올려놓아라!" "영감마님, 허 참봉 대신 저를 대신 벌하여 주십시오! 밤낮을 돌보지 않고 병자를 돌본 죄밖에 없습니다!" 목청 놓아 부르짖는 예진이는 결국 끌려 나간다. 이번에는 김만경과 같은 입직 동기생들과 허준을 아끼는 사람들이 나서서 용서해 달라고 애원한다. "윗분을 현혹시킨 것뿐 아니라 나 포함 내의원의 명예를 실추시켰다. 거기다가 듣도 보도 못한 해괴한 시술로 내 시술을 능멸했으니 그 교만과 자만을 벌하지 않을 수 없소!" "특이하긴 했으나 그 또한 환자를 고치기 위한 것일 뿐 해가 되는 것은 아니었소. 수삼 일만 말미를 주십시오!"라고 애걸한다. 그제야 한마디 말도 없던 허준이 나서서 말한다. "그 병은 낫습니다. 틀림없이 낫습니다!" 그 당시에는 걸렸다 하면 죽는 무서운 병이었으니 허준의 말이 당치 않다. 허준은 조리 있게 이미 환자가 나았다는 사실을 조목조목 말한다. "토혈과 하혈로 썩은 살덩이가 빠지면 죽을 길에서 살 길로 나아가는 것입니다. 스승님께서 치료하시는 것을 보았습니다." 말만 들어도 자지러지는 지긋지긋한 유의태의 이름이 또 나온다. "자네 시술 근원이 기껏 유의태인가? 허세 교만이 가득한 촌구석의 방술로 내의원과 비교하려는가?" "저는 처벌받아도 상관없으나 스승님의 의술을 촌구석 방술이라고 한 것은 정정하십시오! 반위의 모습을 보았습니다."

"사람의 몸을 보기라도 했단 말이냐?" 몸속의 상태를 자세히 말하는 허준. 허준이 사람 몸속의 오장육부와 음식과 물이 들어가고 나오는 상태를 세세히 말하니 그 자리에 둘러서 있던 모든 내의원들은 놀라서 입을 다물지 못한다. 그를 죽이려고 안달하는 사람들조차 사색이 되고 몸이 굳는다. "스승님께서 세상 모든 병의 근원을 알라고 몸을 내주셔서 스승님이 영원히 사시는 길이라 믿고 감히 스승님의 몸을 열어 보았습니다!" 넓은 궁궐 안이 경이와 감동과 놀람으로 고요해진다. 그것도 잠시 악인들이 스스로 악을 멈추는 것을 보았는가? 다시 작두를 내리치려는 찰나 관원이 뛰어오며, “멈추시오! 병자가 나았소!” 허준이 물었다.

“어떻게 나았는지 증세를 말해 보시오!”

“멍울이 없어졌소.”

“스승님! 스승님!”

하염없이 스승님을 부르면서 통곡하는 허준. 시종일관 스승님께 모든 공을 돌리는 사제지간이 참으로 아름답지 않은가?

“소인 이만 물러가도 되겠습니까?”

• 최고 시청률 64.8%, 이 기록은 2022년 현재까지도 사극 부동의 1위

허준을 주인공으로 내세운 드라마는 지금까지 4개가 방영되었다. 1976년 〈집념〉, 1991년 〈동의보감〉, 1999년에 〈허준〉이란 이름으로 이 드라마가 방영되었고, 2013년에는 이 드라마의 리메이크작 〈구암 허준〉이 방영했다.

원작은 이은성(1937~1988)이 쓴 『소설 동의보감』이다.

전광렬, 이순재, 황수정, 김병세 주연으로 1999년 11월 22일부터 2000년 6월 27일까지 64부작으로 방송되었고, 주·조연 배우들의 열연과 각본의 뛰어난 완성도로 역대 허

준 드라마 중 최고일 뿐 아니라 당대의 국민 드라마의 반열에 오른, 그야말로 불후의 명작이다. 최고 시청률은 64.8%이며, 이 기록은 2022년 현재까지도 사극 부동의 1위, 드라마 전체 4위의 기록이다. 대한민국을 넘어 세계 각국에서 각광을 받았다.

• 허준 선생의 품성은 땅속을 흐르는 '상선약수(上善若水)' 같은 분

허준 선생 묘소에 들렀다 돌아가는 길에 뒤따르던 어린 소녀가 내의녀 예진 아씨에게 물었다. "허준 선생은 어떤 분이셨어요?"라고 물으니, 예진은 "그분은… 그분은 땅속을 흐르는 상선약수(上善若水)와도 같이 물 같은 분이셨어. 태양 아래에 이름을 빛내며 살기는 쉬운 법이란다. 어려운 것은 아무도 모르게 목마른 사람의 가슴을 적시는 거지. 그분은 그런 분이셨어. 진심으로, 진정으로 병자를 사랑한 심의(心醫)셨다."

소녀가 "그분은 내의녀님을 사랑하셨어요?"라고 예진에게 물으니, "그건 나도 모르겠구나. 내가 죽어 땅속에 묻히고 흐르는 물이 되어 만난다면, 그땐 그땐 꼭 여쭤봐야겠다."

작중 마지막 화에서 예진의 마지막 대사이자 드라마 전체를 마무리 짓는 대사인데, 허준을 아주 잘 표현한 멋진 멘트였고 가슴을 울렸다.

• **허준 드라마 OST 조수미의 〈불인별곡〉이 유명한 이유, 가사**

~전주곡~

가지 못하네 돌아갈 데가 없어

살아 헤질 이맘은 가없이 떠도네

살아서 우네 갈 곳을 잃었구나

죽어도 못 맺을 이 몸은 천공을 헤매리

~간주~

가지 못하네 갈 곳을 잃었구나

죽어도 못 맺을 이 몸은 천공을 헤매리

가없는 저 세월은 꿈도 한도 없구나

천년을 울어봐도 가는 해만 덧없어라

~간주~

가지 못하네 갈 곳을 잃었구나

죽어도 못 맺을 이 몸은 천공을 헤매리

가없는 저 세월은 꿈도 한도 없구나

천년을 울어 봐도 가는 해만 덧없어라

~간주~

가지 못하네 갈 곳을 잃었구나

죽어도 못 맺을 이 몸은 천공을 헤매리

살아서 슬퍼라~

조수미의 깊고 절절한 음색으로 노래한 곡은 이 드라마의 감동을 더해 주었다.

• 전광렬에게 침 놓아 달라며 촬영장에 오신 노인들

허준 촬영 비하인드 스토리 공개. 전남 해남에서 드라마 촬영하는 현장에 어르신들이 몰려와 있길래 전광렬은 '촬영 구경 오셨구나'라고 생각했는데, 알고 보니 허준 역의 자신에게 진료받고 싶다고 몰린 것이었다고 한다. 전광렬은 난감해하며 자신은 배우일 뿐 한의사가 아니라고 해명(?)해야 했다.

• 스승이 허준에게 가르쳤던 의원의 마음가짐과 파란만장한 역정

허준 드라마는 본래 40부작으로 기획되었으나, 원작 소설의 작가 이은성이 구상은 했었으나, 갑작스러운 사망으로 집필하지 못한 부분과 결말 부분을 더 작성하여 인기에 힘입어 연장하게 되었다. 선조 후계 구도를 둘러싼 소용돌이에 휘말리면서도 자신의 소신을 지키는 허준 말년의 파란만장한 역정은 그려지지 못했다.

실은 유의태의 이 행보는 자신이 허준에게 가르쳤던 의원의 마음가짐과 정면으로 부딪치는 모순된 행동이다. 그만큼 허준을 아끼는 마음이 잘 드러났던 명대사. 하지만 결국 환자들을 너무 사랑한 나머지 옳은 말로 설득하며 허준이 간청하자 유의태는 결국 수락한다. 그 뒤 유의태의 대사 "내가 저 아이를 아끼는 것도 바로 저런 심성 때문이지"라며 본마음까지 밝혔다.

• 스승의 몸 수술 시 나온 감동음악 '그레고리오 알레그리의 미제레레이'

이 대사 중에 깔리는 배경음악이 모차르트가 14살 때 시스티나 경당을 방문해서 단 두 번 듣고 필사해서 세상을 놀라게 한 '그레고리오 알레그리의 미제레레이'다. 사극과 르네상스풍의 성가곡의 조합이 다소 이질적일 것 같지만, 굉장히 영적인 분위기를 자아낸다. 이 곡은 스승 유의태의 몸을 열어 볼 때 한 번 나온 곡인데, 스승의 몸을 열어 보았고 그것이 스승님이 영원히 사는 길이라 여겼다고 고백하는 이 장면에서 또 한 번 나왔다.

• 의원은 병을 두려워해서는 안 되고, 의원의 소임은 병자들을 돌보는 것

"의원의 소임은 병자를 보살피는 일이다. 그것이 첫 번째 소임이야, 둘째도 셋째도 의원의 소임은 그것뿐이야! 넌 허준이에게 졌다. 제아무리 내의원의 굴레를 둘러보아도 타고난 품성이 그렇게 다른데, 넌 끝내 허준이에 미치지 못할 것이야."

유도지가 아픈 병자를 외면하고 의과를 보러 간 사실에 분노한 유의태

의 대사.

"세상에서 의원을 높이 알아주건 안 알아주건 간에, 의원의 소임은 생명을 다루는 것이니, 그 어느 생업보다도 고귀한 일이다. 허나, 아무리 귀하다 한들 마지막 한 가지를 깨우치지 못하면 진정한 의원이라 할 수 없으니 그것이 바로 사랑이다. 병들어 앓는 이를 불쌍히 여기고 동정하는 긍휼의 마음. 진심으로 병자를 긍휼히 여기는 마음가짐이 있을 때 비로소 심의(心醫)가 되는 것이야. 세상이 진심으로 바라고 기다리는 것은 오직 하나, 바로 심의일 뿐이다."

이 작품의 핵심 주제가 담긴 유의태의 가르침. 허준이 심의가 되는 길을 가게 한 가장 중요한 메시지이다.

• 눈앞에 있는 병자를 앞에 두고 살아남은 의원이 무엇을 할 수 있겠습니까?

허준: 스승님!

유의태: 여기는 오지 말라고 일렀다. 못 들었더냐!

허준: 예진 아씨에게 들었습니다, 허나….

유의태: 돌아가거라. 여기는 삼적과 나만으로도 넉넉하다, 돌아가거라.

허준: 아직 수많은 병자들이 위중한 상태라고 들었습니다. 저도, 스승님과 대사님 곁에서 병자를 돌보게 해 주십시오.

유의태: 돌아가라는 말이 안 들리느냐!

허준: 저, 스승님….

유의태: 온역은 무서운 돌림병이야! 의원이라고 해서 비켜 가지 않아! 지체 말고 돌아가거라!

허준: 그럴 수는 없습니다! 소인, 스승님과 병자들을 두고 돌아갈 수 없습니다! 의원은 병을 두려워해서는 아니 된다 하셨습니다. 의원의 소임은 첫째도 둘째도 병자들을 돌보는 것이라 하셨습니다. 헌데 어찌하여 소인더러 병자를 외면하고 도망치는 의원이 되라 하십니까? 소인, 예서 죽을지언정 돌아갈 수는 없습니다.

유의태: 병자와 함께 죽음을 각오하는 것만이 능사가 아니다. 세상엔 이들 말고도 네 치유를 기다리는 수많은 병자들이 있어! 여긴 삼적과 나면 된다. 돌아가거라!

허준: 스승님….

유의태: 돌아가라지 않느냐!

허준: 갈 수 없습니다!

유의태: 이놈이! (허준의 따귀를 때린다)

삼적: 아니, 왜 이러나?

유의태: 넌 살아서 할 일이 있어! 어서 돌아가거라!

허준: 스승님!

유의태: 왜 여태 있는 게야?

허준: 용서하십시오, 스승님 말씀을 거역하더라도 돌아갈 수는 없습니다. 이곳에 남아 병자들을 돌볼 수 있도록 허락해 주십시오. 스승님까지 쇠약해지시는 이 마당에 두 분이 이 많은 병자들을 돌보신다는 건 무리입니다. 소인을 위해주시는 스승님의 심중을 모르는 바가 아니지만 눈앞에 있는 병자를 앞에 두고 살아남은 의원이 무엇을 할 수 있겠습니까? 소인더러 이곳을 떠나라고 하심은 의원 되는 길을 포기하라는 것과 마찬가지입니다!

온역이 도는 마을에 온 허준과 그를 되돌려 보내려는 유의태의 대사다.

• 우리네 인간들이 억겁의 세월을 돌고 돌아 윤회하는 것을 우리가 떠나고 나면 다음 사람들이 우리를 대신하겠지

유의태: 네가 지금 날 위해서 할 수 있는 것은 한 가지뿐이야. 내 죽음을 인정하고 받아들여라. 네가 이러는 것은 내게 짐이 될 뿐이야.

반위를 숨기려 했지만 마침내 들통나게 되자 짐이 되기 싫어 허준에게 한 유의태의 대사.

유의태: 바람이라도 불어 옷이라도 날려야 내가 살아 있는지 죽어 있는지 잊고 있는 인생, 한평생을 의를 업으로 살아왔어도, 정작 목숨이 뭔지 들여다볼 여가도 없었지. 어차피 죽을 사람들인데, 그 병을 수시로 낫게 하는 의원이라는 것도, 어찌 보면 너무나 적은 행위일 뿐이야. 결국 피하지 못하고 죽을 목숨, 제아무리 할 일이 많이 남아 있다 해도 그 일을 다 하도록 기다려 주지 않는 것이 죽음이 아니던가.

삼적대사: 제아무리 발버둥 쳐봐야 영혼이 머물 수 없는 곳이 이승이지. 허나 영원하지 못하면 또 어떤가. 우리네 인간들이 억겁의 세월을 돌고 돌아 윤회하는 것을. 우리가 떠나고 나면 다음 사람들이 우리를 대신하겠지.

유의태: 그래. 주어진 여명껏 살다 보면 내가 죽은 자리를 채워 주고 미처 못다 한 것을 이뤄 줄 이가 있겠지.

삼적대사: 허준이 말인가?

유의해: …그만 가세.

• 내 생전의 소망을 너에게 위탁하니,
병든 몸이나 내 몸을 너에게 준다

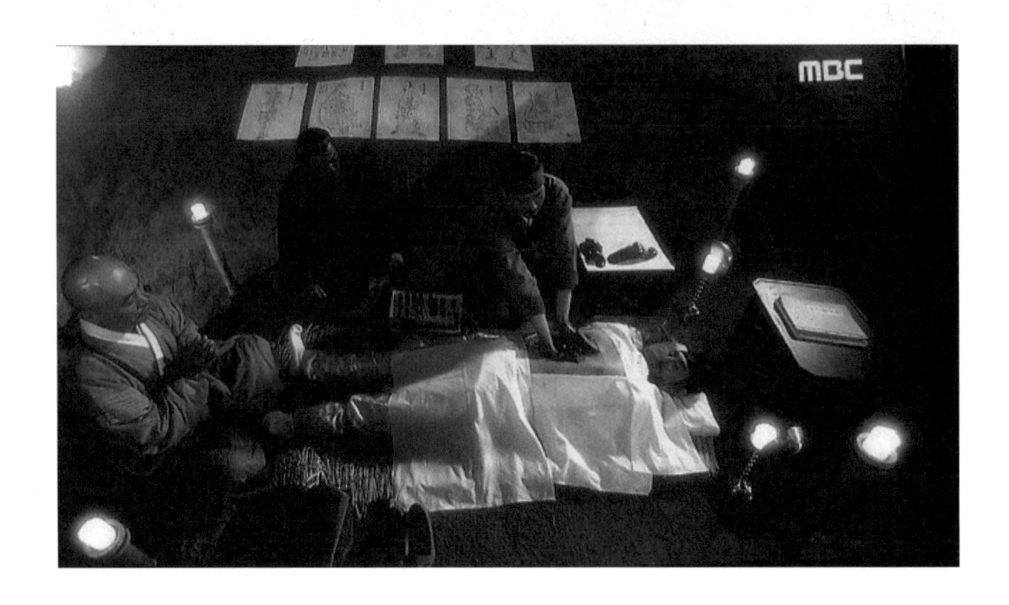

허준이 보아라, 내 죽음을 누구보다 서러워할 사람이 너임을 알고, 이 글을 네게 남긴다.

나는 내게 닥쳐오는 죽음을 보았고, 기꺼이 그 죽음을 맞이하려 했다. 그것은 태어나던 순간 결정된 모든 생명의 예정된 길이니, 서러운 일만은 아닐 것이다. 육십 평생을 살다 가는 나 같은 자에게 더 이상 무슨 여한이 있을까만, 소리 없이 닥치는 죽음의 발소리를 들으며 나는 생각하고 또 생각했다.

강보에 싸인 어린아이로부터 이 세상이 바라는 유용한 사람들, 평생 타인을 위해 덕을 쌓은 귀한 인물에서 호강 한번 못 해보고 고생만 하다 죽은 측은한 인생까지, 이들 모든 생명을 죽음에 이르게 하는 만병의 정체를 밝혀, 그들로 하여금 천수가 다하는 날까지 무병하게 지켜줄 방법은 없는가.

이는 의원 된 자의 본분이요, 열 번 고쳐 태어나도 다시 의원이 되고자 하는 이에겐 너무도 간절한 소망일 것이다. 허나, 나 또한 불치의 병을 지니게 되었으니 병과 죽음의 정체를 캐낼 여력이 이미 없다.

이에 내 생전의 소망을 너에게 위탁하니, 병든 몸이나 내 몸을 너에게 준다.

명심하거라, 이 몸이 썩기 전에 지금 곧 내 몸을 가르고 살을 찢거라. 그리하여 사람의 오장과 육부의 생김새와 그 기능을 확인하고, 몸속에 퍼진 삼백예순 마디의 뼈가 얽히는 이치와 열두 경력과 요술을 살펴, 그로써 네 의술의 정진의 계기로 삼길 바란다.

• 약방의 감초, 임오근 왈 홍춘이~ 그리고 허준을 호되게 호통치는 유 의원

홍춘이~ 임오근이 입에 달고 사는 대사이자 시청자들에게 가장 사랑받는 드라마 최고의 개그 명대사.

유의태: 실수를 했느니, 미처 몰랐느니, 사람을 죽이고도 변명만 늘어놓을 놈이구나! 칼을 든 무사보다 독을 품은 짐승보다 더 무서운 것이 의원의 손이야! 단 한 번의 실수도 용서받을 수 없는 게 의원의 손이야! 생명의 귀함을 모를 바엔 차라리 장사치가 되는 게 나을 터! 무지한 장사치도 사람을 죽이진 않는다! 넌 사람을 다룰 자격도 없는 놈이야!

• 허겸은 아버지 허준이 가족 버리고 떠난 것으로 오해해 분노

▲ 피난길을 떠나는 허준일가

왕이 피난 간 상황에서 허준의 식솔들이 허준을 기다리며 집에서 안절부절못하는 모습을 보이는 장면이 그려졌다.

허준은 왕의 피난길에도 따라가지 않고 희귀 의서를 단 한 권이라도 챙기기 위해 고군분투했고, 집으로 돌아가던 도중 혜민서에 불이 났다는 말에 다시 궐로 발길을 옮겼다.

아들 허겸은 아무리 기다려도 허준이 오지 않자 돌쇠와 양태와 함께 궁궐로 향했다. 그러나 허겸은 궁궐에서 돌아오는 백성들이 궐 안 사람들 모두 피난을 가 아무도 없다는 말을 듣고 절망했다. 또한 허준이 식구들에게 아무 언질조차 없이 떠났다고 생각해 눈물지었다.

피난지인 평양성에서 허준과 아들 허겸이 상봉했다. 그러나 아들 허겸은 가족들을 버리고 피난을 먼저 떠난 아버지 허준을 원망하며 비난했다.

나중에 상황을 알게 된 허겁은 아버지의 업적에 감사하며 원만한 관계를 회복하였다. 그리고 아들은 후에 파주목사가 되었다.

4. 허준 관련 구전되고 있는 설화의 내용들

허준이 젊어서 이인을 만나 의술을 배웠다.

10년을 약조하고 공부하던 중 스승이 없는 사이 함부로 과부 아들의 병을 고쳐주었다가 8년 만에 쫓겨 갔다.

그 뒤 의술로 명성을 쌓아 중국 천자 딸의 병을 고쳐 달라고 초빙되어 가는 길에, 호랑이 입에서 비녀를 꺼내주고 절구와 쇠, 더러운 베를 얻었으나 베가 죽은 이를 살리는 회혼포(廻魂布)인 줄 몰라보고 버렸다.

그는 환자의 병을 사맥(蛇脈)으로 진단했으나 고칠 방도를 몰라 말미를 얻어 고민하던 중 어떤 이인이 나타나 그것이 용맥이며 절구와 쇠로 고칠 수 있음을 알려주어 치료해 주었다.

귀국한 후 다시 중국으로 불려 가 큰 구렁이로 변한 천자 딸을 고쳐 달라는 부탁을 받았으나 역시 방도를 몰라 죽을 고민을 하고 있는데 스승이 나타나 처방을 알려주어 원래의 몸으로 돌아오게 하였다.

큰 명성을 얻고 높은 벼슬을 받은 뒤 귀국하였다.

구전설화에서는 각 편에 따라 약간의 변화가 있으나 의술을 배우는 과정에서 불완전성이 암시되고(10년 수학 기간을 다 채우지 못함), 중국행의 동기가 천자의 가족(딸 또는 부인) 병을 치료하기 위한 것이며, 그들의 증상이 용종잉태 또는 뱀으로 변해 있는 등 뱀과 연관되어 있으며, 이인의 도움으로 치료 방도를 얻고 명성을 얻었다는 공통점이 있다.

구전과 문헌 소재 자료의 유사점은 그가 명의로서 자리를 굳히게 되는 계기가 중국행이라는 점, 특히 특정 동물을 치료해 준 것이 명성을 얻게 된 계기로 작용한다는 점이다.

그러나 구전설화에 비해 문헌설화의 내용은 소략한 편인데, 이 같은 문헌 소재 설화와 구전설화 사이의 공백을 메꾸어 줄 수 있는 자료로서 허준의 스승인 양예수(楊禮壽)에 관한 문헌설화를 들 수 있다.

문헌 소재 양예수 설화 중 구전되는 허준 설화와 상통하는 부분으로는 『이향견문록』의 경우 양예수가 사신을 따라 중국에 갔을 때 범의 새끼를 고쳐주고 주천석(酒泉石)을 선물로 받았다는 부분, 유만주(兪晩柱)의 『흠영(欽英)』에서는 그가 치료했던 재상집 딸 병의 원인이 지렁이에게 감통하여 잉태했기 때문이었다는 부분 등을 지적할 수 있다.

이 같은 상황을 감안하면 구전설화에서 나타나는 허준이 중국에 간 이유, 범을 고쳐 주고받은 보배, 환자와 이물(異物)과의 관계 등은 허준과 그의 스승 양예수의 일화들이 민간에 구전되는 과정에서 모든 내용들이 양예수보다 유명했던 허준의 일화들로 결집되어 전승된 것으로 추정된다.

이 같은 설화 통합은 사제 관계였던 허준과 양예수의 의술적 계승관계를 바라보는 민간적 시선을 함축하는 것으로 보인다.

구전되고 있는 수많은 명의 관계 설화 중에서 허준의 경우에만 중국행이 나타난다는 사실도 그의 의술 체계에 대한 민간적 이해 방향을 시사하는 것으로 보인다.

중국에 왕진 가던 길에 신이한 의료기를 획득했고, 그것이 그의 의술 발전에 결정적인 견인차 역할을 했다는 점은 민간에서 이해하고 있는 허준의 의술과 사상적 배경의 내용에 대해 시사하는 바 크다.

그는 향약을 집성하여 우리 나름의 의학 체계를 수립한 인물이다.

중국행과 관련된 이야기 내용들은 그가 중국의 의술을 정리하여 한국적 처방을 확립했다는 사실을 의미하는 것으로 이해할 수 있다.

※ 참고문헌

樂坡漫錄, 欽英, 里鄕見聞錄, 韓國口碑文學大系 (한국정신문화연구원, 1980~1989),
명의담에 나타난 인간 및 세계인식 (강진옥, 민속어문론총, 계명대출판부, 1983).

summary

1. 어의(御醫), 의성(醫聖)으로서의 허준의 삶

2. 허준에 대한 정신적·물리적 가치평가

3. 아날로그와 디지털의 분기점

08

의성 허준 정신, 디지털로 부활하다

…

사람들은 의성 허준의 『동의보감』에 환호한다.

물론 이 역사상 볼 수 없는 불세출의 작품에 연호하는 것은 당연하고, 감사해야 하는 것은 후대인들의 당연한 의무이자 가치일 것이다.

그러나 사람들이 놓치고 있는 것이 있다.

바로 허준이 쓴 『동의보감』의 뒤에 숨겨져 있는 도가적인 철학과 사상, 홍익인간 이념과 해인사상, 그리고 어려운 백성을 향한 긍휼스런 마음인 것이다.

이제 고려조와 조선조를 거치면서 1918년을 분기점으로 디지털 시대를 맞이하였고, 협소한 지구적인 사고로 투쟁과 쟁탈을 일삼던 시대는 끝났다.

이제는 먹고 먹히고, 뺏고 빼앗기는 투쟁의 체제에서 벗어날 때가 되었다.

인간은 짐승이 아니고 만물의 영장이다.

현대와 같이 서로 죽고, 죽이고, 빼앗고, 경쟁하는 시대는 끝났다.

여러분이 열광하는 허준의 정신이야말로 미래의 비전인 것이다.

그래서 이 장에서는 〈디지털 시대의 허준 정신〉을 반포하고자 한다.

1. 어의(御醫), 의성(醫聖)으로서 허준의 삶

허준은 내의원에 어떻게 들어간 것일까? 다른 기록은 찾을 수 없으나 오직 『미암일기』에서만 보이는데, 선조 2년(1569)에 미암 유희춘이 이조판서 홍담(洪曇)에게 허준을 내의원직에 천거한 사실이 있다. 그의 나이 33세 때에 처음으로 내의원에 출사(出仕)한 것이다.

한편, 조선왕조실록에는 허준이 의관 시험을 보았다는 내용은 없다. 허준이 내의로서 조정에서 활동한 기록들을 조선왕조실록 및 기타 문헌들을 통해 연도별로 요약 정리해 보기로 하자.

『조선왕조실록(朝鮮王朝實錄)』에서 '허준(許浚)'을 검색해 보면 많은 기사가 보인다. 가장 처음으로 나타나는 기사는 선조 8년(1575)이다.

"허준과 명의(名醫) 안광익(安光翼 : 생몰년 미상)은 선조의 반열증을 진찰하여 쾌유되자 가자(加資) 특명을 받았다."

이 무렵 허준은 이미 명의로서 활발한 활동을 하고 있었음에 틀림없다.

선조 11년(1578)에 허준이 내의원 첨정(僉正)의 자리에 있을 때 선조가 허준에게 『신간보주동인맥혈침구도경(新刊補註銅人脈血針灸圖經)』을 하사(下賜)하기도 했다. 그리고 선조 14년(1581)에는 허준이 고양생(高陽生)의 저술 작품인 『찬도맥결(纂圖脈訣)』을 교정하여 『찬도방론맥결집성(纂圖放論脈訣集成)』 4권 4책을 편찬하였다.

선조 20년(1587)에는 왕이 담증(痰症)이 심하여 밤낮으로 고통을 받다가 쾌유되었다. 그러자 내의원 도제조 유전(柳琠), 제조 정탁(鄭琢) 및 부제조 김응남(金應南)에게 표범 가죽으로 만든 욕(褥 : 요), 아다개(阿多介 : 털요) 1좌(座)씩을 내렸다. 그리고 어의 양예수(楊禮壽), 안덕수(安德秀), 이인상(李仁祥), 김윤헌(金允獻), 이공기(李公沂), 허준(許浚), 남응명(南應命) 등 7명에게는 각각 녹피(鹿皮 : 사슴 가죽) 1령(令)씩을 하사하였다.

선조 23년(1590)에는 사간원에서 "내의 허준이 왕자를 치료했다고 하여 가자(加資)할 것을 특명하였는데, 허준이 비록 구활(救活)한 공이 있다고는 하지만 형편이나 격식이 양전(兩殿 : 왕과 왕비)의 시약청(侍藥廳 : 조선시대 국왕의 병을 다스리기 위해 임시로 설치한 관아, 내의원의 도제조 이하 많은 관원이 배속) 의원과는 판이하게 다릅니다. 전하께서 한때의 기쁜 마음에 따라 종전에 없던 상전(賞典)을 과하게 베푸시는 것은 불가하니 개정을 명해주십시오"라고 했다. 그러나 선조는 윤허하지 않았다.

선조 24년(1591) 정월부터 사헌부를 시작으로 사간원과 번갈아 가며 일곱 차례나 계(啓)를 올려 허준에게 벼슬과 상을 내리는 것이 부당하다고 간언을 했으나 선조께서는 더 이상 논하지 말라고 단호하게 거절하였다.

선조 25년(1592) 4월 13일 왜(일본)가 예고 없이 부산항에 쳐들어와 조선 사람들을 학살하기 시작했다. 이것이 임진왜란이다. 두 달 뒤 6월 선조는 궁을 버리고 의주로 피난 중이었는데, 이때 많은 중신들은 자기 몸 자기 가족 하나 살리겠다고 대부분 도망갔다. 한성에서 의주에 이르기까지 문관·무관이 겨우 17명이었으며, 환관 수십여 명과 액정원(掖庭員) 4~5명, 사복원(司僕員) 사복시(司僕寺)에 근무하는 관원들로 여마(輿馬), 구목(廏牧) 및 목장에 관한 일을 맡아보는 사람들 3명, 그리고 어의 허준 등이 처음부터 끝까지 선조의 곁을 떠나지 않고 호종하였다.

선조 28년(1595) 4월 13일에 선조는 별전 편방에 나와 의관 허준, 이정록, 이공기, 박춘무, 김영국, 정희생 등을 인견하고 침구치료를 받았다. 선조 29년(1596) 3월 3일에는 동궁의 병이 낫자 의관 허준, 김응탁, 정예남 등을 승급시켰다. 그러자 3월 12일 사간원에서 상소하여 허준만은 가자하고 정예남, 김응탁 등의 동반직은 개정하기를 청했다. 그러나 왕은 따르지 않았다.

선조 29년(1596) 선조는 허준을 불러 명령하기를 유의(儒醫) 정작(鄭碏), 태의(太醫) 양예수(楊禮壽), 이명원(李命源), 정예남(鄭禮男) 등과 함께 『동의보감』을 편찬하라고 했다. 그러나 선조 30년(1597) 정유재란이 일어나 여러 의원들이 흩어지게 되자 선조는 허준만을 불러 혼자서라도 『동의보감』 편찬을 멈추지 말라 명령하고 내장하고 있던 500여 권의 의서들을 내어주었다.

이리하여 허준은 전쟁 속에서도 부상 등으로 고통받고 있는 백성들을 생각하면서 의서 편찬에 최선을 다하였다. 『동의보감』 편찬에 앞서 선조 34년(1601)에는 임진왜란 및 정유재란으로 소실된 의서들을 다시 편찬할 것을 주문받아 허준은 백성들이 이해하기 쉽도록 한글로 번역한 『언해두창집요(諺解痘瘡集要)』, 『언해구급방(諺解救急方)』, 『언해태산집요(諺解胎産集要)』들을 편찬했다.

선조의 병은 날로 깊어져 침을 맞는 장면이 실록에 자주 보인다.

선조 34년(1601) 3월 25일 왕이 편전(便殿)에 행차하여 수침(受鍼)할 때 왕세자가 입시(入侍)하고 약방제조(藥房提調) 등과 의관 허준 등이 입시하여 침을 놓았다. 4월 15일에는 왕이 내의 허준, 견림(堅霖)에게 명하여 입진(入診)하도록 했다. 4월 20일에도 내의 허준, 이공기, 견림 등에게 입진하도록 명했다.

선조 37년(1604) 6월 25일에는 대대적으로 공신을 봉하였는데 호성공신(扈聖功臣), 선무공신(宣武功臣), 청난공신(淸難功臣)이다. 허준을 호성공신 3등 충근정량호성공신(忠勤貞亮扈聖功臣)에 봉하는 등 모두 86명을 공신으로 봉하였다.

같은 해 7월 2일에는 선조께서 허준의 경우는 모든 의서에 통달하여 약을 쓰는 데에 노련하니 망령되이 생각하지 말라고 했다.

이렇듯 허준은 의서에도 매우 깊은 지식이 있다는 것을 말해 주는 대목이다.

같은 해 10월 23일에는 허준에게 숙마(熟馬 : 길들여진 말) 1필(匹)을 하사하였다.

선조 38년(1605) 9월 17일에는 허준이 시묘(侍墓)의 예를 올리기 위하여 공식적으로 휴가를 얻어 고향에 내려갔는데 사간원에서는 "(전략) 어의는 참으로 일각이라도 멀리 떠날 수 없는 것입니다. 그런데 양평군 허준은 품계가 높은 의관으로서 임금님의 병을 생각하지 않고 감히 사사로운 일로 태연히 뜻대로 행하고야 말았습니다. 이에 사람들이 모두 분개하고 있으니 먼저 파직시키고서 추고하소서."라고 아뢰었다. 임금께서는 허준의 일에 대해서 허락하지 않았다. 9월 19일에도 사간원에서 허준이 자리를 비웠다는 이유로 탄핵하라고 주청하였다. 역시 허락하지 않았다.

선조 39년(1606) 1월에 국왕이 허준에게 '양평군(陽平君)'이란 작호를 주고 정일품(正一品) 보국숭록대부(輔國崇祿大夫)라고 하는 최고의 품계를 주었다. 그러자 이에 대해 사간원, 사헌부에서 허준은 서자이고 중인 신분인 의원에게 그렇게 높은 관직과 품계를 주는 것은 절대로 허용할 수 없는 일이라고 1월 9일까지 14차례나 반대 상소를 올려 보류되었다.

선조 39년(1606) 4월부터 선조 40년(1607) 12월까지 왕의 환후가 쾌차하지 않자 한편에서는 양평군 허준이 수의로서 약을 잘못 써서 그러는 것이니 허준의 논죄를 청하고, 다른 한편에서는 갑자기 수의를 논죄하는 것은 부당하다고 하는 등 논란이 31차례나 끊이지 않았다. 이에 선조는 허준을 더 이상 논죄치 말고 그가 의술을 극진히 할 수 있도록 하명하였다.

광해 즉위년(1608) 2월 1일 선조는 붕어했다. 선조가 승하하자 그해 3월부터 사간원과 사헌부에서 허준의 죄를 법조문대로 정죄(定罪)하기를 3월에만 무려 14차례나 청하였으나 광해는 허락하지 않았다. 사간원과 사헌부에서 연일 계속되는 상소와 더 중하게 벌해야 한다고 하니 광해도 어찌할 수 없이 허준을 중도부처(中途付處)하고 더 이상 허준의 일을 논하지 말라 했다.

해가 바뀌어 광해 1년(1609) 4월까지도 사간원이 연계하여 허준을 위리안치(圍籬安置)할 것을 계속 청하였다. 그러나 광해는 "허준은 옛날 내가 어렸을 때 많은 공로를 끼쳤다. 근래에도 나의 병이 계속되고 서울에 있는 의원들의 술업이 고루한데도 감히 귀양 간 허준을 풀어주지 못하도록 하는 것은 공론을 중히 여기기 때문이다. 그가 이런 기별을 들으면 의당 경계하고 두려워할 것이니 죄를 가중할 필요는 없다. 번거로이 고집하지 말라"라고 했다.

그해 11월 22일조에 보면 왕이었던 광해는 "허준은 호성공신일 뿐만 아니라 나에게도 공로가 있는 사람이다. 근래에 내가 마침 병이 많은데 내국(內局)에는 노성한 숙의(宿醫)가 적다. 더구나 귀양살이한 지 해가 지났으니, 그의 죄를 징계하기에는 충분하다. 이제 석방하는 것이 가하다"라고 말하고 석방하도록 전교하였다.

사간원에서는 허준의 방환(放還)에 대해 계속적으로 철회하라고 요청했다. 11월 23일, 24일, 26일, 27일, 30일, 12월 1일, 2일, 3일에 의금부 등과 연계하여 하루가 멀다 하고 집요하게 철회를 주청하였다. 광해왕은 끝내 철회하지 않았다.

1609년 12월 3일자 기사를 보면 잘 알 수 있다. "시약(侍藥)한 일은 내가 그 처음과 끝을 아는데, (중략) 내가 어찌 일의 체모를 헤아리지 않고서 이런 일을 하겠는가. 번거롭게 고집하지 않았으면 좋겠다"라고 하면서 그들의 요청을 단호히 거절했던 것이다. 정치인들의 속성상 그럴 수 있다고 하지만 당리당략에 치중하고 개인의 사리사욕에 얽매인 꼴사나운 행태들인 것이다. 아무리 신분사회라 하더라도 나라에 중요한 일이 있을 때는 누구나 국가를 위해 헌신하는데도 천한 신분이었다는 이유 하나만으로 충분한 대우를 받지 못했다는 것이 안타까울 뿐이다.

1610년 허준이 『동의보감』을 완성함에 따라 광해는 속히 간행하라고 하명하였다. "양평군(陽平君) 허준(許浚)은 일찍이 선조 때 의방(醫方)을 찬집하라는 명을 특별히 받들고 몇 년 동안 자료를 수집하였는데, 심지어는 유배되어 옮겨 다니고 유리(流離)하는 가운데서도 그 일을 쉬지 않고 이제 비로소 책으로 엮어 올렸다. (중략) 허준에게 숙마(熟馬) 1필을 직접 주어 그 공에 보답하고, 이 방서(方書)를 내의원으로 하여금 국(局)을 설치해 속히 인출케 한 다음 중외에 널리 배포토록 하라."

광해 3년(1611)에 이정구(李廷龜 : 1564~1635)가 왕명을 받들어 『동의보감』의 서문을 지었다. "그해 11월에 내의원에서 이전에 명령하신 하삼도(下三道 : 전라도, 충청도, 경상도)에 나누어 보내 간행하라고 한 『동의보감』이 방대하여 하삼도에서 인출하기가 어려우니 내의원에서 인출하는 것이 편리할 뿐만 아니라, 의서에서 잘못된 글자가 나타나면 안 되니 내의원에서 감교하여 간행하는 것이 좋을 것 같다"라는 입장을 제시했다. 이렇게 되면서 하삼도에서 준비해 놓은 재료를 거두어들여 내의원에서 목활자로 간행하게 되었다.

광해 역시 선조와 마찬가지로 병약하여 자주 침을 맞는 기사가 조선실록에 자주 나온다. 광해 4년(1612) 10월 2일조 기사에 보면 침을 다 맞고 나서 병풍을 치우도록 명하였다. 허준이 아뢰기를 "오래된 증세에는 한 번의 침으로는 효험을 보지 못합니다. 모레 다시 맞으소서" 하니 왕이 이르기를 "내일 맞는 것이 어떻겠는가?" 하니 허준이 아뢰기를 "연이어 침을 맞으시는 것은 미안한 일입니다" 하였다.

광해 5년(1613) 2월에 허준은 『신찬벽온방(新纂辟溫方)』 1책을 먼저 집필하여 내의원에서 간행 반포하였고, 같은 해 11월에 『동의보감』이 간행되었다. 그로부터 한 달 후 12월에 허준은 『벽역신방(辟易新方)』 1책을 편찬하여 다시 내의원에서 간행하였다. 한 해에 무려 3종의 책을 집필하였다. 이러한 허준의 집필활동을 놓고 볼 때, 전쟁을 치르고 난 뒤라 전염병이 얼마나 심각했었던가를 짐작할 수 있다.

『신찬벽온방(新纂辟溫方)』의 편찬 이유는 1612년 함경도에 역려(疫癘 : 전염병, 곧 유행을 일으키는 전염성 질병을 통틀어서 일컫는 말)가 유행하고 이듬해에는 8도에 전파되었기 때문에 중종 20년(I525)에 간행된 『간이벽온방(簡易辟瘟方)』을 다시 인출하여 각 도에 반포했다. 그러나 역려(疫癘)가 종식되지 않은 데다가 여름부터는 당독역(唐毒疫)이 유행하여 효용이 없자 왕은 허준에게 『신찬벽온방』을 편찬하라 하였던 것이다. 그다음 해인 광해 6년(1614) 2월에 『동의보감』을 반사하였다.

광해 7년(1615) 11월 10일 허준은 파란만장한 생을 마감한다. 광해는 여러 차례 대신들의 반대에 부딪혀 보류되었던 품계를 올려주고자 "내관 방준호(方俊豪)에게 보국을 추증했는지의 여부를 공신회맹녹권(公臣會盟錄券)을 상고해 아뢰어 처리하도록 하라"라고 전교하였다. 그리하여 11월 13일에 광해는 허준을 '대광보국숭록대부(翼社功臣輔國崇祿大夫)'로 추증하였다. 이후의 실록 기사를 찾아보아도 더 이상 허준의 가자(加資) 문제를 논한 기록은 없다.

허준은 1615년 향년 79세의 나이로 세상을 등졌다. 허준의 묘는 경기도 파주시 진동면 하포리 산129번지에 있다.

2. 허준에 대한 정신적·물리적 가치평가

허준에 대한 평가는 오늘날에 이르러서야 매우 긍정적인 평가를 하는 것 같다. 전통사대에는 서자 출신이라는 신분적 제약 때문에 더 높은 평가를 받아야 함에도 불구하고 저평가했던 것이 사실이다. 국내에서도 인간 허준에 대한 평가보다는 『동의보감』이라는 의서에 대해 더 높이 평가하고 있으나 허준에 대한 평가로는 중국이나 일본은 서얼(庶孼)에 대한 차별이 없었기 때문에 『동의보감』과 같은 평가를 하지 않았나 생각한다.

한편으로는 광서 16년(1890)에 발행된 『정정 동의보감(訂正東醫寶鑑)』 서문에서 중국인 민췌상(閔萃祥)은 허준에 대하여 아주 비판적인 견해를 보여주고 있다. 그 이유는 허준이 노자(老子)주의 사상이 담긴 내경(內景)이라는 편명(篇名)을 사용한 사실이라든가, 또는 집례(執禮)에서 "도득기정(道得其精) 의득기청(醫得其廳)"이라고 한 것을 지적하였다. 민췌상은 지극히 과학적이어야 할 의학에 노자의 사상이 끼어든 것은 문제가 있다고 생각한 것이다. 그러나 이 점에 있어서는 민췌상이 반드시 옳다고만 볼 수 없을 것이다. 왜냐하면 건강의 유지 내지 증진을 위해서는 정신적인 것이 매우 중요하다는 의미에서 노자 입장에서의 건강법이 있을 수 있으며, 실제로 옛날부터 그러한 도인법이나 양생법이 면면히 이어져 내려온 사실이 있기 때문이다. 이 또한 허준을 직접적으로 평가한 것이 아니고 『동의보감』을 평가한 것으로 보인다.

조선왕조실록의 사료를 중심으로 평가한 내용들을 살펴보면, 1591년 1월 3일조에 "왕자가 병이 있어 허준이 약을 써서 치료한 것은 의관으로서의 직분인 것인데 당상관의 가자를 제수하였으니 양전(兩殿)을 시약(侍藥)한 공과 혼동되어 아무런 구별이 없습니다. 작상(爵賞)의 분에 넘침이 이보다 더 심한 것이 없으니 속히 개정하소서"라고 사간원에서 반대하고 있다.

허준이 서자가 아니라면 어떠했을까? 아마 달랐을 것이다.

1596년 선조가 허준과 그 밖의 동료 의관 등에게 동반직(東班職)을 내렸을 때는 사간원의 간원들이 선조에게 중인인 의원들에게 동반직을 가자해서는 안 된다고 반대 상소를 올렸다. 임진왜란과 정유재란이 끝나고 선조께서 1604년 6월 25일에 공신을 봉했는데, 그것이 바로 호성공신, 선무공신, 청난공신이다. 여기서 선조는 허준을 호성공신 3등에 봉하는 평가를 받았다. 1605년 9월 17일에는 허준이 조상의 산소에 가서 제시를 지낸 일이 있었는데 그 일로 사간원에서 탄핵 상소를 올렸다.

19일에도 약을 제조하는 신하가 사사로이 멀리 떠나 제사 지내고 왔다고 탄핵 상소를 올렸다. 1606년 1월 3일에는 양평군이라는 작호를 주고 정일품보국숭록대부의 품계를 주었는데 사간원에서 허준의 가자를 속히 개정하라고 상소를 올렸다. 이것은 아마 그가 서자이고 중인 신분인 의원인 까닭에 그와 같은 높은 품계를 주는 것은 절대 불가하다 한 것이다. 9일까지 계속해서 사간원, 사헌부의 반대 상소가 있었다. 또한 선조의 병환이 심각해지는 틈을 타서 더욱 극심하게 반대하며, 처벌까지 해야 한다고 주장하였다. 선조가 1608년 2월 1일 승하하자 대신들은 이때다 싶게 들고 일어나 허준을 처형해야 한다고까지 주장하였다. 그러나 광해는 허준을 죽일 수는 없고 귀양 보내는 것으로 마무리했다.

그렇다면 그 잘난 대신들은 임진왜란이 일어나자 어떠했는가?

1592년 6월 1일자의 실록을 보면 "애초에 상이 한성을 떠날 때 요사스런 말이 갖가지로 퍼져 국가가 틀림없이 망할 것이라고 하였으므로 명망이 있는 진신(縉紳 : 높은 벼슬아치나 행동이 점잖고 지위가 높은 사람을 이르는 말)들이 모두 자신을 온전하게 할 계책을 품었다.

수찬 임몽정은 하루 먼저 도망하여 떠났으며, 정언 정사신은 도성 서남쪽에 이르러 도망하였고, 지평 남근은 연서(延曙)에 이르러 도망하였으며, 그 나머지 낭서(郎署)와 여러 관사는 제멋대로 흩어져 떠났고, 산반(散班)과 외신(外臣)은 한 사람도 따르는 자가 없었다.

평양에 이르러 대사성 임국로는 어미의 병을 핑계 대고, 이조좌랑 허성은 군사를 모집하겠다고 핑계 대고, 판서 한준, 승지 민준, 참판 윤우신은 서로 잇따라 흩어져 떠났고, 노직은 영변에서 뒤에 떨어졌다가 도망하였다. (중략 세자를 따르거나 왕자를 따르는 사람도 거의 없었다.)

한양에서 의주(義州)에 이르기까지 문관과 무관을 합해 겨우 17명이었으며, 환관 수십 명과 어의 허준, 액정원 4~5명, 사복원 3명이 처음부터 끝까지 임금 곁을 떠났지 않았다. 임금이 내관(內官)에 이르기를 "사대부가 도리어 너희들만도 못하구나" 하였다. (생략)

문관과 무관 곧 사대부들은 겨우 17명이 호종하고 따르는 신하들이었다니 자기들의 안위는 그렇게 소중히 지키며, 공이 있는 자에게 상을 내리자고 하는 데에는 신분만을 따지고 격하시켜 버리는 안타까운 현실이었다.

허준에 대한 논란들은 가자의 은택(恩澤)이 허준의 신분에 과분하다는 것으로, 허준이 죽고 난 후에도 끊임없이 계속되었다. 허준이 79세를 일기로 세상을 떠나자 광해는 일찍이 선조가 허준에게 주려던 봉호(封號)와 보국의 가자를 신하들의 반대에 부딪혀 보류했던 것을 허준에게 추증하고자 하였는데, 이에 대해서도 신하들은 그의 신분에 부원군은 과분하며 보국의 가자도 부당하다고 반대하였다. 그러자 광해는 내관 방준호의 예에 따르라 하여 허준을 대광보국숭록대부에 추증하였다.

아무리 뛰어난 인재라 하더라도 알아주는 자 없고 모두가 배척만 한다면 국가적으로 큰 손실일 뿐만 아니라 개인적으로도 큰 낭비가 될 것이다. 우리 모두 이 점을 명심하여야 할 것으로 보인다.

3. 아날로그와 디지털의 분기점

우리 인류는 원시시대와 문화시대인 아날로그 시대를 살아왔으나 현시대부터 벌어지고 있는 찬란한 인공지능(IA)의 디지털 시대가 펼쳐지고 있다.

허준의 『동의보감』에 '통즉불통(通卽不痛) 불통즉통(不通卽痛)'이 있다.
풀어보면 '통(通)하면 아프지 않고, 통하지 않으면 아프다'라는 뜻이다.

혈액순환이 안되면 아프고 혈액순환이 잘되면 건강하다.
정신적으로 건강한 사람은 소통을 잘하는 사람이다.

참고문헌 및 자료, 증언

1) 양천허씨대종회 허찬 명예회장 조언, 허평환 회장, 허정고 부회장님 협조

2) 허준 고향에서 피난나오셔서 고인이 되신 허씨장단종친회 선대 허병복님, 허병학님, 허술님, 허중욱님, 허건행, 허영, 허장욱, 허탁님 등 어르신들 증언

3) 허유권, 허재무, 허엽, 허유, 허선무, 허원무님 등 종인들의 연구자료 및 사진 등 협조와 오랜시간 땀흘려 애써주신 임진강문화연구원 회원님들과 김주경회장과 최상률박사의 협조 그리고 가락종친회 파주지회 김병호, 김주옥, 고 김우섭님 등의 헌신적인 협조로 발전할 수 있었다.

4) 양천허씨 종중족보(양천허씨대종회 소장)

5) 재단법인 허준문화진흥재단(이사장 박수영) 협력

6) 봉성기, "동의보감," 『세계기록유산』(안동: 한국국학진흥원, 2018) 123.

7) 『內醫先生案』, 筆寫本, 허준박물관 소장

8) "동의보감의 서지학적연구,"(박경련박사논문,전남대학원.문헌정보학과2009).

9) 국립진주박물관에 소장되어 있으며 보물 668-3호로 지정 되어 있다.

9) 송기웅,『어린이를 위한 허준과 동의보감』(서울:도서출판 꿈동산, 1992),6.

10) 국립중앙도서관 소장,『陽川許氏世譜』古2518-91-37 참고.

11) 국립중앙도서관 소장, 『陽川許氏世譜』古2518-91-37.

12) 한국고전번역원, 조선왕조실록 DB「선조실록」7년(1574) 1월 10일 21)

13) 한국고전번역원,『조선왕조실록』DB「선조실록」 7년(1574) 1월 15일 22)

14) 한국고전번역원,「조선왕조실록』DB「선조실록」7년(1574) 1월 21일

15) 유희춘,『미암일기, 권2, 12-447- 권3. 190.- 권4, 312. 참조

16) 유희춘.『미암일기』(서울 : 조선총독부. 1939), 권2 38-39. 참조

유희춘,『미암일기』, 1569년 윤 6월 3일, 23~24

17) 『미암선생집』 권8「일기」1570년 7월 29일자

18) 내의선생안, 태의원선생안, 교회내의계사선생안

19) 송기운.『어린이를 위한 허준과 동의보감』. (서울 : 꿈동산. 1992), 32.

20) 이은성, 『소설 동의보감』, (서울 : 창작과비평사, 1990). 67. “名醫 柳義泰”

21) 한국학중앙연구원 ,『민족문화대 백과사전』

22) 『宣祖實錄』권21, 宣祖 20년 丁交 12월 笑交條(1587년 12월 9일)

23) 『宣祖寶錄』 권24, 宣粗 23년 度黃 12월 突己條(1590년 12월 25일)

24) 『宣祖實錄』 권191,(1605년 9월 17일조)

25) 장순범 역, 한국고전번역원, 한국고전종합DB『광해실록』 권15,

26) 조명근 역, 한국고전번역원, 한국고전종합DB『광해실록』 권22, 광해 1년

27) 이상현 역, 한국고전번역원, 한국고전종합DB『광해실록』 권32, 광해 2년

28) 허준의 묘는 재야의 서지학자인 이양재씨가 1991년 9월 30일 발견하여 학계에 보고하였다. 京經 被州郡 津東面 下滿里 山129番地

29) 『광해실록』 권97. 광해 7년 11월조(1615년 11월)

30) 한권으로 읽는 동의보감

31) 『조선사람 허준』(신동원, 한겨레출판사, 2001)

32) 『허준의 동의보감 연구』(김호, 일지사, 2000)

33) 『조선의학사』(김두종, 탐구당, 1966)

34) 「동의보감해제」(윤병태, 『도서관』106, 1966)

35) 문화재청(www.cha.go.kr)

36) 허준박물관(허준박물관 공식사이트 (heojun.seoul.kr))

허준 책 집필 이유

허준의 사상과 철학이 담긴 대작인 의서『동의보감』. 400여 년이 지난『동의보감』은 의서로서 세계 최초로 유네스코 문화유산에 등록되었기에 한 민족의 자랑이자 국보로서 대한민국이 대를 이어 지켜나가야 할 귀중한 문화유산이다. 그러나 아직도 자리가 잡히지 않고 어수선한 허준의 출신과 뿌리에 대하여 그 본분을 분명히 밝히고자 이 책을 출판하게 되었다.

1. 허준의 뿌리찾기

허준의 뿌리가 사라지고 없다. 파주에 사는 주민들조차도 허준의 묘가 '왜? 파주에 있는지?' 알지 못하고, 국가적으로도 경남 산청은 동의보감촌을 만들어 허준의 고향임을 지칭하고 있고, 서울 강서구도 허준의 출생지이며『동의보감』저술지라고 지칭하고 있고, 전라도 담양군도 허준의 외가임을 주장하며 고향임을 지칭하나 모두 다 틀렸다. 허준의 고향은 족보에 기록된 역사와 집안 어르신의 구전에 의하면 '파주/장단'이다.

2. 허준의 학술적 뿌리와 동의보감의 집필원리

허준은 어떤 사상과 정신으로『동의보감』을 썼을까?

허준 선생의 선대 집안 어르신 거의 다가 의학적 소양에 커다란 역량을 가지셨었다. 그 정신적 소양과 가치, 도가적인 철학과 사상이, 그리고 임진강 문화권의 특출한 일군의 학자들의 도움으로 도가적 사상의『동의보감』을 낳았다.

3. 학문을 전수해 준 스승은 누구이며 그 정신적 사상은 무엇인가?

허준 선생의 집안 가풍에 이어 화담 서경덕 선생으로부터 학문을 전수하신 몇 분의 대학자 중 한 분인 수암 박지화 선생의 도가·선가적 가치의 지도 아래 직접 『동의보감』을 저술하실 수 있었다.

4. 인간을 살리는 『동의보감』

현대의학은 형이하학적 의학(形而下學的 醫學)으로서 눈으로 보고 만져지는 것만으로 질병 치료를 하며 반쪽짜리 치료를 한다. 그러나 허준의 『동의보감』은 형이상학적 의학으로서 열한풍습(熱寒風濕)과 희로애구애오욕(喜怒哀懼愛惡欲)으로 조화하여 심기형성(心氣形聲)을 조화하는 의학으로 승화시켜 인간적인 삶을 영위케 하는 의서를 저술하였다.

백성을 지극히 사랑한 의성 허준 시술모습 -작가 김대년作

출간후기

권선복
도서출판 행복에너지 대표이사

대한민국의 역사 속에서 세종대왕, 이순신 장군, 그리고 허준 선생은 각각 한글 창제, 국가 수호, 그리고 의학 지식의 발전이라는 불멸의 성과로 국민적 존경을 받고 있습니다. 이들의 삶과 업적은 시대를 초월하여 오늘날까지도 우리에게 깊은 영감과 자긍심을 선사합니다.

이 책 『의성 허준의 동의보감』-파주DMZ에서 허준사상의 뿌리를 찾다-는 허준 선생의 삶과 그가 남긴 걸작《동의보감》에 대한 깊은 연구와 함께, 그의 이타적인 홍익인간 정신과 애민정신을 조명합니다. 이러한 정신은 오늘날에도 우리 모두가 추구해야 할 가치로서, 비단 우리나라뿐 아니라 전 세계인에게 큰 울림을 주고 있습니다.

허현강 저자는 이 책을 통해 허준 선생의 뿌리를 밝히고, 그의 학문적 연원을 연구하는 데 대단한 노력을 기울였습니다. 더욱이 남북분단이라는 역사적 아픔 속에서도 허준 선생에 대한 기록과 전승이 단절되지 않도록 구전과 고전, 종중 사료를 바탕으로 역사를 바로잡는 데 전심전력을 다하였습니다.

또한 이 책은 허준 선생뿐만 아니라 임진강 문화권에서 배출된 다른 위대한 인물들에 대해서도 이야기하며, 이 지역이 대한민국의 대표적인 문화 창출 지역임을 강조함과 동시에, 한 발 더 나아가 디지털 시대를 맞이하여 임진강 문화권의 새로운 발전을 위한 우리의 역할을 탐색합니다.

이 책을 통해 저자는 대한민국의 애민정신과 이타정신을 전 세계 인류의 지표로 삼고자 하는 포부를 밝히며, 허준 선생의 정신과 사상을 높이 평가합니다. 이는 우리 모두에게 귀감이 되어야 할 중요한 메시지입니다.

『의성 허준의 동의보감』의 출간은 단순히 한 인물의 업적을 기리는 것을 넘어 우리 모두가 공유해야 할 역사적, 문화적 가치를 재조명하는 계기가 될 것입니다. 이 책을 읽는 여러분 모두 허준 선생의 정신을 이어받아 더 나은 미래를 만들어 가는 데 영감을 얻을 수 있길 희망하며, 이 책이 분단의 아픔을 넘어 평화와 화합의 메시지를 전달하는 데 기여하길 기원합니다.

행복을 부르는 주문

권선복

이 땅에 내가 태어난 것도
당신을 만나게 된 것도
참으로 귀한 인연입니다

우리의 삶 모든 것은
마법보다 신기합니다
주문을 외워보세요

나는 행복하다고
정말로 행복하다고
스스로에게 마법을 걸어보세요

정말로 행복해질것입니다
아름다운 우리 인생에
행복에너지 전파하는 삶 만들어나가요